有料不枯燥的宋朝史

下卷·南宋卷

詹乐麒 著

台海出版社

图书在版编目（CIP）数据

有料不枯燥的宋朝史 . 下卷，南宋卷 / 詹乐麒著
. -- 北京：台海出版社，2020.9
ISBN 978-7-5168-2628-7

Ⅰ . ①有… Ⅱ . ①詹… Ⅲ . ①中国历史—南宋—通俗
读物 Ⅳ . ① K244.09

中国版本图书馆 CIP 数据核字 (2020) 第 102902 号

有料不枯燥的宋朝史 . 下卷，南宋卷

著　　者：詹乐麒

出 版 人：蔡　旭　　　　　　　　　　封面设计：异一设计

责任编辑：赵旭雯

出版发行：台海出版社

地　　址：北京市东城区景山东街 20 号　　　邮政编码：100009

电　　话：010-64041652（发行，邮购）

传　　真：010-84045799（总编室）

网　　址：www.taimeng.org.cn/thcbs/default.htm

E - mail：thcbs@126.com

经　　销：全国各地新华书店

印　　刷：旭辉印务（天津）有限公司

本书如有破损、缺页、装订错误，请与本社联系调换

开　　本：710 毫米 ×1000 毫米　　　　　1/16

字　　数：280 千字　　　　　　　　　　　印　　张：24

版　　次：2020 年 9 月第 1 版　　　　　　印　　次：2020 年 9 月第 1 次印刷

书　　号：978-7-5168-2628-7

定　　价：58.00 元

推荐序一

一位现代书香少年眼里的古代中华故事

当我第一次见到乐麒时，就听到这位年轻人用着现代语言，讲述着古代的故事……说起各个朝代的历史，无论是典籍文献或者风土人情，乐麒总可以娓娓道来，特别是将一些晦涩的古文、文言文转换成他的同龄人、现代人的语言，轻松愉快且诙谐幽默地表达出来，引人兴趣，使人入兴……这套书从落笔到发布，虽然仅有寥寥几年，但里面的每一个字、每一句话，都是乐麒从小到大研读后的沉淀与斟酌。每当乐麒说起这些历史（古今中外），他的眼睛里总是奕奕放光，言语动人心弦……

尹永斌

中央电视台高级编辑

青少年儿童电视节目资深导演、制作人

中央电视台"六一"晚会多届总导演

推荐序二

从旧时代到新希望，从古老荣耀的探究到新时代的伟大复兴

党的十八大以来，以习近平同志为核心的党中央高度重视弘扬中华优秀传统文化。党的十九大报告明确指出，"坚定文化自信，推动社会主义文化繁荣兴盛""文化是一个国家、一个民族的灵魂。文化兴国运兴，文化强民族强。没有高度的文化自信，没有文化的繁荣兴盛，就没有中华民族伟大复兴"。

我们写历史，回过头来看历史，都是为了记住我们中华民族伟大复兴的演变过程，辩证地、客观地去了解、借鉴。詹乐麒是海外学子，是既能懂中外历史，又能写历史音乐的创作者、演奏家。听到他告诉我《有料不枯燥的宋朝史》这套书已经通过了出版二审，邀请我写序言，我很荣幸。

《有料不枯燥的宋朝史》这套书，全书共计二十卷六十篇近六十万字，在这之后，更有全套钢琴原创独奏历史史诗组曲《宋·朝金阙》。乐麒从幼年时就酷爱历史，尤爱《宋史》。虽然整套书只是一位二十六岁的青年之作，但里面的每一个字、每一句话，都是近二十年的沉淀与斟酌。《宋史》《宋实录》《续资治通鉴长编》《涑水记闻》《武经总要》《百子全书》《三朝北盟会编》等，每当乐麒提起这些名字时，眼

晴里总是奕奕放光。他希望可以将这些晦涩的文言文，用他同龄人、现代人的语言，讲给更多人听。于是，就有了这套书。

在当前社会环境下、在西方文化影响下，越来越多的年轻人沉醉于玩手机、玩游戏，浮躁，盲目追星……把我们中华民族的优秀传统给搁置了，这样下去很让人担忧。我相信在2020年这个不平凡的一年中，让我们更加认识一个国家的伟大，一定是它民族文化的伟大。

中华民族是以人为本、以德立身的伟大民族，而非仅仅以利益金钱为准。我相信乐麒的这本书，能够让更多的现代年轻人看懂、明白、学习我们老祖宗传下来的千年的智慧。

我们期待詹乐麒《有料不枯燥的宋朝史》这套书早一些面世，祝贺詹乐麒。你在向荣妈妈心中永远是最优秀的、最棒的。更希望你多写一写中外历史，用通俗易懂的故事解读历史。

向荣

中华经典全民诵读活动组委会副主任

文化部文化艺术人才中心人才库舞蹈专业委员会秘书长

中国国际教育电视台文艺中心导演

推荐序三

精雕细琢说宋事　复归于朴见真淳

一

　　大唐王朝，雍容宏博，以钜为美；有宋一代，简约淡雅，简朴为尚。唐朝喜好"大漠孤烟直，长河落日圆"的高远、壮阔气势，宋朝品味"横看成岭侧成峰，远近高低各不同"或是"今宵酒醒何处？杨柳岸晓风残月"的本真、平淡的情趣。音乐上，唐宋既有传承，更有迥异，唐代大曲到了宋代被"摘遍"而用，曲子则传于民间，在勾栏、瓦舍及文人间传习，宋代杂剧开创了"以歌舞演故事"新形式，以说为主而叙述故事的"说话"，将小说、说经、讲史、说浑话的体裁发扬开来，而道情渔鼓、陶真、鼓子词、诸宫调、货郎儿等，将宋朝喜好故事的艺术形式逐渐扩展。依托于故事说唱的需要，拉弦乐器嵇琴、胡琴开始应运而生，还有竽笙、巢笙、和笙等不同形制的和声性吹管乐器，三弦和火不思等配合说唱的弹拨乐器也登上历史舞台。宋代新型乐器的出现是顺应故事性的音乐体裁而相伴相生。

　　不同的审美取向决定了艺术形式不同的样态，唐文化在流向民间的过程中促使了它的宋代转型。坐看云起（王维）、晓风残月（柳永），各美其美。生活的本位，艺术的本真，宋朝艺术多好表达人间的清欢。唐、宋王朝是中国封建社会文化的两个高峰，唐朝文化就像其在敦煌壁画中的表现那样，宏达而注重外在视觉效果，就像《秦王破阵乐》那样，擂大鼓，声震百里，气壮山河，蔚为壮观；宋代就像宋徽宗的瘦金体那样，细腻而讲究内在体验精致，就像南宋浙人郭沔《潇湘水云》那样，以荡吟、滚拂而表现内在情韵。宋朝尚文的政策和社会环境，也使其文化发展成平中出奇、淡中透雅的境界，"平淡乃绚烂之极"（苏轼）。宋代民间出现的小型器乐合奏，如细乐、清乐、小乐器、鼓板都是看似平淡，实则是内秀外柔的"绚烂"的精致艺术形式，属于现代意义上的室内乐，这些是在宽松文化氛围中孕育的民间艺术。宽松的文化环境促进了文化甚至科技的纵深发展，宋朝还是科技发明的繁兴时期，指南针、印刷术、火药、开方术、"十二气历"法、航海术、冶金术、土木工程等，"华夏民族之文化，历数千载之演进，造极于赵宋之世"（陈寅恪：《宋史职官志考证》序）。

宋文化有从皇家走向民间，从小众普惠大众的倾向，也使文人们参与社会发展成为可能，不仅宋代有苏轼、欧阳修、王安石、苏洵、苏辙、曾巩等六大家与民同乐，参与社会变革，而居于大众之中的柳永、姜白石等词人也有朝觐乐议，参与朝政之心，姜夔的14首自度曲并非自我品玩之作，而是在歌伎中广为流行，成为后世传唱的佳作。宋代文化的平淡入俗的特质是其历来受追崇的内在缘由，它们贴近生活本位的艺术本真表达，使其情感易于动人，它们在今天的年轻人中亦有很大一群追随者。詹乐麒就是其中一员，但他不仅至于临池一观，他还要深探其妙，从孩童时代开始，就在饱腹诗书的父亲的引领下精读《宋史》中的诸多篇章。他的"乐麒说宋史"在网上已连载，阅读者众，我也是其中的一员，并从中收获甚丰。现在这套书要出版纸质版，《有料不枯燥的宋朝史》，其书名看着令人期待，可以将其放置于案头，闲暇时则可以静心品读。

"乐麒说宋史"不仅是对宋朝历史的一次全新解读，还代表着现代青年对既往历史的个性诠释，其内容取舍虽尊崇于史实，但会根据现代人，尤其是他们那一代人的理解而有所侧重，并采用年轻人的语气进行表达，这样会拉近更多新的阅读群体，对发扬传统经典文化自然是更有帮助。整套书共计二十卷六十篇，分为北宋、南宋两卷本，每一篇均有一个点睛之效的题目，如:《烛光斧影》《幽云一梦》《豺狼末日》《烈火岳家军》等，让人未读其文，先知晓其文主意。全书洋洋洒洒近六十万字，详略得当，收放自如。选用的文献主要是元代脱脱和阿鲁图等人所撰的《宋史》，此外，《元史》《辽史》《宋实录》《续资治通鉴长编》《涑水记闻》《武经总要》《百子全书》《三朝北盟会编》《鄂国金陀粹编》《隋唐辽宋金元史论丛》等，乐麒的书中也有引用。这样的博览群书，与其家学渊源深厚不无关系，其父所藏的《百子全书》《武经总略》《宋史》《元史》等，都还是难得的雕版印刷品。

宏观上来看，乐麒版的"宋史"有通俗性表达、可读性诠释、丰富性史料等特点。首先是其表达的随性口语化，他将古代历史及其发展进行了今人的"拉家常"式的讲述，与书场中的说书先生也不同，这种讲述还因其所代表的年轻群体的话语特点而彰显出青春气息和时代审美趣味。乐麒以一个钢琴家、作曲家的思维而行文叙事，因而能见其线性渐变的故事展开手法。其次是加强说的故事性，从而增加悠远历史故事的可读性，乐麒的表现手法取源于刘兰芳等人的"评书"，注重"炫头""煞尾"的吸引力营造和中间故事本体的曲折性构建。既然是"说史"，那就在意故事情节的表达，讲历史事实间的逻辑关系，将宋代遗存史料中的故事线索挖掘并予以艺术化构建，这就使其"说史"不同于历史教科书，可读性强。再次是他运用现代艺术的表达方式，集合典籍文献史料，搜集并运用了今天所能找到的各种民间性史料，甚至诗词、绘画，乃至今人的读史的成果，多样史料的挖掘，再加以"说"中配乐的烘托，这就使他不枯燥的宋史不是简单的历史资料的罗列，他的"说史"除了运用"话本""说书"艺术形式进行表达外，还进行了深入的考证，以多维艺术呈现手法，并通过辨析而化为叙事的每一处史料之中。语言的活泼时尚，形式的自由奔放，情节的曲折构建，史料信息的丰富多彩，这些是乐麒宋史"有料不枯燥"的宏观艺术特征。

二

一部鸿篇巨制的"乐麒版宋史"，仅有上述的表面新颖之处，还不足以吸引多元文化消费的当下读者的兴趣，它还要从细节上不断下功夫、出点子。它的以下微观特征，是它深切地吸引人的内涵驱动力之所在。

首先是"求真"。

历史的研究和评说贵在真实，这是它们存在的基础价值所在。史料的丰富性是求真的支撑条件，而史料的相互佐证是历史诠释的重要方法。正如上述所言的史料占有情况，乐麒总会选择多种资料文献，对历史发展做线性发展的构建，这就使他的每一处的历史阐释都显得鲜活逼真，不管是人物、事件还是场景、过程，都活灵活现，艺术形象切实可感触，再加上乐麒叙述的带入感极强，听其史话，仿佛置身于古代的某个现场。正是因为乐麒史料求证的翔实，所以给人以真切的现场感，八十篇，篇篇如此。乐麒还会就某些有争议的内容进行展开，这为其叙事制造了"噱头"，也为史料考辨提供了空间。如第五篇《烛光斧影》中对宋太祖赵匡胤死因的考证，他注意到历史上至少有四种说法，这是他阅读《涑水记闻》《续资治通鉴长编》《宋史》和《宋实录》的史料而得知，他在对后世的各种评析中再进行全面辨析，最后他觉得，只有司马光在其看似戏说式的《涑水记闻》里面说了真话，其他三部都在欲盖弥彰。因为《涑水记闻》记载有一大堆真实的历史，推而论之，赵匡胤的死因也应该借此而给了实话，但在司马光代表官方言论缩写的《资治通鉴》里，他只字不提宋朝的这件事，因为这是政治原因，掌权的都是赵光义的人，说假话并非是司马氏的初衷。对于赵匡胤被毒死一说，乐麒说了大量的材料，这里引用一下，我们可以管窥其叙事与论说相结合的手法：

开宝九年十月二十日凌晨[1]，赵匡胤死了。他死前半年，没有任何生病的迹象。他死时，史称"肌肤光滑如玉"。有人猜测他是被赵光义下毒了。司马光除了《资治通鉴》这本官方史书以外，还有一本《涑水记闻》，里面完美地避开了政治敏感事件，选择性地记录了北宋六帝的历史。其中赵匡胤怎么死的他跳过了，不过他却写了这之前和之后的事情。比如，赵光义在后来皇位不稳时，称自己老妈临终前曾逼着赵匡胤把遗嘱写好放在金子做的盒子里面收好，要他死后把皇位传给赵光义而不是自己的儿子。史称"金匮之盟"，以此证明自己的皇位名正言顺。比如赵光义两次远征燕云。第一次，赵德昭莫名其妙自杀；第二次赵德芳离奇被毒死。而他俩是赵匡胤只剩的两个儿子。再比如，赵光义登基后，先后毒死了南唐后主李煜、后蜀皇帝孟昶、吴越国王钱俶。以至于他当皇帝的时候，看谁不爽，就毒死谁，包括自己的儿子。按照司马光先生的记载，赵匡胤死后，皇后马上派人去找赵德昭继位，可是派出

---

1 历史上关于赵匡胤最终死亡的日期，一直众说纷纭，有资料说明是十九日夜，也有资料显示是二十日凌晨。本书中暂且定为二十日凌晨。

去的人却去了赵光义的府上。最后，赵光义带着两府宰执大臣们（中书省和枢密院）来到皇后处，声称是被这些人逼的，皇后应允，表示全凭官家做主。

上述所见乐麒的叙述，将前后历史材料进行比对，从而将赵光义善用毒的方法讲述得清楚明了，对这一屡次被后人视为谈资的"赵匡胤之死"的历史疑案给出了他的观点。求真是"乐麒说宋史"的内在特点之一，他借用说书的艺术空间，将不同的材料进行全面的呈现，以说理的方式让读者明白史实之真。他的说史以人物为主线，将人物的真实历史轨迹及其贡献逐一展开来谈，尤其以君王为中心，从而以点概面地展现宋史的全面。以赵匡胤、赵光义、赵恒、赵祯、赵曙、赵顼、赵煦、赵佶、赵桓、赵构、赵昚、赵惇、赵扩、赵昀、赵禥等皇帝为主，兼及岳飞、朱熹、张世杰、陆秀夫等忠臣，展现了有宋一代真实的历史发展过程，从中展现各色人等鲜活逼真的历史面貌。

其次是"求趣"。

说书的吸引人之处就在于它以略作艺术化加工的形式，从而可以将历史故事潜在的审美情趣呈现出来，这与庄重、史料堆积的正史书的呈现方式不同。乐麒善用叙事的疏密关系而展现文字之中的"趣味"，而非表面的谐谑。如他在叙述赵光义登基后就更改赵匡胤年号的事儿，从中展现出赵光义心里有鬼，意欲抹去历史问题的做法：

赵光义改了，他不仅改得雷厉风行，却没人反对他。原因很有意思，赵匡胤在文臣里的铁杆亲信——赵普被他本人亲自贬走了，而太祖皇帝的军队都在白沟河等着进攻的命令呢！而当朝的两位宰相，沈伦和薛居正，很快就被赵光义替换成了他的亲信卢多逊。

上文用了一串人事变动而来叙说赵光义改年号为何能雷厉风行，没人敢反对的内在原因，乐麒在短短几句中，就将改朝换代进程中的瞬息万变的历史发展展现出来，读来自然给人行文明快的趣味。

巧用转折而将叙事话锋立刻转向，是乐麒行文趣味的又一方法，如《仁宗盛世与清明上河图》中说到真宗的施政之法：

澶渊之盟后，宋真宗赵恒大手一挥，"王爱卿我们走，找神仙去"。神仙找没找到不说，蝗虫是找来了。一波虫海把宋朝北疆的庄稼吃得干干净净，连带着幽云区的辽国人也跟着喊救命。

上文除了行文用语较为轻松随性外，在讲到皇帝求仙一事儿时，引入当时的一次蝗灾对时局的影响。这段行文将凝重的国难瞬间轻描淡写地铺展开来，从而意在展现真宗施政的"不靠谱"问题。

运用对比的手法而将故事进行陈述，从而展现文辞雅趣，也是乐麒的"求趣"之法，如在《熙宁变法与王安石》中：

那一年，开封的牡丹花盛开，两位风采绝伦的才子同时受到包大人的邀请，去他的府上喝酒。席间，包拯向他俩敬酒，他俩都说不会。在包拯再三劝慰下，年长的那位才子，喝了；年少的那位，依旧不为所动。

为了展现两位不同性格的年轻人，行文中用了牡丹花开来营造风采绝伦的两位才子的出场，在对待开封府尹包拯出面劝酒上，两者的态度展现了其性格的迥异，为其后面的不同境遇埋下伏笔。行文并未用调侃的语词或语句，而是平实、直说，阅读之时，总会给人以趣味横生之感。

乐麒的"趣"既有外在用语的话锋一转之法，也有内在潜藏的品读之妙，更有多种方法综合运用的灵活形式，他将话本最具特色的艺术性进行了恰当运用，既不使他的正史失去庄重，也会因古板腔调而拒读者以千里，"趣"味拉近了读者的心，增加了阅读吸引力，更深化了"说史"的艺术性。

再次是"求境"。

意境的营造和烘托，境界的引申和延展，情境的渲染和借助，是话本不同于史书的表现手法所在。乐麒也在其"说宋史"中进行了恰当的运用。

为了营造鬼面战神狄青的出场，乐麒用了如下诗化的语言："狂风袭来，吹散了少年的头发。看着敌人仓皇败去的身影，他摘下了青铜鬼面，露出了面带刺字的英俊脸庞。"这样的意境，一方面营造了狄青非一般的才貌和边关战争的能力，另一方面也在反衬李元昊溃败的仓皇和狼狈。

而他在营造韩琦的出场时，也用了诗化的语言来烘托韩相的多面性格："江南水乡里的琉璃色玻璃，不能理解大漠的风烟；就好像，后世的吟游诗人们，看不懂北宋书生们的刚毅铁血。"意境不仅在于领起故事，营造读者认识主人公的悬念，更在于文学性地展现艺术作品，也就是乐麒这样的历史诠释者在行文上的生花笔力，具有展现文笔的着意之处。

为了延伸故事所欲将开展的外延，将故事快速推进，乐麒常会采用境界延伸之法，如在《濮议之乱》中："伟大的仁宗皇帝病逝了，大宋的皇宫马上就要鸡飞狗跳了。"仁宗病逝所带来的举国哀思本应大写几笔，可是，乐麒为了引申事件的可能性，他采用了快速转换的手法，尤其用了与前述语法不一样的"鸡飞狗跳"之词，让读者马上想到即将展开的故事境界了。

在叙说故事之中，尤其是不得不铺叙连续的事件，很容易使读者产生注意力停滞的状况，本书因此运用了境界延展的手法，从而将故事快速转到下一个话题。如在《后变法时代》中："虽然洛阳的元老们这一年就都回来了，但元丰八年，还是风平浪静地度过了。风平浪静之下，则是无尽的暗流涌动。"风平浪静的气氛其实是暗藏玄机的时刻，这样的境界是为了引出下一年元祐元年的"暴风骤起"。这样的境界在动静对比之间实现了延展。

情境可以为故事的发展进行空间和氛围的渲染，会使故事的叙说变得更有空间想象力和历史的纵深感。情境还可以借助其他的表现方式而进行推展，从而实现情境在非故事性段落中的突出作用。为了展现安国夫人梁红玉出场的情境，乐麒举出了花木兰、佘太君、穆桂英三位巾帼英雄作为借力的对象，以前三位的艺术形象为过渡，是借助她们在大众中的熟识度而引入梁红玉，这位与金兀术交战的宋朝出现的真实的巾帼英雄："中国古代有四位文武双全，集美貌、才华、武艺于一身的伟大女性。她们分别是花木兰、佘太君、穆桂英和梁红玉。她们中最大且唯一的区别是，前三个都是假的，是杜撰出来的，只有最后这个梁红玉是真的。"

"境"有其实，它是历史的事实，是故事的境界与客观概况；但它也有虚，它是艺术加工的美化，是有助于故事叙说的言外之意，这些对历史叙事是大有施展的空间可言。音乐专业出身的詹乐麒恰好有这些方面的艺术想象，并将其用于宋史话说之中。而作为音乐家，他有演奏的经历和创作的能力，能在谱本的客观事实与声响的无限想象中穿梭、游弋。因此，对宋史之"境"的展现也就有了更多的艺术基础，达到了仅作为文学修辞所意想不到的情境。

三

史书千古事，修书谨言之。詹乐麒的"说宋史"以有料不枯燥为理念，以"宋史"的史实为基础，充分兼顾到既往史家的撰述资料，但

12

也以自己的广收博览而审慎检视。如：元朝宰相脱脱的《宋史》由于过多地"倾宋崇宋"而使其"宋史"带着很多个人感情，宋人自己的史官编修的《宋实录》又由于自我回避而有偏颇之处，每一种史书都有其主观之处。乐麒以宋代发生的众人皆知的大事为主要对象而架构其行文的骨架，以国家、民族危亡，以君主的改朝换代为主脉络，大臣的荣辱浮沉为辅助，对待历史大事件，是"说史"的骨架部分，一定找好充分的证据，把观点表明。这是其"说史"的基调。事件中间的过渡环节是用来连接成故事的，他也尽可能地给出合理的解释，尽可能地指出史书之间互相冲突的地方。在历史的小事件上，也是"说史"故事性构建有血有肉的构件，既要符合史料的真实，也按照既定常识而予以情境化诠释，对于有些坊间传说，乐麒也在行文中直接言明，说书嘛，信不信还要取决于阅读者自己的评判。对于历史中有争议的人和事儿，如：潘美是不是坏人？岳飞怎么死的？吕夷简是什么人？乐麒摆出了所有历史上的证据，并做出了他的推断。

历史是客观的，但撰写历史的人毕竟有其主观之处，乐麒的"说宋史"亦是个性诠释之一。他一再强调他不是历史专业的，而他的这部书是重在普及宋史，因而抛开了专业与专家的架子，也有助于拉近与读者的距离，毕竟现在的年轻人愿意沉下来读脱脱的大厚本《宋史》的人已不多了，但经典文化要传承，今天的学者要勇于担责地去推动。"说书"并非学术著作，自然不需要按照历史书或考古学书的规范而来，历史故事的绝对正确可能也不能100%保证。不过，乐麒的行文中还是看出他有足够的自信和底气，抛开专业性规范和学术辩证方法而言，他的史料来源是有据可考、出处真实可靠的，他也想之后的人看到真实的宋代历史发展。据我了解，除了其父饱读诗书，是国学修养很高的人，家中藏书也是平常人家所不及，这是乐麒文献占有优势的自信来源。再往上追溯，乐麒的祖爷爷是清朝最后的进士，他家的很多书都是源于那里。乐麒的爷爷还曾于二十世纪七十年代当过衡阳军区民兵副司令，在纷乱的年代将其家传藏书搬到老房子的墙里面隐蔽起来，从而使其躲过一劫，保留了今天乐麒所能见到的那些线装书。

除了上述所言，乐麒的"说宋史"中还有其他史家没有的艺术特质，那就是音乐的线性思维能力和音乐的内在戏剧性发展手法。他在用音乐的线性陈述方式，将一个一个的历史人物和事件予以串联，其事件的中心及其戏剧性的营造也是源于他音乐方面的创作手法，在宋代音乐的诠释中，也借鉴了"说宋史"的方法。而他在"说宋史"大事件的骨架之外的连接部分，其诠释也一样有血有肉。这些也与他在音乐连接中的自然顺畅的手法有关，因为音乐的连接部分是音乐创作和表演成功的重要组成部分，宋代音乐素材的丰富不仅使乐麒的"乐说宋史"有料可用，也使"说宋史"的文本不再枯燥。

乐麒曾以音乐讲宋史的手法创作了史诗钢琴组曲《宋·朝金阙》，该曲以北宋与南宋的交叠事件"临安遗恨"为故事的开篇，按照宋词结构，乐曲分为上下阕，其上阕是"生于忧患"，讲述了北宋历史的发展；下阕是"死于安乐"，讲述了偏安江南一隅的南宋"隔江犹唱后庭花"，终将断送宋朝江山的历史发展。该曲中每一部分就是以宋史中的每一事件为中心而进行了音乐戏剧性的诠释，像临安遗恨、梦回幽云、熙宁十载、醉江祭月、遗恨长安等音乐段落，都给人留下了深刻印象，古朴典雅而又不失现代时尚的艺术特点。《宋·朝金阙》探索宋朝音乐现代诠释的方法，即：历史故事、音乐素材、艺术造型都是宋代，新创作意在表现历史的艺术真实；但他的形式却是现代的，钢琴艺术的载体、多媒体艺术的形式，古今艺术的融合与对话，产生了新颖的艺术效果。它的演出获得了年轻人的喜爱，我也曾临响并撰写有评论文章，算是比较深入地见识了乐麒以乐说而来解读宋史的艺术创作过程。曲中还对宋代音乐中的勾栏瓦舍、宫廷宴乐、古曲（如《满江红》）等素材进行了很好的运用，而"以音乐演故事"的戏剧结构的构建，按照王国维的说法，它也是在有宋一代发展至善的。正是基于乐麒对宋史的深入了解，才使这部钢琴组曲将诠释之功尽展开来。而音乐艺术的想象空间，也使乐麒即将面世于大众，尤其是年轻一代的宋史爱好者，能够并且愿意去管窥精致、素雅、至简、淳朴的宋代历史文化的精妙。

著名女诗人孙文芳曾说过，现代青年人对待古代历史有两个极端，一种是排斥、回避古代历史，一种则是由衷地精深钻研它们。詹乐麒属于后者，他由衷地喜爱历史文化，以最为纯朴的形式来评说宋史，从而展现其中的淳厚与精微，他能深得其妙并愿意持之以恒地钻研。他不仅精于宋史，还不断开辟新的阶段，对明史、唐史、先秦史等断代，亦能有其兴致并逐渐开疆辟土。我们期待着年轻有为、风华正茂的钢琴家、作曲家詹乐麒，不断钻研并发扬中国古典音乐文化之精华，以其特有的艺术气质和灵性，将这些华夏文化内涵予以传扬、发扬、弘扬，将宋代音乐文化实说、乐说、新说。

王安潮教授

著名音乐学家、博士生导师

序言

致谢所有见证我、呵护我、陪伴我、指导我一路走来的人——

他们是最爱我的人，是给予了我人生目标的人，是给予了我生活激励的人！他们看好我，欣赏我，同时也毫不客气地批评我、警示我，让我在离开了爸爸妈妈的严厉之后仍然承沐着亲生父母般的关怀、呵护、提示、指正、激励和鞭策……他们毫不吝惜赞美之词，但也毫不留情地直面批评，甚至呵斥——每每这一刻，我不会觉得他们刻薄、他们无情，反而觉得就是爸爸妈妈在那里，极其自然地在训导着他们的儿子，管教着延续他们生命的，那个他们寄予了无限厚望的孩儿……我不敢懒惰，不敢矫情，我知道这个25岁已经远离了亲生父母的少年，必须要承载未来的一切；我知道我生命中这些爸爸妈妈的挚友、挚交、莫逆和知己仍然在我生活中的每一个角落，看着我、关注我。不是监管，不是监视，不是监理，不是监督，是情真意切的期望，是牵肠挂肚的守望，是无形的爱意编织成的网啊！我不怨，我不悔，我不觉得多余，不觉得受限制，我享受这份上天赐予的情，命运给付的爱。我享受，我陶醉，我觉得这是我的福分，我的动力，我的人生财富！

文至如此，心中感涕，难以言表，望在成书之际，立誓：学生詹乐麒，深受圣贤英烈之熏陶，日日恭读研习，不敢怠慢，但求有一日可报效祖国，若能尽万一之功，便鞠躬精粹，死而后已。

詹乐麒

2020年6月30日

目录

南宋序章：

老将宗泽

靖康二年（公元1127年），六月初一。整个河南地区一片狼藉，百姓流离失所，小儿整夜哭泣，无情的战火早已洗却了这里曾经的璀璨辉煌。虽然残暴的金人已经撤退回了河北，但他们造成的伤害和悲剧却永远地留在了这里。

破掉的战鼓、折断的长枪，还有散落在地上、绣着"种""姚""王""刘""折"的旗帜，上面满是坏洞和黄土。这些东西在这儿落得到处都是。

一支浩浩荡荡的人马，来到了这里。他们行动迅速，身上的甲叶相互碰撞，发出"哼哼"的声音。领头的是一位白发苍苍的老将军，他皱着眉头，沉默地走过这些残骸，向着前方急急地赶去。

越往前，这些断枪、落魄的旗帜、残破的战鼓，还有零落的盔甲弓箭就越多，它们互相堆积着铺成一条路。

路的尽头，则是那座城。

开封。

"我是磁州知府，河北义军总管宗泽！快去叫张邦昌打开城门，让我进去！"老将军在城下喊道。

其实，宗泽完全可以大摇大摆地走进开封。因为此时的开封城墙，

1

城门破碎，到处都是残垣断壁。城头上也没有了守军，城里只有尸体和即将饿死的人。

还有被逼当上皇帝的张邦昌。

张邦昌来了，他身后跟着两位年轻的将军，和一支士气高昂的部队。他们恭敬地把宗泽一行请进了开封皇宫。张邦昌声泪俱下地控诉了金国人的暴行，和他称帝的不得已。

"宗帅！哎哟，您可算来了。您可不知道，我这些天来那是如坐针毡呐！前段时间，金人张狂，全靠您这两位小将军才得以保全啊！"

宗泽微微点头："岳飞、刘琦，辛苦你们了。"然后他忽然严厉地指着张邦昌训斥道，"张邦昌！我大宋丢了河北，难道连法度和气节也一并丢了吗？你的事，我做不了主。康王正在南下，已经快到商丘了。你带着这里还剩下的宫女嫔妃，还有我大宋的传国玉玺去商丘请罪吧！"

"这……"张邦昌面露难色，欲言又止。

"刘琦，只好麻烦你跑一趟了。"

"宗帅放心，我一定会平安地把张邦昌一行人送到康王那里。"

"去吧！"宗泽忧心忡忡地点了点头。

"对了宗帅，"像是下定了一个很大的决心，张邦昌说，"有一个身着民妇服饰的女人，自称是元祐皇后孟氏。我已经派人把她抓了起来，应该怎么处置。"

宗泽没有立刻答复，他飞快地搜索了自己的记忆，去寻找有关这位"元祐皇后孟氏"的信息。

猛地一惊，宗泽知道她是谁了。

让我们回到北宋哲宗朝早期的元祐年间。那时，正是神宗皇帝病逝，高滔滔高太后和司马光耀武扬威、掌权的时代。高太后为了可以一直控制朝野，就要给自己的孙子宋哲宗选一个听话的媳妇儿。在高太后看来，大户人家的小姐是不可以选的，因为这种有背景的女孩儿不会听话。思来想去，高太后就挑了一个小户人家的漂亮女孩儿孟氏。

可怜的孟氏，她不过是一个家里有点小钱，却从没进过豪宅，没见过大世面的普通女孩儿。

让这样的女孩儿进宫，做个嫔妃还行，去做皇后，基本就是在摧毁她。

嗯，我知道大家会说。历史上，不是也有宫女做了皇后吗？刘娥出身那么低微，不是也母仪天下了吗？进了宫不是还可以学吗？血统出身就那么重要吗？

咳咳，且容我解释一下。孟氏的情况和宫女还不太一样。宫女每天有且只有看到皇室成员，她们早已经习惯了和这些高高在上的贵人们打交道，宫里面的礼节规矩对于她们来说简直比吃饭喝水还容易；而刘娥以及她所代表的这一系列的歌姬名姬，所在的青楼或乐坊，都是只有贵族富商才能消费得起的。而且她们本身就具有非常高的素质与文学造诣，还深谙女人之间的斗争技术及策略。

回看我们的小孟姑娘，家庭幸福美满，父母恩爱本分，家有余财可以时不时小奢侈一把。回望她进宫前的人生，那简直比岳麓山上的小白花还单纯、纯洁。

可是后宫是个什么地方？看过《还珠格格》《甄嬛传》《芈月传》的姑娘们都知道，少女进宫，那简直是一入宫门深似海，斗完姐妹斗奶奶。要是碰到慈祥仁爱的曹奶奶（曹皇后）还好，碰到这个高奶奶（高太后）嘛，大家自己脑补一下深渊的样子。

就这样，孟氏怀着忐忑不安的心，进入了开封，当上了皇后，悲剧开始了。孟氏先是被妖娆的刘美人（后宫妃嫔的级别）当面出言不逊地辱骂，堂堂大宋皇后被区区一个不知道位置多低的美人给骂得还不了口直接哭了。再然后，后宫里面的每一个人，上到嫔妃、下到宫女都可以欺负孟氏，都可以说她的坏话。哲宗皇帝早些时候还管管，可孟氏实在是太没能力了。渐渐地，哲宗皇帝也懒得管了。

悲愤之下的孟氏，只好借助别的力量维护自己的皇后地位。她采取了巫师下咒、术士下蛊、道士画符等各种手段来还击攻击她的那些女人们。

一次两次，哲宗觉得她可怜也就算了，老是这么搞问题就大了。可怜的孟皇后因为"信妖邪之术，旁惑邪言，阴挟媚道"而被贬出了皇宫，去瑶华宫做了三十多年的女道士。

这也是为啥在靖康之变时，她没被抓走的原因。

亏得宗大帅活的时间够长，又是元祐年间的进士，当过要职，跟过吕惠卿，才能想明白这之间的事情。

于是，宗泽做出了一个决定，他要张邦昌带上孟氏一同去找赵构。毕竟，她也算是大难之后，为数不多的大宋皇室成员了。

宗泽没想到的是，他这一个决定，直接在数年后拯救了南宋。那时，若不是有这位饱经世间冷暖与阴谋的孟皇后的冷静和智慧，南宋那会儿就已经收摊了事儿了。

送走了张邦昌和孟皇后，满腔热血的宗泽开始了开封城的重建工作。与评书、演义小说和电视剧里不一样，正史里的宗泽没有文艺作品里热血沸腾的冲锋陷阵，没有整日与朝廷针锋相对的激烈陈词，更没有怀才不遇的悲怆愤然。有的，只是一位沉默努力、整日扑在地图上的将军；一位奔走在城内各处工地上、事无巨细都要亲自过问的白发苍苍的老人。

那时的开封，所见之处皆是断壁残垣，楼橹尽废，兵民杂居，盗贼四起，俨然是一座死城。

所谓城防，除了岳飞手里不过千人的敢战士兵，几乎就没有任何其他的战斗力了。

而远在两百里外的黄河边上，金国的战神、二太子完颜宗望正率领二十万大军，对着开封以及开封背后的河南地区虎视眈眈。他们就像高悬在空中的达摩克利斯之剑一样，威胁着宋朝的半壁江山。

于是，宗泽来了。他在进城的第一天，就下令全面恢复宋朝的法律，敢有违法者，无论将士与平民，杀无赦。

然后他令岳飞立刻围剿开封城里所有强盗土匪，要他立刻消灭掉这些妄想趁着国难发财的混账们。

仅一天，开封就恢复了秩序。接着，宗泽号召城内所有强壮的男性，配合他的义军、禁军和西军的残部开始重建开封的城防。

只是一个月的时间，开封城就拥有了一千二百多辆战车，城外有二十四个城堡据点。城墙上遍布床子弩、神臂弓、敌楼、洞车、斩马刀等一切城防器械。

不过三十几天，宗泽就把开封的城防恢复到了靖康元年之前，甚至更胜。开封城内军民一心，士气高昂。他们相信，在宗泽的带领下，即使金兀术亲自杀到，开封也不会再次沦陷了。

似乎是映衬着开封城的士气和决心，敌人很快就出现了。不过不是金兀术，而是汉人，是河北沦陷后，既不愿意投降金国，更不愿意归顺宋朝的山贼绿林们。

他们有的痛恨宋朝政府，有的趁乱占山为王，有的贪婪地想着发

5

战争财。他们浩浩荡荡，以王善、王再兴、李贵和杨进为首，带着近六十万人的大部队，向开封逼近。

很讽刺吧？重建后的开封，第一战不是对金国人而是对自己人！全开封的军民们都愤怒了。他们擦好了刀剑，拉开了神臂弓，只等宗泽下令。

尤其是此时，还尚年轻的岳飞。他怒不可遏地冲到宗泽面前请战，他要以自己一人一枪之力，将王善擒杀！

宗泽，轻轻地拍着自己爱将的肩膀，让他冷静下来。他命令城墙上的士兵们收起神臂弓，放下床子弩。

然后，他打开了城门，自己一个人骑着马，缓步走到了六十万大军的对面。

在夏日的微风中，宗泽披挂整齐，满头银发在空中静静地起伏。他的对面，是整整六十万穷凶极恶的贼人。

岳飞握紧了长枪，身体就像一张拉满的弓，只要有任何风吹草动，他就会冲出去，救回他的宗帅。

反贼的首领王善，命大军停下脚步。他从宗泽的身上感受到了与其他北宋官僚们不一样的气息。

宗泽开口了，他平静地说："我大宋地广人多，崇尚气节。俊彦之才，所在多有。自古以来从不屈膝异族。此刻，朝廷危亡，国家大难。如果还能有像你这样的人挺身而出，那么金人就不会如此猖獗，则国家大事还有转机。王善，这也是你临危立功的机会，希望你能好好把握住。"

王善停住了，他久久的思考着，咀嚼着宗泽的话。慢慢地，他被感动了。王善下马，跪下，眼含泪水地说："敢不尽命！"

大哥都如此了，剩下的小弟们一个个都掏心挖肺地表示，一定要追随宗泽，报效国恩。

就这样，宗泽兵不血刃地度过了这次危机，不仅如此，他还获得了整整六十万人帮助他巩固开封，为北渡黄河，夺回河北甚至收复平州路做准备。

宗泽的举动，引起了金人的注意。金太宗完颜吴乞买非常敏感地察觉到了开封的异动。这让他十分地恐慌。

完颜吴乞买不同于一般的金人，他极有头脑，能不蛮干绝不蛮干，可以智取就绝对不莽冲。

于是，他下令让驻扎在黄河边上的完颜宗望去打探一下宗泽的情况。很可惜，完颜宗望刚好在这个时候死掉了。所以这个任务被他的四弟，民间知名度极高的金兀术完颜宗弼执行了。

金兀术这个人的形象，在正史里面和评书里面就比较一致了，就是个莽夫。完颜吴乞买的命令是希望他打探下宗泽的情况，属于侦查任务。他可好，领着两万骑兵就对着开封冲过去了。

刚冲进开封城外二十四个据点的神臂弓射程后，金兀术就惨叫了一声"不好"，然后他就掉头跑路了。

因为他背后的滑州、郑州被宗泽偷袭了。再往前冲的话，金兀术就很可能会被宗泽先包成饺子，然后再推进黄河里给煮了。

吃了一梭子箭雨的金兀术毫不气馁，他很快回到了黄河大本营。然后拉上他二哥给他留下的全部二十万家当，准备对着开封来一次亡命一搏。

结果金兀术刚刚冲到开封城边上，他的大后方郑州就又被宗泽切掉了。同样的战术，金兀术再次中计。

气急败坏的金兀术，拉着他的二十万人准备和开封来一场你死我活的决战。哪知，一直躲在城墙后面射箭的宋军，这次竟然冲了出来。

憋了一个多月快两月，早已是满满一肚子火的岳飞手持长枪照着金

7

兀术就是一顿胖揍。按说金兀术也是个猛人，他能弓开两石（一石约合九十七千克），是金国的大力神、万人敌。

嘿嘿，四太子殿下，不好意思啦，我们的英雄岳飞，能弓开三石！

这下是没的说了，可怜的金兀术被岳飞一路压着暴打，倒卷着败退回了黄河。金军损兵折将无数。

金兀术所谓的亡命一搏，被打成了死亡冲锋。

在这整整的两个月里，宗泽重建了开封城，收编了黄河一代最大的叛乱势力。在不到一年的时间里，重新振作了宋朝的军威，将金兵阻挡于国门之外。

他的声望和军功，在宋金两国之间，达到了顶点。

正在南逃的九王爷赵构，在商丘得知了这些振奋人心的消息。他大喜过望，并向天下州县发出勤王的号令。

不久后，张邦昌带着传国玉玺及孟皇后等人也来到了商丘。喜出望外的赵构就在商丘称帝，国号依然是宋，改元建炎元年。"建炎"一词，一来是因为宋朝崇拜火神，希望火神可以为大宋加持祝福；而来"建炎"取自北宋太祖赵匡胤开国的国号"建隆"，希望借太祖之威，重塑大宋盛世。

史称，南宋！

自此，赵构也从九王爷、康亲王晋升为了宋高宗。

赵构登基后，他立刻起用了主战的宰相李纲。李纲拜相后，第一时间猛烈地弹劾张邦昌，并希望赵构定张邦昌死罪。

赵构愕然，他没想到自己登基后的第一个宰相，做的第一件事情，是要杀死扶持自己登基的功臣。

赵构不同意，但是李纲的固执是千古闻名的，他一定要杀死张邦昌。李纲不否定张邦昌的功绩，可无论如何，张邦昌都是个犯上作乱、擅自称帝的乱臣。可谓国不可不明正典型。

搞来搞去，虽然赵构千不情万不愿，张邦昌还是在建炎元年被处死了。赵构非常不开心，他开始逐渐地疏远李纲。

远在开封的宗泽听说赵构登基，李纲拜相后非常开心。但他依然有着一丝忧虑。多年来在官场上的摸爬滚打，宗泽对于帝王心术的摸索早已如明镜一般。他一边恭贺着李纲，一边提醒他，别对皇帝太过紧逼和严厉。

可惜李纲不听啊，他一听说宗泽在开封大有作为，就不断地上书赵构，要他下令让宗泽为帅，北渡黄河，收复河北，越过幽云，直捣黄龙。

不仅如此，李纲还喋喋不休地企图说服赵构回到开封，并重新将开封定为大宋的国都。

赵构是彻底被李纲唠叨烦了。恰好，这时有一位年轻的官员上书弹劾李纲蛮横无理，有宰相之威，却无宰相之礼。

来得正好！赵构一拍桌子，赶紧把李纲赶走，贬到鄂州，保留观文殿大学士。然后他升任这个年轻人为枢密使，让他重新组建自己的御营亲军。

这个年轻人叫张浚（注意，他不是北宋卷里的张俊）。这个人贪财，贪权又贪兵，还喜欢坑人，绝大多数的时候，我觉得他简直十恶不赦。

但当他真的逝去的时候，当他的脊梁轰然倒塌的时候，我又觉得有一股莫名的怅然若失……

他会是后面故事里的主要人物，而他的是非，还是留给大家自己去看吧！

不管怎样，李纲再一次走了。宗泽长叹，却又无可奈何。他老了，无论他的内心还多么坚定，无论他在岳飞，在众将士面前表现得多么豪迈爽朗，他都老了。

可是，他的国仇还没报，他的事业还没完成。宗泽提起了笔，写下了长达二十多页的请战书。

他要渡过黄河，他要收复失地，他要报靖康之耻。

赵构对宗泽还是有很大的好感的。毕竟宗泽救过他的命，维护过他的面子和权利，还把最精锐的将士们送给自己。

所以赵构，把河南河北一切军务大权，包括税收和收编义军的权力，都交给了宗泽。只是有一条不得违背，那就是不可以主动攻击金军。

宗泽很失望，他又写信给赵构，希望他能来到开封。他在信里面竭力地保证，开封很安全，只要陛下肯来，那么北渡黄河、收复失地、赢回二圣皆指日可待。

可是赵构却沉默了。此时，一支五万人的金国大军忽然出现在了商丘附近。一时间，南宋在商丘的小朝廷人心惶惶，惊恐不安。

不过，不要急。赵构的御营大将韩世忠，亲自率领一千人马冲出城墙，在一片混乱中斩了金军主将。史称"金人震骇"！就此败退而去。

韩世忠回来后，赵构忽然问起他关于宗泽的事，他问韩世忠，自己到底是应该去扬州还是去开封。

韩世忠不假思索地回答道，陛下去哪儿，老韩就去哪儿。赵构十分感动，他拉着韩世忠的手不住点头，说："宗泽，孩视朕！宗泽，孩视朕！"

于是，赵构第二天立刻启程，前往扬州。

在开封的宗泽听说了，长叹不已。他不是李纲，他深谙政治。他知道，赵构去意已决，说什么都不会再回到开封了。宗泽唯一能做的事情，就是积攒力量，为未来的北伐做好准备。

远去阻击金太宗完颜吴乞买的吴玠、吴璘回信宗泽了，他们兄弟俩没能按时抵达白沟河。在往西北边的路上，就被张浚给收编了。现在正在府州城附近配合折家环庆军和泾原军的残部，一边盯着西夏，一边提防着金军向西边进军。

而张俊和韩世忠，还有刘光世则一路保着赵构南下前往扬州。只有刘琦不愿意南行，他被留在了商丘一带，组建当地的义军和修复城防。

伤心、失望、悲伤却又夹杂着对这个时代、对朝廷、对臣民的理解，还有眷恋，一直侵袭着这位老人。

建炎二年（公元1128年），宗泽再次上奏赵构，希望他可以批准自己北伐，收复失地。然而赵构再次不予回复。

已经六十八岁的宗泽，在再一次久久等不到皇帝陛下的回复后，伤心地病倒了。他真的已经很老很老了。朝廷一拖再拖的不仅是他的锐气、他的精力，还有他每况愈下的身体。

终于，坚强的宗泽躺倒在了床上。他的爱将岳飞、一路赶来的刘琦、爱子宗颖，还有一干爱戴他、崇敬他的将士们围在他的床榻边。

弥留之际，宗泽流着眼泪，不断喃喃地念叨着他还在失地的人民，他刚刚重组的国家，他的皇帝陛下们。

"出师未捷身先死，长使英雄泪满襟……出师未捷身先死，长使英雄泪满襟……"

忽然，宗泽的身体猛地向上弹起，他死死地抓住岳飞和刘琦的手大喝道——

"渡河！渡河！渡河！！！"

建炎二年（公元1128年）八月，宗泽病逝，被追赠观文殿学士，通议大夫，谥号忠简。

11

南宋中兴之战卷：

建炎南渡，南宋开国

前情提要：靖康二年（公元1127年）六月，磁州知府、河北义军总管宗泽率领河北义军、西军残部及禁军残部进入开封，开始重建这座前首都，并两次击败金兀术。伪楚皇帝张邦昌主动退位，携大宋传国玉玺前往河南商丘请罪，后被李纲弹劾至死罪。同年，康亲王赵构在河南商丘称帝建国，改元建炎，史称南宋。第二年，宋高宗赵构下令南迁扬州，并屡次不允宗泽北伐。数月后，宗泽病逝。

宗泽走了，开封上下，举城悲痛。就连乞丐和小孩，都在哭着给深受爱戴的宗帅烧纸钱送行。

刚刚晋升为皇帝的九王爷赵构，也很悲痛。他在宗泽死后，即日下旨，追赠宗泽为观文殿学士，通议大夫，谥号"忠简"。

这个治丧的规格很有点意思。首先是"学士"没加"大"，这说明朝廷里不认他；再者"通议大夫"，这才只有正四品啊！我记得北宋仁宗朝的那个被李元昊调侃称"夏厮"（竦）的夏长官死的时候都捞了个尽在宰相之下的"侍中"。

难道宗泽还不如夏竦吗？

别慌，最有意思的，也是最能说明问题的，正是赵构接下来的这个任命。开封城内，除了宗帅外，最能让各路义军和官军服气的，就是宗泽的儿子宗颖，时人又称宗小帅。

在开封城的军民心中，如果不出意外，宗泽死后，就会由宗小帅宗颖成为开封城的主管，统领河北义军和官军，继续抵抗金人并汲取力量，为反击做准备。

只是在我看来，这道任命，没有意外，只有必然。赵构极力地表扬了宗颖的工作能力和爱国情怀，然后把他从开封调到了自己身边，做了个不大不小的兵部郎中。最后，赵构把自己的枢密直学士杜充空降到了开封，来接替宗泽的一切事物。

开封的子民很气恼，而我想读者朋友们也一定很悲愤，而我既无奈却又十分理解赵构。

首先，开封城外表平静，实则内部派系林立，暗流涌动。以官军为首的岳飞和以义军为首的王善互相不和，谁也看谁不顺眼。之所以还没打起来，那完全是因为德高望重、忠义坚忍的宗帅镇得住他们。而宗小帅宗颖，虽然比他爹差了些，但好歹也是深得军心，大家也都服他。

好，现在问题来了，请问宋朝的兵制是什么？宗泽这么搞，到底是"将兵制"还是"府兵制"呢？如果赵构让宗颖子承父业，统领开封的话，就等于忘掉了宋朝的祖制，开了宋朝"府兵制"世袭的先河。而这开了世袭先河的地点，正是宋朝的前国都开封！

其次，我们都确定宗泽是英雄，是忠臣。那是因为我们站在上帝视角，俯瞰着整个历史的天空。但如果我们是赵构呢？我想请大家站在赵构的角度、赵构的立场去思考这个问题。

你们会惊喜地发现，东汉末年的曹操也曾是这样，他也曾赤胆忠心，费尽心思诛杀国贼董卓，聚集一切可以团结的势力，企图平定四方，力挽狂澜。结果，他挽着挽着就成了"挟天子以令诸侯"了。

你们说，赵构他敢来开封，敢让宗颖挂帅吗？！

所以我才会说，宗颖被调走，杜充上任，没有意外，只有必然。

杜充，是个既冷血又令人胆寒的人，史称他"人有志而无才，好名而无实，骄蹇自用而得声誉，以此当大任，鲜克有终矣"。

他来到开封的第一个命令，竟然是杀掉所有从河北往河南逃难的难民们。原因一是，南边的粮食不够了，让他们逃过来，南边的人就没吃的了；二是，这些北方人都是不稳定的因素，谁知道他们里面有没有叛徒奸细，全部杀掉，以除后患。

仅此一令，就让开封城内及周围所有的义勇绿林们寒了心。为不久后的散伙埋下了深深的伏笔。

建炎三年（公元1129年）正月十五元宵节。动乱了这么久，好不容易金人消停了，国防恢复了一些，老百姓们终于可以有机会安心地吃一顿汤圆了。

可我们的杜元帅偏不让人安宁，他在正月十五这一天，忽然亲自率领自己麾下的三万士兵，以岳飞为先锋，偷袭驻守在开封城南熏门的义军主将张用。

杜充算得很准，张用那天正在南熏门里面喝酒吃肉，应该是毫无防备的。杜大帅想得很好，却忘记了义军里面还有个讲义气的带头大哥王善。

王善早就察觉到杜充要对他们义军动手了。他派出探子们，一天到晚盯着杜充，以防他搞事儿。

结果等到杜充的三万人马冲进南熏门的时候，王善的六十万大军倾巢出动，把杜充包了个圆。

于是，杜充和王善，就在开封城内，互相发动了英勇的、强悍的、残酷的且无比愚蠢的自相残杀。

杜充的人数虽少，但他仗着有岳飞神勇；王善手下虽都是些战力一般的民兵保甲，但是却仗着人多。

这一来二去，两边打得不分胜负，都伤亡惨重。

当时，当所有人的血都冲到脑子里，都失去理智的时候，还是王善第一个冷静地反应了过来。

如果他们两边再这样打下去，只会便宜了金兀术。而且无论如何，杜充到底还是官军，就算他王善打赢了杜充，难带还要带领义军们占领王城，建立一个新的国家，笑傲天下吗？

好吧，就算是给已故的老元帅一个面子。王善下令撤退回河南陈州（今河南淮阳）。

王善这一退，本也是好意，还是思考了大局的。结果我们的杜元帅却理解成了王善和他的民兵团伙怕他。

杜充在王善撤退后不久，即刻派出了两万多人出开封城，去追杀王善麾下的六十来万义军。

派两万人去追杀六十多万人，我觉得这杜充如果不是和这两万人有私人恩怨，就是别有用心。

我好好想了想，这个私人恩怨应该还是没有的；但他是不是别有用心，大家一会儿便知。

可怜的两万宋军在途经蔡河（今涡河）的时候被干善打了个埋伏包了个圆。这次别说王善没给官军们留脸，连命都没给他们留。多日来对杜充、对官军、对政府积攒下来的怨愤在这群民兵的心中彻底爆发，他

南宋中兴之战卷：建炎南渡，南宋开国

们把官军直接打下了蔡河，直到官军的尸体飘满了整个水面，这几十万民兵们才散去回营。

还好，我们的大英雄岳飞正在防守开封，没在这次任务里。

至此，宗泽苦心经营两年，费尽心血团结起各方势力而建立的军事要塞开封，就这样散架了。

黄河流域的义勇、保甲、绿林和百姓们不再敢轻易地相信宋朝政府，也不再全力地支持官军。他们自己有的团成一团结成一大保，比如著名的忠义社；有的趁机大修堡垒，占山为王，最后慢慢地被金军逐个分割包围、击破。

不过，远在扬州的赵构很高兴。他大力地表扬了杜充以上的全部行为，并为他赶走民兵、拆散宗泽在开封部下的防御体系表示了高度的赞赏。

然后，开心的赵构开始在扬州大摆宴会，宣布天下即将太平，任何人，包括各级官员，不准以任何理由，包括为皇帝的安全着想，去议论边防之类的事情；不准任何人散布扬州城不安全的言论；不准任何人以扬州城不安全为理由，携带家眷、拿着家产出扬州城。

宣布完成后，赵构开始沉溺在他的后宫，幻象着自己可以拥有很多很多的子孙，来继承他大宋的伟大皇位。

远在大同府的完颜宗翰敏锐地察觉到了宋廷的情况。他立刻集结起了两支急袭队伍。一支由完颜宗弼率领，攻打开封；另一支由完颜拔离速、完颜斡英、耶律马五率领八千轻骑兵，直奔扬州而去。

先说说金兀术完颜宗弼，他在被宗泽两次打败后，消停了一段时间。这会儿一听说宗帅病逝，义军解散，他急吼着抄家伙又对着开封一顿猛冲。

这些应该没意外了吧？尤其是完颜宗弼的一个叫唐佐的幕僚告诉他，"杜充是个水货，四太子殿下您尽管上，他肯定不是您对手"。

于是金兀术这次又悲剧了，杜充确实打不过金兀术，但是他狠毒使起坏来连自己人都杀，何况你金兀术？

杜充下令掘开黄河的堤坝！自宋真宗的时代开始起，历经欧阳修、范仲淹、王安石、沈括等无数名臣、科学家们的智慧，以及五位皇帝的不懈努力，才堪堪挡住的黄河水，在这一刻彻底决口了！滚滚的浊浪向东漫过滑县南、濮阳、东明一带，再向东经过鄄城、巨野、嘉祥、金乡一带，汇入泗水，经泗水南流，夺淮河入海。成百上千万毫无防备的百姓们就这样葬身在这场灾难之中。

当时的河南、山东、安徽、江苏一带的百姓被淹死二十多万；水后瘟疫造成的死亡人数达近百万；无家可归、沦为难民的人近千万！北宋最繁华富饶的两淮地区变成了废墟。后来，黄河与淮河之间的这条临时通道一会儿通一会儿堵，几十年之间不被人力所修复，几乎成为永久性灾难。

中国上下五千年历史，有八次黄河改道，而这一次是这八次史诗级的水灾里，唯一一次人为酿成的。

在汹涌的黄河水面前，重修的开封城也同样遭殃了。杜充趁机立刻放弃开封，一路逃难到建康（今南京市）。岳飞虽勇，在大自然的面前，却无可奈何。虽然他万般悲痛，却也不得不随杜充南撤。

金兀术都快疯了，他三次攻打开封，前两次败给宗泽也就算了。第三次本来已经十拿九稳，结果杜充杀敌一万自损九千，决了黄河的堤坝，他金国四太子又被冲崩溃了。

绝对不能放过杜充！金兀术发了疯一般，又是船又是马地狂奔，一路追杜充。杜元帅前脚到了建康，金兀术后脚就追到了马家渡（今南通市通州区）。

当此时杜充十分冷静，他派陈淬、岳飞、戚方和王禹在马家渡顶住金兀术，他自个儿却率领三千亲兵一溜烟跑到了江北的真州，直接投降了金兀术。

这下在马家渡浴血奋战的宋军一下子傻眼了。杜元帅都投降了，我们还搞什么？很快，王禹第一个逃跑不知所踪，第二个是戚方，陈淬的中军崩溃，本人力战而死。岳飞拼命杀出重围，撤退到了钟山，准备重新整顿。

另一路金军，由完颜拔离速、完颜骰英和耶律马五率领八千轻骑兵，一路烧杀劫掠，直奔扬州而来。一路上的败兵难民们尖叫着涌向扬州，并向皇帝陛下不断的警示。

谁知，南宋的宰相黄潜善竟然微微一笑，优雅地摇了摇头。我的天呐，金军已经打到了天长郡（今安徽天长），我们的宰相大人他竟然不信！

于是十天后，正当赵构在后宫和嫔妃们莺莺燕燕卿卿我我渐入佳境的时候，整个扬州行宫忽然乱套了。无数哀号声骤然响起。

"不得了，快跑啊！金兵已经进城了！"

赵构蒙了，什么？金兵进城了？怎么可能？

他猛然从温柔乡中震醒，同时，他忽然想到了自己的父亲和兄弟姐妹被掳走后的悲惨遭遇。

赵构哇的一声从床上爬起来，也顾不上皇帝的仪容了。他套上了外衣跳上马，就直奔运河而去。

拜杜大师所赐，他决了黄河的口，导致以黄河为水源的运河这会儿干了，水上的船全部搁浅。

这可把赵构急的，他又一路狂跑到江边。霎时狂风大作，江水滔滔，可就是没船！

赵构急得眼泪直流，他一把把御林军总督头王渊拎起来，呵斥道："王渊，朕的船呢！？"

王渊也急红了眼，他大喊着："陛下，船刚走，都去运送您的金银财宝去了！"

"啊！"赵构气得简直恨不得把王渊扔到长江里面去喂鱼。

远处的金兵越来越近了，眼看赵构就要步了自己父兄的后尘，去北方打猎。气急败坏的赵构一咬牙一跺脚，体内曾经尚武的血脉在此复苏了起来。

他策马退后几步，忽然一鞭子抽在马屁股上，然后一拉战马的鬃毛，战马长嘶一声横空跳起，赵构就这样飞过长江，向着杭州而去。史称（民间传说）"赵构泥马渡长江"。

咳咳！正经的，我们是严肃的历史书，不是神话故事。刚刚纯属走错片场，大家看看就好，别较真。

真实情况是这样的，赵构在万分紧急的情况下，一把把王渊扔到了一艘小船上，自己也跳了上去。然后他们俩一同撑着一艘小船横渡了长江，就此脱险。

只是，可怜了扬州的百姓们。金兵南下，眼见捉住赵构无望，就拿扬州的百姓们出气。此时，运河干涸，江面无船。逃难的百姓们和他们的物件堆满了整个河岸。金兵们狂笑着肆虐而过，他们既可以杀人又可以抢东西，简直开心得不亦乐乎。

繁荣富饶的扬州，成了第二个开封，第二个人间地狱。

说到这里，观众朋友们一定会很着急地问我，岳元帅的韩二哥韩世忠呢？他人呢？有他在，扬州怎么会丢地这么快，这么窝囊？！

是啊，韩世忠要在，怎么会容忍区区几千金军在扬州肆虐，可问题是他不在啊……韩世忠这人别看年纪比岳飞大，进入官场比岳飞早，担任的职务也挺高的，可是他确实没有岳飞聪明。

没错，真实历史中的岳飞，远比评书里面的岳飞更懂帝王心术，更懂为官之道。他绝不是我们普遍认识的那个仅仅只凭一腔热血、精忠报国、奋战一生的战士。他的忠，更是远远超出了我们所认为的，不惜一切代价抗击金兵，维护朝廷的忠。

他忠于君，更忠于国，忠于民，忠于心中的仁义！

元末政治家、军事家脱脱丞相给韩世忠的评价是蛟龙，能上山下海，翻云覆雨，威猛霸道不讲道理。这很准确，韩世忠一生狂野不羁，每一场仗都是以少胜多，就连后来秦桧和张俊抄他老巢的时候都在感叹，原来威名赫赫的韩家军，只有这么几个人。

而脱脱丞相给岳飞的评价，却是沉鸷。鸷的意思是凶悍的猛禽，如鹰、如雕、如隼。而沉的意思是隐忍、稳定、冷静。岳飞一生征战，其实绝不蛮干。他总是在千里之外就布下了一局大棋，一步步诱导自己的对手，直到他彻底地进入自己的陷阱。

回过来说韩世忠，事情坏就坏在他太猛了。赵构在扬州享受人生，要他别闹事。可一根筋、外加四肢发达的韩世忠非要找金人死磕，非要去违抗皇帝解放在水深火热中的宋朝人民。

所以赵构就生气地把他贬到了盐城。

南宋早期的六大最高战力，吴玠和吴璘跟着张浚在大西北盯着完颜宗瀚和西夏；岳飞在钟山蓄势待发；韩世忠在盐城练兵。

就剩下个张俊，可是张俊手里的军权被王渊、刘光世和张浚架空了。他目前只是个空壳子。

这就没办法了，扬州只得沦陷。搞笑的是，堂堂南宋朝廷，最后只能在扬州对岸的一处草地上，围着一块残破不堪的貂皮开会。

这情景，真是让人又好气又好笑。

都惨到这个地步了，这帮人竟然还能吵起来。他们争执的点，是到底应该往哪里跑。刘光世和张俊主张往建康跑，那里有刘光世的大本营，而且还有长江天险。

赵构简直气不打一处来，金兀术就在建康虎视眈眈，杜充又投降了，去建康就是去送死嘛！

宰相黄潜善说，那就去成都吧！蜀川有剑阁天险，金人肯定打不过来。而且还有张浚在陕北守着，西夏人也过不来。尤其听说大将军曲珍，把残余的北宋精锐西军给整编好了，号称几乎恢复了当年的威风。

赵构一听，有这么多非中央军队，不行，绝对不能去蜀川。这和当年宗泽要他去开封有什么区别嘛。

那怎么办？此时，御林军督头王渊欣喜地告诉赵构，前方来报，他们所有人的家底，金银财宝已经平安到达杭州了。

赵构猛然地灵光一闪，杭州！就是杭州了！于是赵构下令，所有人现在离开前往杭州！

建炎三年（公元1129年）八月，赵构一行人风风光光、大摇大摆地进入了杭州。他们立刻占据了杭州位置最好的民宅大院，并开始修建行宫。

嗯，既然是皇帝大人决定久待的地方，那肯定要改个名字对不对？于是赵构改杭州为临安府，意思是临时安住在这里，总有一天我赵构要打回北方去的！

很可惜，这个临时临得有点久，一共"临时"了一百三十八年。

史称：建炎南渡。

哦，之前一直忘记说了。赵构由于在扬州的后宫里受到了过度的惊吓，并一路狂跑，导致他失去了某方面功能以及生育能力。我前后估算了一下，虽然徽宗皇帝生了很多儿子，可惜除了赵构都被金人抓走了。这么一来，太宗皇帝赵光义唯一的独苗就这么萎了……

唉，报应啊报应。

南宋中兴之战卷：

搜山检海捉赵构

　　前情提要：建炎二年（公元1128），磁州知府、河北义军总管宗泽在开封府病逝。南宋高宗赵构在发丧后，即刻调走了宗泽的儿子宗颖，并任命枢密直学士杜充接替宗泽的位置。然而，仅半年时间，杜充就与河北各路义军反目成仇，并直接导致了以开封为核心的黄河防线崩坏。接着，杜充为抵挡金军又掘开了黄河堤坝，导致宋、金两国同时损失惨重，他自己则撤退回建康，不久后又投降了金国。另一边，在扬州静养的赵构，由于杜充的溃败而瞬间陷入了危机，导致不得不放弃扬州南撤至杭州，并在此定都。赵构改杭州为临安，史称"建炎南渡"。

　　不管有多惨，可怜的赵构总算是暂时地逃脱了金军的追捕（至少他自己是这么认为的）。一路颠沛流离的赵构，终于住进了临安行宫，在他的号召下，已经被金兵杀散的御营护卫们又再一次缓慢地集结到他的身边来了。

　　当然，这个集结的速度还是相当缓慢的。毕竟，赵构进入临安的时候，身边只剩下了一个侍卫和一把黄扇。据说连他的龙袍都是残破污秽的。

23

要不是因为他随身还带着传国玉玺，周围还有个一百来号宫女、太监。估计当他进入城门的时候，说他是在戏里面演皇帝的都没人信。

皇帝都这样了，两府大臣们就更惨了。宰相黄潜善和汪伯彦低着头，穿着农夫的衣服；大将军刘光世和猛男张俊两个人连一把神臂弓都没有；曾经仪表堂堂的御林军总督头王渊，这会儿也是灰头土脸的。

所谓南宋建炎王朝的核心大佬们，这会儿看上去简直就是一群难民。

不过逃难归逃难，既然首都定了下来，班子也搭好了，我们就来好好看看赵构他们准备怎么唱这出中兴大战的戏吧！

首先，黄潜善和汪伯彦这一对宰相，终于被罢相了！黄潜善被贬为江宁知府；汪伯彦被贬为洪州知府。虽然这一次贬黜并不是那么大快人心，江宁和洪州也是金钱美女成堆，好山好水一片的宝地，但至少这俩人已经出了宋廷的核心，不能再在国策上危害天下了。

然而！如果你们觉得事情真的就这样简单的话，那你们就太小瞧黄潜善和汪伯彦这两人的能力了，人家可是当年在靖康年间的开封城里混过的好吗？若论不择手段的苟活能力，连秦桧都是要喊他们一声师父的。

好好的，赵构要贬的是黄潜善和汪伯彦，他们俩偏能把李纲给拖出来给自己挡子弹。你们说说，李纲自从北宋亡国前被贬后，除了在序章里面露了个脸，至今已经有多少集没出场了？就这么个既被皇帝嫌弃，朝中又没朋友的人，黄潜善和汪伯彦这两人也能拿来给自己格挡，我也是服得没话了。

黄潜善和汪伯彦在走之前严重警告赵构，我俩走没事儿，但是您要小心李纲。这人又有名气，又有民心，还上了金人的通缉令。您不仅不可以启用李纲，还要把这个人监管起来，最好打包快递给金国。只要金国人收到了李纲，他们就不会来找我们南宋麻烦了。

于是可怜的、执着着为国家和人民殚精竭虑的李纲，就这样被抓起来关进了单州的一间小屋，并被赵构下令永远不可以得到赦免。

接着，赵构终于做出了一件还算是正确的事情。他终于开始想到，黄河被突破了，开封丢了，自己的长江防线也是岌岌可危。为了让自己不要变成李煜第二，他把刘光世和张俊派去长江沿岸，又把韩世忠升回观察使，要他们一同组织防御。

做完了这一切，赵构终于长出了一口气。此时，又一个好消息来到，他的御林军督头王渊告诉他，离开扬州时他用战舰载着的金银珠宝到达临安了。

赵构开心了，忽然到来的幸福让他觉得，那些个可怕的金兵好像变得十分遥远。经过了那么多的磨难，快乐的生活现在已经到来了。

于是他亲自带着百来个美艳的宫女们登上这些装载着奢侈品的大舰，开始了不眠不休的宴会。

那句话怎么说来着的？幸福来得太突然了，总有人会受伤。

就在赵构尽情放肆的时候，王渊接到了一个可怕的消息。原熙河路经略使刘正彦伙同赵构的御营大将苗傅要造反，准备今夜在临安天竺寺集合起兵。

王渊一听，这还了得？他先是向赵构禀报，要他赶紧跑回内城躲起来，然后再派出自己全部的精锐前往围住天竺寺。

做完这一切以后，王渊擦了擦额头上的汗，觉得应该没有问题了吧？当满身疲惫的王渊走过家门口的一座石桥的时候，他注意到河里的水草好像比往日多了好多好多。

完了，中计了！

可惜已经来不及了，刘正彦和苗傅忽然从水里杀出。曾经在熙河军里干过的刘正彦，一个照面就砍掉了王渊的脑袋。

原来，天竺寺的情报是个诱饵，刘正彦和苗傅正是想利用这个情报把王渊的部队引开到天竺寺，这样他们才好下手。

然后刘正彦和苗傅率领麾下叛军直冲临安的内城。

史称"刘苗兵变"！

王渊的血，越发让刘正彦和苗傅感到兴奋。他们俩一不做二不休，领着手底下的人就这样一窝蜂地冲向了临安城的内城，也就是皇宫所在地。

赵构再次被吓坏了，他慌慌张张地爬上城楼，往下一看，只见王渊一颗血淋淋的人头被悬挂在旗杆之上，周围围着一群叛军。

城下的刘正彦和苗傅这会儿也注意到了皇帝的出现。他俩起身下马，向赵构跪下并山呼万岁。

眼见刘、苗二人还是保持了臣下的礼数，赵构心里略微松了口气。他赶忙满脸堆笑着问刘正彦和苗傅：

"两位爱卿，这是何意啊？"

赵构这一问，苗傅就噌地一下跳起身来，答复道：

"陛下！自从您即位以来，赏罚不公，肆意妄为。亲小人如王渊和杜充；远贤臣如宗泽和李纲。军人有功却得不到奖赏，奸人犯错您却不断地提拔他们。黄潜善和汪伯彦败坏国家到这种地步，居然至今没有把他们流放到穷山恶水之地。王渊临战退却，贻误战机，私自调用长江的军舰搬运物资。这样的人，不仅没得到应有的惩处，反而优哉游哉地在这里作威作福。请问陛下，这到底是怎么回事？现在，我和刘正彦已经杀了王渊，请您交出身边所有王渊及黄、汪二人的同党，将他们都杀了，以谢三军！"

赵构窘怒交集，他根本没想到刘、苗二人，会当着他的面以及全城文武百官和老百姓们，翻他的旧账，揭他的老底，说出了一番天下人想问（包括我和各位观众朋友们）却又不敢问的话。

赵构深深地吸了口气，强忍着要把刘、苗二人拖出去凌迟的怒火，冷冷地说："两位爱卿，黄潜善和汪伯彦已经被贬了，他们俩已经受到了应有的处罚。王渊现在也被你们杀了，外面也死了很多人了。现在，朕答应你们，我一定会把这些个奸佞抓起来，绳之以法，绝不姑息，你们先回军营，稍做休整，等候消息吧！"

赵构想得很好，只要刘、苗二人肯回去，就能过了眼前这一关。回到了军营的兵，都是砧板上的肉，想怎么切就怎么切。

很可惜，刘、苗二人曾经这样帮着赵构砍过别人，完事儿后，还跟着赵构在晚上一起吃过鸡。这种搪塞的话，他俩听得多了，怎么可能就这样被赵构玩弄呢？

于是刘正彦和苗傅就是堵着城门不走。

赵构被逼无奈，只好把几个王渊的同党绑成了粽子交到城下。城下的叛军也不含糊，三两刀就把这些人给砍了示众，周围老百姓们各个拍手叫好。

鲜血与欢呼让人兴奋，刘正彦和苗傅也不例外。看着仇人血淋淋的尸体，他们俩红着眼睛朝赵构呼喊道："陛下，您说，就您这样，这个皇帝还能当吗？"

赵构双手握拳，强忍着愤怒一字一顿地说："你们想怎样？"

刘、苗二人哈哈大笑说："我们想请隆佑太后垂帘听政，与圣上共理国事。"

元祐太后，就是哲宗皇帝的孟太后，那个被宗泽救下来的、靖康之变后开封城最后剩下的唯一的皇族。

赵构心里冷笑，孟太后温柔淑德，她就像当年的曹太后一样，等我解了这一时之困，定让她杀了你们。

就好像读懂了赵构的内心，刘正彦也冷笑着看着赵构。

"谁说让你当皇帝了？我说的是，让孟皇后辅佐当今的皇太子登基，共治天下！"

全场蒙圈。什么，皇太子？

这位皇太子叫赵旉，他是赵构还在做康亲王时的儿子，也是赵构的独子，时年才刚刚三岁。

看着一脸蒙圈的众人，苗傅补充道："正因为皇太子年幼，所以才需要孟太后垂帘听政，从旁辅佐。再说了，仁宗皇帝、哲宗皇帝不都是年幼登基吗？要说让陛下您当了太上皇吗，这您也不亏啊。您看，您登基的时候，还有两位太上皇呢，你不也当了吗？"

城下叛军听完后，哄然大笑；城上百官则各个惶恐，不知所措。

赵构反而不生气了，刘、苗二人一而再，再而三地侮辱他，戳他的伤疤，反而让他明白了很多事情。

他没有再抗拒了，而是转身请出了孟太后。然后自己闪身走到了一个柱子旁。周围有人想让他落座，他都不断地摇头，一切唯孟太后之命是从。

三十四年了，时隔三十四年，当年的孟小姑娘，在饱经风霜后，已经成为一国之母。孤独的岁月，冉长的时光，早已将她的心智磨炼得如磐石般坚定沉稳。此刻，她已经开始承担起这个国家的命运了。

孟太后下令，打开城门，让刘、苗二人进来见她。

面对喜怒无常、年轻气盛的宋高宗赵构，刘正彦和苗傅都不怕，但当他们率领重兵直面这个头发花白的老妇人时，却觉得浑身都在止不住地颤抖。

孟太后看在眼里，微微点头，说道："今日国家到了这样的地步，全是道君皇帝和六贼做出来的，与当今皇帝有何干系？况且，他最初并未失德，只是年轻，这一切都是黄潜善和汪伯彦误导他导致的。而现在，黄、汪二人已经被贬，这些你们都不知道吗？"

刘正彦和苗傅无言以对。不过既然是叛军，自然还是要来硬的。

"我们是军人，不管这些。我们就是要拥立您，拥立新皇帝！"

他们以为孟太后会害怕，哪知孟太后柳眉倒竖，高声训斥道："我不过就是一个老太婆，难道你们要我整日抱着一个三岁的孩子上朝，去决断军国大事吗？如果让金人知道了这种事情，一定会更加嘲笑、欺凌我们的！"

关键时刻，还是顿悟的赵构跑了出来，他一面拉着孟太后的手，一面向叛军诚惶诚恐地说自己愿意退位，并且搬出皇宫到显宗寺去入住。

于是合议达成，刘、苗二人风风光光地进城了。在他们二人看来，一个老太婆抱着三岁的孩子，好像确实没啥好怕的。

宋高宗赵构退位，皇太子赵旉即位，即宋简宗，改元建炎三年（公元1129年）为明受元年。

刘、苗二人进城后，立刻自我感觉良好，觉得控制了皇帝就可以学曹操挟天子以令诸侯了。

可惜他们忘记了一件事情，不管是曹操还是董卓，还是其他人，挟天子后，立刻就会挨揍。

尤其是刘、苗这种急着找死的人。他们一上位，就要把张俊和刘光世的军权给夺了，让他们回家去养老，远离临安。

张俊手里没兵，只好答应，走到平江府的时候，被枢密副使张浚截下来了。

什么？！刘正彦和苗傅造反了？什么？！皇帝都被逼退位了？什么？！刘、苗二人还想狭天子令诸侯？

反了他们俩！张浚怒火中烧，他也管不上什么西夏人、金人来找他打架了，二话不说调集大军就来海扁刘正彦和苗傅。

韩世忠！刘光世！岳飞！你们三个立刻给我冲到临安去，给我照着苗傅和刘正彦两人狠狠地打，往死里打！

什么？！刘正彦，你敢威胁我说要杀掉皇帝不让我出兵？滚开！就算你杀我张浚全家，我也要砍死你们两个乱臣贼子！

刘正彦和苗傅慌了，面对犹如发了疯一样的猛人张浚，他俩是彻底蔫了。很快这边厢刘光世集结起二十万大军直接就杀过了长江直奔临安而来；那边厢韩世忠更猛，从盐城率领舰队一路横冲直撞急袭临安！

所以说啊，要做曹操可以，但你先要打赢官渡之战。

看着刘、苗这两人估计是没指望了，情急之下，发了疯的苗傅决定跟韩世忠彻底决裂。他派人团团围住了韩世忠的妻子梁红玉，企图用梁红玉的命逼迫韩世忠退兵。

苗傅以为，像梁红玉这样美丽温柔的歌女，肯定很容易轻易地被控制，说不定还可以整出风流故事。

他错得太离谱了，别说苗傅、刘正彦，就连金兀术看到梁红玉都要抖三抖！梁红玉以一女子之身，单枪匹马杀出临安，直奔韩世忠而去。

张浚眼看形势大好，他让岳飞和刘光世在外围先按兵不动，组成封锁线，一边拦着金兵，一边不让临安城里的叛军出来。

然后张浚即刻写信给赵构，让人射到城里，表示自己拥立的人是赵构陛下而不是他的皇太子赵旉。

此刻，我们可以看出，张浚这个人的性格，那就是如果能动手就绝对不动脑子。如果非得要他动脑子，他就动兵！

热血沸腾的张浚根本没想到，他这样把刘、苗二人逼上绝路一定会引发大乱的！

此时此刻，苗傅和刘正彦已经慌作一团。张浚完全不给面子，韩世忠看起来也是凶神恶煞般。他俩私下一合计，干脆一不做二不休，把临安城血洗了吧！

两年前宗泽在开封救下的孟太后，此时发挥了巨大的作用。她坐镇朝廷，同时看见了张浚带来的风险和刘、苗二人的心理变化。

孟太后亲自下旨，由她和赵构两人的名义赐予刘、苗二人，一人一张免死铁券（就是电视里说的免死金牌）。

刘、苗二人的情绪被暂时稳定住了。而就在这时，韩世忠来了。

虽然刘正彦也是个老西军了，但在韩世忠面前根本不够看。为了能尽快解救临安之难，韩世忠的战舰一靠岸，他就亲率两千轻骑兵直扑临安。刘正彦连城门都没来得及关上就被韩世忠一刀砍倒，苗傅手持神臂弓想射他，被韩世忠一刀连弓带人劈成了两半。

也就在当日，孟太后下旨撤帘，带着小皇帝宋简宗赵旉，还位于赵构。赵构再次登基，又把年号改回建炎三年。

至此，这场让人心揪着的叛乱，被平息了。

赵构在临安的皇宫里面，感激涕零地接见了韩世忠。他设宴款待二军，然后加封韩世忠为御前右军都统制。

被刘、苗坑走的张俊也升官了，他被提拔为御前左军都统治。没到临安，但是出了力的岳飞和刘光世也升官了，岳飞为御前后军都统治；

刘光世被提拔为御前副使。

最重要的还是提拔张浚为西府枢密使，让他领精兵向西，收编蜀川大将曲端的西军残部并守好南宋的西大门。

张浚西行，壮怀激烈。那边厢吴介、吴璘和刘琦都在等着他去光复祖国的大好河山。

是夜，君臣同乐。

第二天赵构痛哭流涕。他的独子赵旉，由于惊吓过度，死了。

然而让赵构崩溃的不是他唯一且以后也不会有了的儿子死了，而是金兀术又打过来了，而且这次已经突破了长江！

张浚为了剿灭刘苗之乱，直接把南宋在东南防线的名将都扯了过来，导致南宋在东南面的防线直接变成了酥脆松软的蛋卷。

而他自己在事后就去西边了，东南边根本没有收尾！

于是，金兀术瞅准时机，一鼓作气，一路南下。先在建康击败了宗泽的次子宗欣；接着冲过了越州，打破了秀州，直奔临安而来。

赵构早已在刘、苗之乱修练的镇定之心，再一次混乱了起来。他赶紧下旨给刘光世和张俊，死死挡住金兀术。

然而金兀术虽然败仗很多，但他毕竟还是个猛人，刘光世根本不是他的对手。很快金兀术已经过了明州，离临安已经是咫尺之间了。

赵构受不了了，他晚上接连着做噩梦，梦到自己惨兮兮地和父亲还有兄弟姐妹们在金营受尽屈辱。

不能再这样了！我要反抗，我要反击！我要……

第二天一早，赵构立刻下旨，要韩世忠不惜一切代价挡住金兀术，他自己则带领文武百官，乘船出海！

金兀术也是冲昏了头脑，他一得知赵构又乘船出逃了，也怒了。他撇下大军不管，孤身一人带着五千骑兵一路狠追。

赵构刚刚进入温州，金兀术就攻到了温州城下。一番激战，赵构落荒而逃。刚想乘船，哪知水面无风！

赵构无奈，只好逃往镇江府。搞定了温州后，一路衔尾追杀冲到了镇江府。赵构气急，躲进了宁镇山里面做起了山中野人。

金兀术还是不放过他。"你要做野人，我四太子陪你做！"于是金兀术也冲进了宁镇山里面。

赵构被吓呆了，他又一路跑出了宁镇山溜进了金山龙王庙。金兀术得知后，一路猛追，也冲进了庙里面。他一进去，就听到杀声四起，万箭齐发。金兀术大惊失色，一路狂撤回镇江府才稳住脚跟。

这一撤，赵构终于逃出生天，从金山龙王庙里出来后，他即刻下海，一路跑到了崖州才停了下来。

对于赵构的这次绝地求生大逃亡，民间戏称：金兀术搜山检海捉赵构。

在镇江府重整旗鼓的金兀术，终于见到了那个让他在龙王庙里面吃瘪的将军。

"四太子殿下，好久不见，别来无恙。"

"原来是你！韩将军，你可敢与我，在正面毫无花哨地决一死战吗？"

"奉陪到底！"

南宋中兴之战卷：

最狂野的将军与最伟大的歌姬

前情提要：建炎三年（公元1129年）正月，金兀术举兵南下，扬州告破。宋高宗赵构出逃，南撤至杭州，后改杭州为临安，并在此定都。三月，因为对朝廷的不满，原熙河路经略使刘正彦伙同御营大将苗傅发动兵变。御林军都统制王渊当场被阵斩，宋高宗被逼退位，皇太子赵旉即位，由元祐太后孟氏垂帘听政，史称刘苗兵变。二十六日后，枢密院直学士张浚，令韩世忠、刘光世、岳飞率大军进临安平叛。韩世忠首当其冲，击溃刘正彦和苗傅，拥立赵构复位。同时元祐太后孟氏宣布撤帘，宋简宗赵旉还位于赵构。十月，金兀术再次南下，渡长江，破建康，直逼临安。赵构仓皇出逃，金兀术紧追不舍，直至镇江府宁镇山的金山龙王庙，方被韩世忠阻击。

南宋建炎四年（公元1130年）正月，气势汹汹的金兀术完颜宗弼，一路高歌猛进，仅仅一月的时间，他就渡过了长江，攻破了建康府，一路向着临安突袭而来。赵构仓皇逃窜，一路上宋军城门打开，手捧降书，战战兢兢地恭候金兀术。

哪知，在金山，就在他快要抓住赵构的时候，他，金国四太子、兀术战神完颜宗弼，竟然被韩世忠打了埋伏，功亏一篑，直接让赵构成功地逃出生天。

"韩世忠！你敢和我金兀术，在正面毫无花哨地决一死战吗？"

"奉陪到底！"

南宋建炎四年三月十七日，金兀术聚集起这次南下的全部主力，共计十万大军于金山脚下的长江水系上。那一日，烟波浩渺的长江水系，被金兀术的战船和舢板填满了整个江面。金军声势浩大，鼓声如雷，铁甲上的反光让太阳都有所暗淡。所谓投鞭断流大概说的就是这个意思吧！

午时，另一边韩世忠的部队也出现了。相比于金兀术动不动可以盖住整个长江的船队，韩世忠的部队真的是少得不够看。虽然他的船很高很大，都是可以扬帆下海的战舰级，但一共也就二十来艘。

虽然韩世忠一再向金兀术宣称自己有三万大军，但是据我估算，南宋的战舰最大的，也就容得下四百来人，而韩世忠有二十几艘，那就是八千多人，绝对不会超过九千。

八千对十万，十万的那边还是金兀术。这一仗，韩世忠几乎毫无胜算，但残酷的是，他却绝对不可以败，更不可以撤。这一仗不仅仅是他韩世忠的战役，更是南宋反击金国的第一仗。

他韩世忠，是南宋现在公认的最强的将军，无论是在开封，在商丘，还是在扬州，他都能以一敌百，挫败金军。

所以，谁都可以输给金兀术，谁都可以怕金人，只有他韩世忠不能怕，不能输，不能撤。如果他再尿了，那么大宋的军人就再也没有勇

35

气反击了。

韩世忠面色凝重地站在舰桥上，他的战舰是最大最高最威武的一艘，更是耸立在最前面的一艘。他望着江面上多到看不见边际的敌人，高高举起了鼓槌，再狠狠地砸了下来。

"咚！咚！"苍凉而磅礴的鼓声在江面上响起，韩世忠的坐舰展开了所有的风帆，第一个冲向了金军的船队。

我已经厌倦了小打小闹，受够了无休无止的撤退、内乱和小花招。不就是八千对十万吗？金兀术，今天不是你死，就是我亡！

一决胜负吧，大宋必胜！

另一边金兀术也立刻列阵，迎着韩世忠发动了冲锋。两支水军狠狠地撞在了一起，只听得"轰隆"一声。江面上刹那间卷起了一道道巨大的浪花。

浪花散去后，金兀术那得意扬扬的脸庞瞬间石化，他看见宋军水师的战舰就像刀劈豆腐一样，把他的战船和小舢板撞得七零八落。最让人惊恐的是，韩世忠本人的坐舰正不顾一切地冲向自己。

高大的宋朝军舰，别说这是在长江水系，就是在大海上都可以扬帆起航，岿然不动。而金兀术的战船一部分是抢了宋朝在运河里的小战船，另一部分是抢的民船照着宋朝的战船改造的。

这些战船根本无法和韩世忠的高大的旗舰相提并论！望着向自己越来越逼近的韩世忠，四太子战神金兀术竟然怂了，他怕了！

金兀术不断地后撤，他想要不断地远离韩世忠这个不要命的家伙。然后他下令他周身所有的战船要不计后果地挡住韩世忠，并让所有的弓手都向韩世忠放箭。

而韩世忠则不断地下令前进，他根本不管已经有十来支箭插在他身上，只是拼命地下令，前进！一定要干掉金兀术！

当然，之所以韩世忠被射了十几箭还安然无恙，那是因为他身上穿了两层盔甲（锦厚，箭不能透）。诛杀金兀术很重要，但是自己首先要好好活着。

到了这会儿，金兀术外强中干的强盗本性终于暴露了。他起初还是有步调地后退，后来看着韩世忠犹如天神般迎着枪林箭雨的冲锋。他直接被吓蒙了，开始慌不择路地全速后撤。

人倒霉起来，是喝水都会塞牙缝。又是"咔"的一声，金兀术的坐船不动了。由于他退得太快、太急，加上金人驾船能力实在太糟，导致他的船搁浅了。

欲哭无泪的金兀术这时展现了强大的求生能力，他直接跳下战船，爬到一个小舢板上，然后拼命向没有宋军的南岸划去。

终于，金兀术一身湿漉漉地爬上了岸，开始了大口喘气。他身后陆陆续续也有金军，被韩世忠的大战舰们压过来，而不得不上岸，向他聚拢过来。

此时，金兀术虽然狼狈，但他还是有些得意的。因为韩世忠能赢他，那是因为他金兀术不善水战，甚至说，那只是因为韩世忠的战舰太厉害。现在他上岸了，他还真不信，韩世忠也敢上岸来和他血拼。

正在金兀术伸伸手脚，召集金军准备在岸上列阵的时候，一支宋军忽然出现，堵住了金兀术在岸上的去路。

来者，是一位披着暗红色盔甲的女将军。金兀术感觉到自己的尊严受到了侮辱，宋朝的男人都被他杀了成百上千个，这次竟然被一个女人堵住了？

金兀术立刻上马，带领一部分列好阵的金军冲锋，哪知那女将手起一箭，歪了点，她射掉了了金兀术的头盔。

这一箭，金兀术差点被吓得从马上摔下来，接着他又看见自己的得意女婿龙虎大王被这个女将一枪就挑下了马，然后立刻被包成了粽子。

我的天，今天是怎么了？中邪了？连个宋朝的女将都这么猛？

嗯，中国古代有四位文武双全，集美貌、才华、武艺于一身的伟大女性。她们分别是花木兰、佘太君、穆桂英和梁红玉。她们中最大且唯一的区别是，前三个都是假的，是杜撰出来的，只有最后这个梁红玉是真的。

是的，挡住金兀术，生擒龙虎大王的，就是赵构钦点的安国夫人，梁红玉！

可惜，金兀术这会儿已经被折腾得无心欣赏梁红玉的美貌了，他拔腿就跑，一路又跑回到船上。

可是上船也不是个事儿啊，因为韩世忠还在那儿，又没走……

金兀术现在是彻底地悲剧了，陆地上梁红玉堵着他，江面上韩世忠压着他。他犹如一只被吓坏了的雄鹿，到处乱跑乱逃。韩世忠和梁红玉很聪明，他们时而把金军逼成一条长线，时而又逼得他们聚成一团，时而又故意放松包围让他们冲出去一点。

毕竟金兀术手里有十万人，如果他真的被逼急了，鱼死网破，亡命一搏的话，宋军一定损失惨重。

就这样，大脑已经死机的金兀术一路乱窜到一处开阔的水域时，他忽然发现宋军不追了，只是在入口堵着他。

金兀术大喜，他还一个劲地往前冲。可怜的四太子、金国的兀术战神的脑袋，此时已经不能思考了。

韩世忠会那么好放你一条生路？于是金兀术就这样冲啊冲啊，河道越来越窄，刚开始还能容纳两三艘战船并排通过，后来连小舢板都很难过去了。水里的淤泥水草越来越多，终于，金兀术走不动了。

这下，他才蓦地一下反应过来，中计了！回头一看，韩世忠和梁红玉的舰队已经驶进了那片他刚刚通过的开阔地带，稳稳地停在了那里。

"啊！"金兀术一声惨叫，两眼一黑，昏死过去。

来来来，在金兀术爬起来之前，让我来说一下这个地方。

这片水域叫黄天荡，是长江下游位于栖霞山、龙潭之间的一处支汊湖荡。简单地说，就是长江分流出来的一部分水道。它表面看上去是个水道，前面却是源头，河道又极窄，里面还全是淤泥杂草。

这样一个死胡同，就是块天生的绝地。金兀术这个北方大佬外加旱鸭子，一路仓皇跑路，终于是被韩世忠逼进了黄天荡。

而且更惨的是，由于金兀术急着逃跑外加路痴，他还一个劲地往里面钻，现在他的部队全部被卡死在里面，连死亡冲锋都不能发动了。

好了，经过掐人中、捶胸口等一系列紧急措施，我们的四太子被"救活"醒了过来。

醒来的金兀术号啕大哭，他最后看了一眼他抢劫了两个月的金银财宝，然后把他们都送给了韩世忠，希望买条活命。

韩世忠欣喜地收下了金兀术的钱，然后举起一溜神臂弓开始往黄天荡里面射箭。

而且他还射的是火箭。一时间，金兀术连成一条长蛇的船队被射得火光四起，惨呼不断。

其实韩世忠也很气，因为他手里转了转去就这么八千多号人。金兀术再败，没有个十万，也还剩下十八万。这十八万人就是站着不动让他砍，都要砍上几天几夜。所以，他只能写信去找赵构要救兵。

可搞笑的是，赵构失踪了。据说，他一路溜到了崖州还嫌不够远，最后扬帆起航，直接下海，这会儿没准都到太平洋了。

于是。韩世忠就只能这样耗着，没事儿往里面射射箭，就当练靶子，作为回馈，里面会传来几声哀号。

这样的日子一共维持了四十天整。当第四十天的黎明到来时，韩世忠忽然发现，金兀术不见了！

不见了！？我老韩在这里堵着，里面又是死路，我又没学关二爷演华容道。他们怎么就会不见了呢？总不可能都成仙飞走了吧？

韩世忠觉得事儿有蹊跷，他赶忙命人冲进黄天荡里面一看，也傻了。黄天荡的死路口被挖穿了，形成了一个新的水道。

韩世忠气得怒发冲冠，仰天长叹。啥也不说了，兄弟们，给我追！

事情是这样的，金兀术的人被堵在黄天荡的第三十九天。有一个当地的汉奸，带了铲子给金兀术。说他这把铲子要买三千两黄金。

金兀术气得想把他绑起来抽，结果这人却说，他这把铲子可以救得金国大元帅全军逃生。

金兀术一听，赶忙拿出三千两黄金给他（果然还有私房钱啊，不是都给韩世忠了）。这人说，沿着黄天荡往前挖烂泥，有一个叫老鹳口的地方。只要元帅找到那儿就能回到长江！

于是金兀术亲自带头挖泥巴，挖了一夜，终于找到了老鹳口，成功跑路。

一路沿着老鹳口紧追不舍的韩世忠，也冲入了长江。一路追向金兀术最有可能逃窜的地点——龙湾镇。

韩世忠前脚刚刚行驶到江心，金兀术后脚就狼狈地从龙湾镇里面逃了出来。韩世忠登上桅杆向远处眺望。远方旌旗招展，宋军一副大胜的模样。

他隐隐约约看到了一个"岳"字。

是的！好不容易从老鹳口逃出来的金兀术，却赫然发现他还在自己的悲剧之路上一路狂奔。他一路逃到龙湾镇，准备回到建康。哪晓得，岳飞早就得知了韩世忠在黄天荡堵着金兀术。

只可惜，他赶来的时候，金兀术已经脱困了。于是，岳飞料定金兀术肯定会来龙湾镇登陆，他趁着夜黑风高亲自领两千刀斧手埋伏在龙湾镇边上，然后照着金军一顿海扁。

金兀术被打得抱头鼠窜，直接被岳飞撵回了江上。

金兀术一回到江上，眼泪还没擦干，抬眼一望。哎哟，这不是老韩，您还好吗？

韩世忠哈哈大笑，二话不说，挥着令旗就对着金兀术冲过去。经过了这番折腾，金军哪还有半点士气，一个照面就被韩世忠冲得七零八落，向江北逃去。

老把戏又出现了，金兀术在逃命的过程中又碰到了在江北埋伏的梁红玉。韩世忠、梁红玉，这夫妻俩一南一北直接把金兀术又给堵回了龙湾镇。

结果龙湾镇上，还有个金兀术的毕生死敌，岳飞……

"吾命休矣！"金兀术仰天长叹，这下他觉得自己是死定了。

在这个关键时刻，有一个叫王福建的汉奸出现。他告诉金兀术，他夜观天象，明天肯定江面无风，您只需在船上多凿空，往里面多放上桨橹。到时候，江面无风，韩世忠的大舰肯定开不动，您只需往韩世忠的战舰帆上射火箭，他们一定会被困死在江心，您就可以顺利跑路了。

我真是……金兀术这个人，每次出现危机，总会有个宋人帮他。而且他越危险，帮他的级别就越高！或许，他真的是赤须龙转世吧……

金兀术大喜，他按照王福建说的做。第二日，果然江面无风，金兀术的小船桨橹起飞，韩世忠的战舰动弹不得。只得任凭金兀术火箭齐发，

41

将他的船帆烧了个干净，然后眼睁睁地看着金兀术扬长而去。

史称，黄天荡之战！

不过，咱也别灰心。黄天荡之战过后，金兀术的倒霉之路依然没有完结，他路过牛首山的时候，又被岳飞打了一波埋伏，损失凄惨无比。而且这一战，岳飞手下只有八百号人。

一路北逃回幽州的金兀术，在见到金国的宰相完颜昌和完颜宗翰的时候，激动得眼泪直流。他握着二哥的手痛哭流涕，不能自已。

我终于活着回来了！

就如同我上面所说，黄天荡之战，不仅是自南宋开国以来，甚至是自靖康之难后的第一次反击战，更是一场重建大宋军威的战役。但是，这场战役最终造成的效果，却远远比以上我所说的还要大。

黄天荡之战后，金国的皇帝，金太宗完颜吴乞买联合宰相完颜昌，发动了一场政治事件。他们俩以金军南征失利，完颜宗翰要负全责为由，联手剥夺了完颜宗翰的军权，并调回了金兀术。

金国的政治体系其实是非常原始的，是掠夺制的。这个国家所有的财富收入，全是靠掠夺来的。你打仗赢了谁，谁的财产就都是你的。

如果你不去打仗，就没钱，皇帝也一样。这就是为什么金太祖完颜阿骨打每次打仗都那么积极那么猛，因为钱都是自己的啊！

但是金太宗完颜吴乞买不一样，自他登基，他就没有直属于自己的军队。完颜宗翰总是欺负他，有一次还因为他用了国库的钱花天酒地了一回，结果被完颜宗翰拖下王座打了二十板子。

所以，在这里可以看出，宋徽宗赵佶和宋钦宗赵桓在金国过得很惨也是有道理的。

金国皇帝还只有木屋板床呢！

终于，由于完颜宗弼大败，军心动摇，金太宗完颜吴乞买和宰相完颜昌，才终于有能力可以收回一部分军权了。

然而他们俩还是低估了完颜宗翰的政治能力。

黄天荡之战后，完颜昌建议金太宗在金宋之间，也就是原北宋西北（今陕西和陕北）处另立一个像张邦昌那样的伪政府。整个伪政府的皇帝必须完全听命于金国，还必须是宋朝的死敌。

这个政策一出，完颜宗翰立刻同意，然后他不等完颜昌和金太宗发问，就私自立了降将，原济南知府刘豫为皇帝，国号大齐，史称伪齐。

这个刘豫不是很有名，但他杀过一个很有名的人，叫关胜。对，就是《水浒传》里的那个大刀关胜。

金太宗和宰相完颜昌怒不可遏，却又无计可施。他们只能再一次静静地等待，等待完颜宗翰露出新的破绽。

万事俱备，完颜宗翰根本瞧不上金太宗和完颜昌。他要自己为金国建功立业，攻灭宋朝。

机会来了，他的细作告诉他，南宋在蜀川的帅府出现了内讧。现在，如果完颜宗翰出兵陕西，攻向蜀川的话，宋军必定乱作一团，直接崩溃。

更何况，西夏和陕西的府州折氏是死仇，他们只会帮着金人打宋军。

于是，在建炎四年的秋天，完颜宗翰再次命令金兀术，聚集大军准备攻打南宋的西疆。

只是，完颜宗翰不知道的是，南宋蜀川的内讧很快就被镇压了。他将要面对的是，曾经北宋最后的荣耀，所有五路西军的残部将在此集结，并迎接他们辉煌壮烈的最后一战。

是的，我用的词是镇压，因为，镇压内讧并且成为全部川陕长官的，就是张浚。

南宋中兴之战卷：

川陕双雄

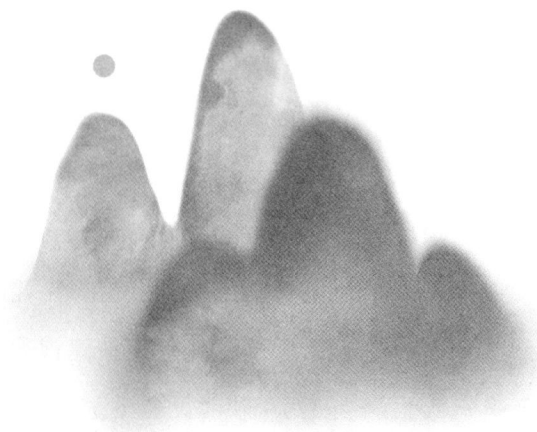

前情提要：南宋高宗建炎四年（公元1130年）三月十七日，金兀术率十万大军与韩世忠的南宋水师在镇江金山脚下的长江水系决战。韩世忠设计将金兀术逼入黄天荡并将其围困在此。在一个汉人的帮助下，金兀术成功逃出，韩世忠紧追不舍。金兀术北撤进龙湾镇后，又中了岳飞的埋伏，被再次逼回江面，再次被韩世忠包围。最终，金兀术又在一个汉人的帮助下成功从岳、韩二人手里逃走。史称黄天荡之战。此后，金人再也不敢随意从江南进攻南宋。

南宋高宗建炎四年（公元1130年）正月，西府枢密使，赵构钦命的西府枢密使，第一军人张浚来到了蜀川，进入了成都。

他的任务，是把曾经北宋的最高战力，如今已是奄奄一息的五路西军，再次复兴，并整编在一起。

"陛下，要想稳固当下的局面，甚至夺回失去的河山，就必须把散落在蜀川的西军残部整合起来。只有他们，方可与金人一战！"张浚如是说。

赵构是信任他的，在赵构最苦难的时候，是张浚不惜一切代价地解救了他。所以，赵构给予了张浚无上的权力，甚至连中书省都不可以阻挠张浚的决策。

张浚西行，壮怀激烈。他誓要匡扶社稷，复我河山。

他做的第一件事，就是派出随军转运使赵开先行进入成都，强令蜀川所有老百姓们立刻上缴五年的税收。

接着，张浚立刻把这笔钱直接投入了这些西军的残部。听从他命令的，就拿钱；不听命令的，就走！

为了树立自己的军威，张浚直接把熙河军的主帅张深和的主将泾元军王似直接撤职，把他们替换成了他的心腹大将吴玠、吴璘以及刘锡和刘铸这两对兄弟。然后，他又任命随他而来的孙渥为环庆军主将，提拔赵哲为秦凤军主将。

一时间，西军内部风云动荡，各大派系要么投靠了张浚，要么被张浚清理出门。

最后张浚找来了康州防御使、荣州刺史、西军这些年来的头儿，大将军曲端。

对于曲端，张浚竟然难得一开始向他表示了妥协。他并没有撤除曲端的头衔，而是集结了西北全军，上演了一出登台拜将的古礼。

曲端欣然接受。张浚意气风发，亲自为曲端斟酒，并互相立下誓言，要誓死报国。

三月，远方传来急报，金国名将完颜娄室率领三万骑兵进攻陕州，被当地的民兵头目李彦仙所阻。

据说，连当时在金国大后方做苦力的宋徽宗赵佶都流着眼泪开心地说："近闻彦仙与金人战，再三获捷，朕喜不能寐。"

可是，虽然完颜娄室暂时被李彦仙挫败，但他的军队有着绝对的数量优势，长久下去，陕州城必定会被金军磨破的。

张浚焦急万分，他立刻命曲端率领大军前去支援李彦仙。要知道这么些年来，在宋辽两个国家无数将领里，也只有曲端能和完颜娄室打得有来有回。

然而曲端的回答却让张浚当场震惊。

曲端说："不用去了，陕州必丢，还是让李彦仙撤吧。"

张浚急了，他不断地解释，不断地诉说，甚至极其少有地用几乎带着恳求的声音，希望曲端出兵援救。

曲端被说得烦了，眼睛一横，冷笑着对张浚说："张大人何必着急？收复河山之事，当十年后再议。"

张浚的火气蹭地一下就起来了。十年？再议？曲端你在搞笑吗？十年以后，别说黄花菜，河北、河南以及陕北各路义军的心都凉透了，还复什么国啊！

曲端你不去，我张浚派人去！于是，张浚派出了他的王牌大将吴玠去救援李彦仙。哪知，完颜娄室早就看穿了张浚的行动。他也派出自己的心腹大将完颜撒里喝在道上埋伏，一句"包围了吴玠"。

张浚无奈，只好去找曲端，要他赶紧派人去给吴玠解围，然后一同去救援陕州。

这个曲大将军就有意思了，他这次连理由都懒得找了，直接一句话就把张浚给堵了回去。

"吴玠必死，不用救了。"

然而，曲大将军并不是个算命的。完颜撒里喝也低估了吴玠的战斗力。到底是个老西军，还跟过宗大帅，他的战斗力可以说是仅次于岳、韩，在宋军里也是排名第三的存在。

吴玠左冲右突，杀出重围，直接把完颜撒里喝给打哭了。在后世的评书里，老百姓们给他送了一个"光荣"的绰号——啼哭郎君撒里喝。

可惜的是，这一耽搁，陕州沦陷，李彦仙力战而败，史称他"左臂断绝，中箭如猬"。在陕州城破后，他一直在组织巷战，手下五十一员战将，先后阵亡，无一人投降。他本人战至最后一人，因不愿投降完颜娄室，挥剑自尽。

紧接着，西北重镇京兆府（长安）、凤翔和延安等西北重镇全数沦陷。

张浚怒极！倘若好好地去救援，陕州何至于此？但也就在此时，张浚发现了一个可以一举消灭完颜娄室的机会。

金军虽然攻灭陕州，但自身损失也很惨重。他们后援不济，战力不足。如果这时候，有意诱导他们决战，那么仰仗着西军对这片土地的熟悉度以及人数上的优势，完颜娄室一定大败。

然后宋军一路反攻，就可以收回陕州，北至太原甚至光复河北路全境！

这里插一句，话说，为啥金军此刻主力不够，兵源不济呢？答：金军主力这会儿全跟着金兀术被韩世忠堵在黄天荡呢！

确实是个千载难逢的好机会，可是我实在是搞不懂，这个曲端大将军为什么非要去扮演曲神棍，去算命。

曲端面对又是怒气冲冲，又是神采奕奕的张浚，冷冷地说了三个字。

"你必败。"

张浚直接暴怒。他再也顾不上身为枢密使、副宰相的威仪了。他跳起来指着曲端吼叫道："曲端匹夫，你敢不敢和我立军令状？如果这仗我赢了，你把头割给我；如果我输了，我把头割给你！"

曲端微微一笑，自信满满地说："好！"

于是这两位西军最高统帅，当着众将士的面，把这份军令状给签了。

最奇怪的是，签完后，曲端带着自信的笑容，当着众将士的面说："张浚必败。可是无论胜败，我必死。我死不足惜，只是可惜了大宋江山即将沦陷，我却无能为力。张大人，十年之后，你必思我言。"

说实话，别说张浚，我都忍不了了。不要说十年，马上吴玠就会啪啪啪地扇他的脸。更别提即将到来的，让全世界都跟着一起颤抖的岳飞北伐！

装完神棍，算好命，签好字的曲端竟然还要作妖。张浚要调集粮草，曲端不让；张浚要集结军队，曲端不让；张浚要派出探子去敌占区探路，曲端还是不让。

于是忍无可忍的张浚，终于动用了赵构给予他的无上权力，他直接把曲端贬为庶民，丢到阶州软禁了起来。

曲端走时，没人怀念他，可他自己还是念念不忘地说："可怜我大宋河山啊！"

此时，金兀术在长江被韩世忠和岳飞追着砍了一个多月，总算是逃回来了北方。接着金太宗和大元帅完颜宗瀚斗了一波法，完颜宗瀚胜出。而历经数月，张浚终于搞走了曲端，可以自己大展拳脚了。可惜呀，此时已经入秋，而最好的时机也已经错过了。

由于完颜宗瀚成功地保住了自己的军权，驻扎在陕州修整的完颜娄室因此得到了充足的援助，而金兀术也带着五万生力军，悄悄地向蜀川的西大门靠了过来。

折腾了大半年的张浚，并不知金兀术的行动。他还以为，金军在西北的主力只有完颜娄室。

在得知完颜娄室又开始进军以后，他迅速派出全部五路西军，合计八万人前往富平山，与金军决战。

"富平，石、温周匝，荆、浮翼卫。南限沮、漆，北依频山，群峰险峻，环绕如城郭，水陆之险皆备，有主客劳逸之殊，据险以固，择利而进，设有犯者，可使片甲不还。"

如此重要的地方，张浚以为绝对不可让金军突破，不然蜀川必然不保。同时，在富平面向金军的一面，有一片巨大的沼泽。张浚认为，这片沼泽会成为金军骑兵冲锋的巨大障碍。

然而泾原军主帅吴玠却表示反对，他认为，山才是西军的主场。富平周围都是山，为什么非要在山中间的一片平原与金军决战呢？

这个意见至关重要，但是由于曲端无厘头外加无理由的一拖再拖，西军的士气开始浮躁，他们太过急于求成了。

就在这个节骨眼上，完颜娄室玩了一个小花招。他听说张浚为了干掉自己，在外悬赏。谁杀了完颜娄室，赏一万两黄金、一万匹布。

完颜娄室哈哈大笑，他也贴出布告，谁杀了张浚，赏一匹驴、一尺布。

张浚气得怒发裂眦，曲端的拖延，陕州的失陷加上金人的挑衅。他再也不想等了，他要一举消灭敌人。

就这样，北宋西军与金国第一名将完颜娄室正式在富平对决。破晓，由完颜撒里喝率先发动冲锋。金军的铁骑兵一路跑一路往下面扔石灰稻草，一下子就填平了沼泽，向西军冲来。

西军先锋吴玠，好不避让，他率领着最善奔袭的泾原军直接迎了上去与撒里喝厮杀在了一起。

完颜娄室在远处观望，一切如他所料。于是，他举起了手中的红旗。埋伏在一旁的金兀术，率领五万骑兵忽然冲了出来，照着西军的中军大帐，刘锡的所在地杀将过来。

刘锡慌了，他赶忙降下帅旗，落荒而逃。西军中军大振，眼看要被攻破。刘锡的弟弟刘铸赶忙接替哥哥的位置，他带着西军的精锐，五千熙河军骑兵死死地顶住了金兀术。

同时，环庆军的主将赵哲带着神臂弓手们对着金兀术开始疯狂扫射。有了神臂弓的支持，刘铸勇武大增，他挥舞着长枪和铁鞭冲入金军，如入无人之境。当即阵斩金兀术坐下万夫长赤盏晖，歼灭金兀术整整一万骑兵并将他本人围住了。

金兀术慌了，明明是他偷袭宋军，怎么被一个宋军疯子给堵住了？他开始控制不住手下的士兵，而刘铸正一路疯狂地朝他杀过来。

关键时刻，金兀术的另一个万夫长，汉将韩常也开起了暴走模式，他一路杀破了刘铸的包围圈，找到了金兀术。

赵哲急了，他举着神臂弓，手起一箭准确地命中了韩常的眼睛。哪知韩常暴喝一声，一把把箭连着眼珠一同拔出来丢掉，然后抓起金兀术杀出重围，扬长而去。

第一天战斗就此结束。宋军依仗刘铸的勇猛和赵哲的反应及时，扳回了劣势，重创金兀术。

第二天，完颜娄室亲自出阵，虽然他此时已经病重，但他依旧带头冲锋。完颜娄室不愧是金国第一名将，他把中军交给了最莽的金兀术，而自己则率领金军最精锐的拐子马突袭宋军的环庆军。

环庆军主将赵哲被打了个措手不及，一下子就陷入了混乱。当此时，之前吴玠不断强调、不断担心的问题终于出现了。西北五军，环庆善守，号称坚如磐石，不动如山岳。可是，那是在山上或者城墙里面而不是在平原上面！

在完颜娄室犹如闪电般的突袭下，环庆军的武器神臂弓阵根本来不及施展就被突破了，金军在其中大肆砍杀。

赵哲本人崩溃了，在金人强悍的拐子马面前，他抛弃了整个环庆军，逃了。

失去了环庆军神臂弓的辅助，先锋吴玠终于也扛不住了，开始向西南方向败退；中军大将刘铸极力试图挽回局面，然而狡猾的完颜娄室并不急于击杀更多的宋军，而是不断地推动宋军的战阵。

在庞大的战阵面前，个人的力量终究是渺小的，吴玠、刘铸终于支撑不住了。西军全线崩坏，人马自相践踏，死伤无数。

史称，宋金富平山决战。

张浚第一时间知道了西军的战败，知道了刘锡、赵哲的临战脱逃。他气得随手抄起一根大铁棍直接把赵哲抡死，然后把刘锡推到一个土堆面前斩首。

富平战败也传入了曲端的耳朵里，这个混账，竟然还敢厚着脸皮给张浚写信说："我说了吧，张大人，你必败！只是可惜，天不让我光复大宋啊！"

这事儿实在太大了，大到在太平洋上漂着的赵构都被气到了。赵构命人把曲端锁住手脚，关在笼子里面用火烘烤，再用蜡封住他的鼻子并往嘴里灌，折磨死他。

一个字，该！

接着，已经输光了所有军队的张浚，在此刻不得不把全军撤回兴州。他在兴州一数，发现，坏了。

他的王牌大将吴玠不见了。

这还了得？快去给我找！

介于当时的环境，张浚这一下肯定是找不到的。那么吴玠去哪儿了呢？

谁也想不到，富平战败后，吴玠居然没有撤退回蜀川，而是带着弟弟吴璘偷偷绕过了金军，带着三千西军残兵，向着金军来的方向，一路往北，收复了大散关！

大散关，自古为"川陕咽喉"，它位于今天的宝鸡市南郊秦岭北麓，置关于大散岭而得名。这里北连渭河支流，南通嘉陵江上源，当山川之会，扼西南、西北要道枢纽，亦称崤谷。当年诸葛亮六出祁山，远征曹魏，有一次就是在这里被曹真挡回去的。

在富平决战后，吴玠惊喜地发现，金人并不知道川陕的咽喉命脉在这里。而枢密使张浚，显然也是地理不过关，对怎么凭借地势防守蜀川，毫不知情。

更重要的是，吴玠得知，完颜娄室在富平决战后，已是油尽灯枯，这最后的冲锋耗尽了他最后的体能，现在只得返回幽州养病去了。

金军主帅，又成了金兀术。

于是，吴玠和弟弟吴璘，毫不犹豫地派人攻入了没什么把守的大散关，并在附近的和尚原建立了三道防线。

做完这一切后，吴玠对金兀术下了战书。

金兀术哈哈大笑，他刚刚打赢了富平决战（明明是完颜娄室打赢的……），正是牛气冲天的时候。这个吴玠，不过区区几千残兵，还敢来找他单挑？

于是金兀术派出乌鲁折合和完颜没立各领五千骑兵，一个打和尚原一个打大散关。两翼齐飞，夹死吴玠。

区区残兵何须我金兀术动手？

乌鲁折合跑得很快，他比完颜没立早一天到达战场。估计是跟金兀术跟久了，他也养成了和金兀术一样的坏毛病，就是一个劲儿地猛冲。

驻守和尚原的是吴玠的弟弟吴璘，他手里只有一千神臂弓手。面对乌鲁折合犹如疾风般的冲锋，吴璘并没有第一时间放箭，而是把乌鲁折合的五千人全部放进了山里才开始战斗。

西军最善的就是山地，林地作战。而在狭窄，复杂，迂回的山里面，金军铁骑兵的弱点就被无限放大了。他们不能跑也不能绕，而且还不会爬树，而且还迷了路。

于是吴璘的一千神臂弓手就树上荡来荡去。他们一箭一箭地把这五千金军全部射死，包括乌鲁折合。

那边厢，完颜没立也好不到哪儿去。大散关本身也是雄关天险，金军在神臂弓的面前人人平等，全部被射成了筛子。

吴玠看准机会趁势杀出大散关，一举击溃了完颜没立。他的五千铁骑兵，最后之逃出去几百人。

看着败退回来的完颜没立，金兀术表现出了对他深刻的鄙视。区区几千残兵你们都搞不定，还怎么在我们大金国混啊？来来来，看我四太子完颜宗弼怎么碾死那些个只会躲在石头后面放箭的南人！

于是金兀术先是把自己的辎重丢到北方，暗地里又调集凤翔里的粮草到大散关附近，然后又故意放出风声。接着他又四处派出人手说自己要一路向北去看亲戚，然后又带着手下的十万大军一会儿南一会儿北地跑路。

他的日的是让吴玠放松警惕，最后能勾得吴玠去抢凤翔的粮仓，这样就可以一举歼灭吴玠了。

然而吴玠什么都没做，他就在大散关里面坐着……

其实金兀术应该想得到，吴玠手里就那么几千人，金兀术有十万，你说他怎么敢动？

于是金兀术出了一身汗，这里一下那里一下地终于来到了大散关前的和尚原。在进入和尚原的路口，一个叫神岔口的地方，金兀术终于碰见了一小股宋军。

这小股宋军的将领一看到金国四太子的旗号，吓得丢盔弃甲，落荒而逃。金兀术大喜，哈哈大笑着进入了和尚原。

"老哥，你说，金兀术会进来吗？"

"会的！我确定，他是个那么强壮、骄傲的人。"吴玠笑着安慰自己的弟弟，然后转头对着副将杨从义说，"从义，都看你的了！"

那一小股宋军的将领，就是杨从义。

金兀术一路高歌猛进，和尚原沿途的宋军被金兀术一并击溃。只是，他不知道，这一切都是吴璘在演戏。

吴璘小心翼翼地按照哥哥的嘱咐，他认真地扮演着一个一心赴死、坚决抵抗却又无力回天的败将角色。终于他把十万金军全部放入了和尚原，来到了大散关城下。

金兀术还是有点本事的，他可不是乌鲁折合和完颜没立。打他一进入和尚原就明白了之前的金军是怎么败的。和尚原山路迂回狭小，攻城器械和粮草根本运不进来。而宋朝最厉害的神臂弓的射程，实在是太远太远太远了。

于是，金兀术一路上就让自己的士兵一边走一边砍树捡石头。他一到大散关城下，就把这些个木头石头堆成石垒垫脚，然后和吴玠抢夺城墙。

金军的数量实在太多了，吴玠和吴璘两兄弟同时上阵，一同拼杀，才堪堪挡住了金兀术的攻击。

是夜，金兀术在大散关前扎下连营七百里。他对自己这段时间的表现非常满意，如果可以打分的话，他一定给自己一百二十分，那二十分还是附加的。金兀术晚上做了一个很美的梦，他梦见自己攻破了大散关，冲入了蜀川，杀掉了张浚，攻入了临安，抓住了赵构，然后所有南宋的金银财宝和美人都是他的了

然后他梦见了火，火光冲天。金兀术一下子从梦中惊醒，他从士兵们的眼神里看见了红色，可怕的红色。

他的大营真的起火了，绵延深山老林七百里的大营帐全部都是火！天上下着火雨，士兵们乱作一团。此时，只听"砰"的一声，大散关的城门打开，吴玠、吴璘两兄弟手举火把趁势杀出！

金兀术惨呼一声，骑上战马落荒而逃，一路败退回和尚原。

这一路上，由于和尚原山道狭小迂回，十万金军无法展开，一路踏着小碎步撤退。吴玠、吴璘二人居高临下一路射着火箭，金军苦不堪言。

眼看就要冲到神岔口。之前一直败退的杨从义忽然杀出，他布下阻挡骑兵的锯鹿角和北宋末期的黑科技斩马刀，就是张艺谋的电影《长城》里的那个大剪刀，再配和后配的神臂弓牢牢地堵住了金军的撤退路线。

金兀术已经疯了，梦境与现实猛烈地冲击着他。他不知道为什么会变成这样，他只知道，他一定要逃出去。金兀术下令，十万金军不惜一切代价冲过杨从义的阵地！

而金兀术自己，则为了不被斩马刀砍到，而不得不跳下马；为了不被神臂弓狙杀，他换上了普通士兵的衣服。

就这样，冲了整整三天，金兀术冲出去了。十万大军，出去的时候只剩下了不到三万，所部战马几乎全部丢失，完颜宗瀚的女婿被抓，金

军步行着撤回了幽州。

吴玠顺势收复了凤翔粮仓和陕州。他本人所到之处，虽只有残兵数千，金人却全数望风而逃不敢与之为战！

在《建炎以来系年要录》里面有这样一句话："玠自和尚原一战，金人自如中原，其败衄未成如此也。"

大散关一战后，赵构欣喜若狂！他即刻下令停船靠岸，要回到临安。为了纪念这场胜利，他改年号建炎为绍兴元年（公元1131年），意有中兴之意！

然后，他马不停蹄地下旨，提拔吴玠为镇西军节度使，而吴玠也成为南宋开国以来第一个以军功建节的将领！

一时间南宋各地，举国狂欢，甚是解气！

就在这一片举国欢腾之时，一艘来自北方的小船靠上了长江的南岸。一位驻守在江边的小队长发现了这艘可疑的小船。他举着神臂弓呼喝着船里的人立刻放下武器，走上船头接受检查。

"不要放箭！不要放箭！我是政和五年的状元！我不是金人！"一个穿着白衣的狼狈中年人惊慌失措地喊道。

这位小队长心生疑惑，他赶忙带着这个自称是状元的中年人去见他的长官。

驻军的长官是见过世面的，他本来对自己的手下很不以为然。这年头装皇帝的都有，这个人抓去牢里便是，干吗来烦自己喝酒？

等到这位长官见到来者的时候，吓得手中的酒碗都掉了。

"秦大人？怎么会是您？！"

"快！快带我去见陛下！我有急事禀报，十万火急！"

来者，正是秦桧。

南宋中兴之战卷：

铁血仙人关

前情提要：南宋高宗建炎四年（公元1130年）秋，金国开国大将完颜娄室领兵三万进攻陕州。南宋义军名将李彦仙率部殊死抵抗，挫败金军。但由于康州防御使、荣州刺史曲端因畏战而一再拖延，导致陕州城破，李彦仙战死。枢密使张浚怒极，贬走曲端。后，与完颜娄室在富平决战。张浚惨败，退回兴州。其部下大将吴氏兄弟吴玠、吴璘率残兵收复大散关，并在此设伏，重创金兀术。金军损失惨重，宋高宗赵构大喜，停船靠岸，复回临安，次年，改元绍兴元年。

绍兴元年（公元1131年）的上元佳节，格外热闹。被战争这个超大的洗衣机搓来搓去的临安，好久没有这样的喜庆和热闹了。

西湖岸边，华灯初上。伴随着百姓们的欢呼声，烟花爆竹"嗖嗖"地蹿上了天空。

宋高宗赵构内心复杂，他在想自己，想自己远在金营受难的父母，想自己已经太久没有见面的家人们。

此时，年仅三十岁的宰相范宗尹悄悄地来到了赵构的身旁。

"启禀陛下，有一个人正带着您父母的音讯赶向临安。您如有疑问，问他便是。"

"谁？"

"您可还记得，原来的御史中丞，秦大人？"

"秦桧？！他怎么回来了？他怎么回得来？"赵构蓦地转过身来，死死地盯住范宗尹，"范爱卿此话当真？"

"一切疑问，陛下见到秦桧本人，您就知道了。"范宗尹微微一笑，就此告退。

第二日，赵构升殿，招秦桧觐见。时隔四年，在经历了一个国家的陨落与重塑后；在见证了无数仁人志士们为了信仰与理想抛头颅、洒热血后；在历经了自己人生的大起大落后，我不知道秦桧此刻的心境是什么，我只知道，他已经不再是曾经的秦桧了。

史书上说，秦桧告诉赵构，是他自己趁着金人不备，杀死了看管他的守备，然后抢到了一艘小船，从黄龙府一路划过来的。赵构被秦桧的忠勇和机智感动了，立刻拜他为参知政事，即副宰相。

这里我是有一个很大的疑问的，那就是秦桧怎么回来的。虽说宋朝的文人大多文武双全，我们也假定秦桧会使剑。那么他是怎么做到，在杀死守备后，带着自己的全家人一路逃回了临安的呢？想当年，三国时期的关二爷，带着刘备的家眷过五关斩六将，千里走单骑，最后还得靠曹操仁义放一条生路，才能做得到。请问，黄龙府到临安何止千里，那简直是十万八千里的路程，是秦桧的武艺已经超越了关羽还是金太宗一路仁义送他回来的？

我不知道，只是我觉得秦桧应该是打不过关羽的；而金太宗这人也一点不仁义。

第二种说法来自民间评书。据说秦桧的妻子王氏为了能逃回南宋，自己去色诱金兀术，一番这个那个后，金兀术就放走了王氏和秦桧。

对此，我只能说，群众的八卦之力真的很厉害。但显然这是民间对于秦桧夫妇以及金兀术的恶搞抹黑。原因很简单，金兀术这会儿根本不在金国内部，他那会儿正忙着被韩世忠、岳飞、吴玠和吴璘追着到处跑呢！哪管得了秦桧是谁啊？

第三种说法来自金人的史官。徽、钦二宗虏后，金国宰相完颜昌需要身边有个懂得汉人文化，写得一手好字的文书。他看上了仪表堂堂的秦桧。然而秦桧本人是拒绝的，在当时他的心里，一朝为汉臣，一生为汉臣，他宁死也不愿做金人的走狗。可是完颜昌实在太聪明，他许诺秦桧如果给他当文书的话，就给他的两位皇帝在极冷的冬天提供新的棉衣棉被。秦桧无奈，只得答应。四年以后，完颜昌察觉到时机成熟，他就放秦桧回归南宋，要秦桧告知南宋皇帝赵构，金国的高层也不想打仗，希望与南宋促成议和。

秦桧最有名的那句"如欲天下无事，南自南，北自北"，就出自此。

我觉得这个解释是最行得通的。当然，这也有漏洞，既然秦桧是被完颜昌派到南宋来执行任务的，那为什么放他家小一起回来？难道不应该留下什么人质吗？

具体怎样，我们已经不得而知了。但是我们可以确定的是，秦桧一家都回来了，并且成功地取得了赵构的信任。

这份信任，六分来自范宗尹的极力推荐。这里还有个小插曲，范宗尹推荐秦桧后，有一日忽然看见天上的太阳出现了黑斑。他大惊失色，思索来思索去，确定自己肯定是做错一件大事儿了，他连续地上书皇帝以"辅政无能"为由辞职。然而赵构却觉得奇怪，范爱卿干得极好，为什么要辞职？不批！

还有四分，来自秦桧本人因特殊的经历和特殊的身份所掌握的特殊情报，那就是他知道赵构父母与家人们的状况。不仅如此，秦桧还拿出了赵构的母亲显仁皇后的一个贴身之物。

事实上，不管人们再怎么痛斥"天家父子无亲情"，这种留存在血脉里的关系，是永远不会改变的。

从这时开始，赵构非常地信任秦桧，朝中大小事，他都要问秦桧。趁此机会，秦桧倒打一耙，赶走了首相范宗尹。但由于他自己升得太快了（一回来就做了副宰相），所以赵构任命了一位建炎南渡以来的老臣吕颐浩为首相。

秦桧不甘心，他始终认为，首相的位置应该是自己的。于是他策划了一场很大的阴谋。

就在吕颐浩拜相后，秦桧开始不断地在自己的宅子里鼓吹自己有一个伟大的、可以立刻结束战争的计划。可是每当别人一问起，他又说，自己不是首相，不能讲。

一来二去，这事儿就捅到了皇帝赵构那里去。于是赵构马上就召见了秦桧，问他到底有什么计划。

机会来了，秦桧拍着胸脯、打着包票地告诉赵构，他只需写一封信给金国的宰相完颜昌，金人就会立刻停止进攻。

赵构一听，马上就乐了。还有这等好事儿？

"秦爱卿那你赶紧去办！赶紧去！"

秦桧开心坏了，他接着不露声色地说："陛下您别急，我还需要您把吕颐浩调往前线，让他独自掌控兵权。这样，即使有某些金国好战的宵小（金兀术：说我咧？）之徒，也会慑服于吕相的威仪而不敢乱动呀！"

史称赵构大喜过望，不断地说，吕颐浩和秦桧于他，就好像文仲和范蠡辅佐越王勾践一样啊（颐浩整治军旅，桧处理书务，如文仲、范蠡之分职）。

于是，威武的吕大宰相就这样雄赳赳气昂昂地去了前线。而我们的秦次相则欣喜若狂地开始独揽大权。

他先是私自以次相的权力建立了一个叫"修政局"的小部门。从此以后所有的文件都要送到修政局而不是中书省。

而对于修政局的人员选拔，秦桧只有一个要求，三个字，那就是——听我的！

这样是可以的吗？应该是不行的，但是，由于宰相大人出去打仗了，所以这里是秦次相说了算。

接着，秦桧……没有接着了。如此肆无忌惮、张牙舞爪地揽权，你当赵构是个傻瓜不成？此时秦桧如此粗暴贪婪，甚至是利令智昏的举动，真的是有辱后来那个秦桧的智商。

赵构看在眼里，记在心里。多年来的颠沛流离和政治沉浮磨炼了他的心智和城府。他没有立刻发作，而是选择了等待。

去等待秦次相说的那个天上掉下的金馅饼——战争忽然结束。

于是，在漫长的等待中，时间推移到了绍兴二年（公元1132年）的七月。在一段时间的风平浪静后，秦桧对赵构的许诺，准确地砸在了赵构的头上。

可惜，砸下来的不是金馅饼，而是金兵。在修整了一年后，养好了心灵创伤的金兀术又来了。这　次，他为了可以一举覆灭南宋，联合了伪齐的皇帝刘豫同时出兵南宋。

刘豫自开封出兵，渡淮河攻击李横部；啼哭郎君撒里喝自陕北入川，攻击吴玠部。金兀术坐镇中军，再次来个两翼齐飞，要横扫南宋。

南宋朝野上下慌作一团不知所措，沉默的赵构终于忍不了了，他即刻下旨废掉修政局，然后他质问秦桧："你不是说，金人不会打来了吗？"

秦桧蒙了，这里我相信他是真蒙。其实，虽然我们不知道秦桧是怎么"千里划单船"回到南宋的，但我们可以确定的是，秦桧肯定和金营有千丝万缕的关系。他又不是个疯子，他敢拍着胸脯保证一封信就可以停止战争，这就说明他和金国某一位也不想打仗的大人物有了往来。

我大胆推测一下，这个大人物就是金国宰相完颜昌以及他的皇帝陛下金太宗完颜吴乞买。完颜昌最大的敌人是完颜宗翰，而只要是继续打仗，完颜昌和完颜吴乞买这辈子都收不回权力，所以他们需要一个值得他们以及宋朝皇帝信任的人来达成两国议和。只要两个国家的领导人都同意议和了，完颜宗翰就该没话说了吧？

这个被完颜昌和赵构同时信任的人就是秦桧。

可是谁也没想到完颜宗翰比他四弟金兀术还要莽，还要不讲道理，还要不顾国家利益。这货就是要顶起头盔铁了心要和宋朝死掐到底。于是，他才不管什么宋金议和，国家建设。

"俺们女真人就是最强的！俺们大金就是不败的！我完颜宗翰就是无敌的！"

回到南宋的朝廷，蒙了的秦桧，在短暂的惊慌中恢复了理智。他镇定地告诉自己，既然选择相信完颜昌，就要挺他到底。然后秦桧默默地在心里祈祷：完颜大宰相，我可全靠你了！

于是，孤注一掷的秦桧坚定地告诉赵构，刘豫和完颜撒里喝很快就会退兵的！赵构选择了相信秦桧，让韩世忠和岳飞在长江稳稳地待着不准动。又让张浚不准支援吴玠，并告知吴玠能守则守，不能守就跑路。

对此呢，我估计完颜大宰相的心里是这么想的：秦次相，我要是能自己搞定，还要你干吗？

于是这一仗从绍兴二年的七月打到了绍兴三年的二月。由于得不到朝廷的支持，本来就没几个人的吴玠终于率先挺不住了，完颜撒里喝再次攻破陕州和凤翔，然后一路高歌猛进，杀入和尚原。逼得吴玠撤退到河池。且慢，估计是上次被这一对川陕双雄打得太惨，他没有攻打大散关，而是偷偷摸摸地绕了过去，攻破了金州，直奔兴元府（今陕西汉中）而来。

兴元府这个地方不难打，难打的是兴元府的门户，也是陕西最后一道关卡——饶风关。

完颜撒里喝非常快，他一路马不停蹄地狂奔，几乎不做任何休息，就是为了抢在吴玠本部到达饶风关之前攻破那里。

历史上又一个谜题不得而知。河池到饶风关的距离是金州到饶风关的两倍。啼哭郎君的马跑得还比吴玠快，可为什么最后还是吴玠先到了？

我不知道，我只知道这个迟到的代价就是啼哭郎君撒里喝又被吴玠打哭了。

就在撒里喝使劲哭，吴玠急着找张浚要援兵的时候，又一个汉奸出现在了金营（哦，天！到底有多少南宋的汉奸啊！），他告诉撒里喝，饶风关旁边有个小道可以绕道饶风关的后面，偷袭吴玠。

撒里喝大喜，瞬间不哭了。他拉着一票人冲进了小路，夜袭吴玠。吴玠确实被这一闷棍打得不轻，但他的脑子还是很清醒的。一边，他以最快的速度集结起部队向兴州的张浚本部靠拢；一边，他干了一件让撒里喝再次痛哭流涕的事情。

吴玠把兴元府的兵器库和粮仓烧了个干干净净！一粒米都没给撒里喝留下。接着他又派出手下大将王彦率领一支千人队，偷偷绕道收复了金州，然后又把完颜撒里喝在凤翔的大本营的粮仓也给烧成了灰。

大名鼎鼎的啼哭郎君撒离喝被气得眼泪直流。所谓饶风关一战，他虽然赢了，却赢得极其惨烈。有多惨烈呢？作为战胜方，金军的损失是宋军的两倍以上。他们攻下了饶风关和兴元府，可是却连一口馒头都没挣回来。不仅如此，连凤翔的粮仓也被烧了。

金军最后是一路饿着跑回了陕州。

相比吴玠，在淮河一带的李横就惨多了。刘豫明明不是他的对手，一路被他从淮河逼到了开封。可是就因为秦大人出来一搅和，导致宋军的粮草辎重完全跟不上。

金兀术看在眼里，喜在心上。他瞅准时机，亲自率领生力军一路南下，大破宋军。李横一路败退到了长江才堪堪稳住。

当然，他能稳住脚跟的最大原因是，金兀术实在是害怕把那两个杀星给惹出来。毕竟，这里已经是长江了。

思来想去后，金兀术决定把压制长江的任务丢给刘豫和他的伪齐军，他自己则一溜烟地绕到了陕州，准备再稍做休整后，伙同完颜撒里喝一同打穿陕州，直取蜀川！

刘豫很开心，金国大元帅竟然如此大方，把江南这块酥嫩脆爽的鲜肉让给了他。要知道长江一带，那是要红糖有红糖，要白糖有白糖，文人美女、歌舞娼妓那可是世界一绝啊！

于是彻底进入享受状态的刘豫，根本没注意到，金兀术向西的身影，怎么有点儿落荒而逃的感觉呢？

他更不知道的是，有两双冰冷发红的双眼已经将他死死地锁定，那代表惩戒的天雷，就要降下了。

消息传回开封，赵构大怒！他即刻下令把秦桧贬出临安，让他去江州守道观。然后，他为了怕自己记性不好，还亲自提笔在临安的城门上写下个大字："秦桧小人，永不叙用。"

事后证明，这人记性果然不好……

接着，赵构下令，让张浚全权支持吴玠，无论如何也要守住蜀川！

接到命令的吴玠，立刻昼夜不停地往山西出发。可惜还是迟了，金兀术上次在大散关和和尚原吃了那么大的一个亏，这次怎么可能还让你吴玠顺利进入大散关？

绍兴四年（公元1134年）正月，金兀术快得几乎化成了一道闪电。他命令手下不准下马，不断地急行军。终于抢在吴玠之前，冲过了大散关，向陕西内部逼近。

这次换成吴玠迟到了，无奈之下，他只好退到仙人关，在此拒敌。

仙人关，西临嘉陵江，南接略阳北界，北有虞关紧邻铁山栈道，是一块枢纽要地。说起来，这也是个"一夫当关，万夫莫开"的地方。只不过，这里有个致命的弱点。

在仙人关东北方向，也就是金兀术来的方向，有一个和大散关差不多高的地方，叫作青泥岭。如果金兀术在青泥岭列阵，并借着山势俯冲下来，吴玠的部队就会被瞬间冲溃。

金兀术意识到了这一点，他一到仙人关，就立刻下令最精锐的骑兵、拐子马们登上青泥岭，准备冲锋。

这时，一个意外出现了。金兀术的爱将殽英忽然带领全部的拐子马，开始突袭仙人关城门。

金兀术大惊，他纵马狂追，并用自己的刀鞘狂打殻英的肩膀。殻英不理会金兀术，兀自一人冲锋，金兀术怒了，他抽出长刀抵住殻英的后心，这才让殻英停了下来。

"殻英，你搞什么？为什么不听指挥，为什么擅自行动？"

"殿下，探子来报，吴玠劳师远行，人困马乏。他们刚刚才到这里，还没有站稳脚跟。只要我们这回冲上……"

"啪啪啪啪！"金兀术拿着刀把子把殻英一顿狂拍。

"我打仗要你教！要你教！"

就这样，金兀术执拗地把拐子马带上了青泥岭，然后在仙人关前再次布下了他壮观的七百里连营。

一夜无话。

绍兴四年二月二十七日，金兀术再次对阵吴玠、吴璘。这一次，战神金兀术，十万，对川陕双雄，一万。

破晓，金兀术下令攻城。强悍的拐子马从青泥岭上呼啸而下，顷刻间就要冲到仙人关下。

霎时间，在第一排拐子马的视线之内，忽然出现了一道山石屏障。这些冲得过于兴奋的拐子马狠狠地撞了上去。接着，在这一处屏障的背后，铺天盖地的箭雨激射而出。

这处山石屏障，就是吴玠布下抵挡金兀术的第一道防线。吴玠亲自命名"杀金坪"。

金兀术眯起了眼睛，他在高处仔细观察了一会儿后，发现了看似坚固的杀金坪的一个致命的弱点。

仙人关毕竟不是大散关；杀金坪也不是和尚原，它的战线太长了，而吴玠手里仅仅只有一万余人。

于是金兀术立刻改变战术，他命拐子马开始不断地横向跑动，一会儿打打东边，一会儿打打西边。

这一搞，宋军的步兵和射手们一下子就被金兀术扯得阵形大乱。沙金坪的守将郭阵败了下来。

他应该算是虽败犹荣了，但是吴玠依然毫不犹豫地杀了他。然后他派出了自己的弟弟，吴璘去看守杀金坪。

宋军沉默了，他们明白了。吴玠杀了败将郭阵，又派出自己的左膀右臂吴璘，是想告诉所有人，要想从杀金坪回来，要么是高唱着凯歌；要么就是被人抬回来。

吴璘没给哥哥丢脸。他在杀金坪前列阵，与金兀术激战六天六夜就是不撤。第三种情况发生了，吴璘退回到了仙人关。他既不是得胜归来，也不是撤回来的，他是被金军以巨大的人数优势，推回来的。

但是，这也已经足够了。吴玠不是真的派人去死守，他是希望可以拖足够长的时间，以完成他第二个计划。

"杀金坪之地，去原尚远，前阵散漫，宜益治第二隘，示必死战，则可取胜。"

吴玠要的，就是准备这个"第二隘"的时间。六天后，吴璘被压回仙人关，金兀术得意扬扬地冲过了杀金坪，然后他的笑容就此僵硬在脸上。

天杀的吴玠，你就只会猥琐、造塔和射箭吗？！

现在横亘在金兀术面前的，是茫茫多的锯鹿角、斩马刀、敌楼、动车、大炮（宋代的投石机）、高台以及随手乱丢的各种铁钉。

金兀术气得真想吐血，双臂张开，仰天狂呼——"全军冲锋！"

说句实在的，金军在战斗上确实是好样的。面对这么多可怕的高科技战争机械，他们眉头都不带皱地就冲了上去。一时间，躲在第二隘里的吴璘下令启动所有战争器械，要不惜一切代价地挡住金兀术。

一时间，万箭齐发，巨石如雷。两米多高的斩马刀砍得刀刃都折断了。

史称："金人冲锋三十回合有余，盔甲皆洞穿，人马俱碎。"

可是金兀术还是没有停下。他下令全军分成三班倒，昼夜不停地冲锋，他本人亲自在阵前为三军擂鼓。不进仙人关誓不罢休！

终于在第四天晚上，宋军的东阵脚松动了。眼看就要崩溃，吴璘亲自带人顶上去，手刃金军数十人。当时，就连吴玠都希望弟弟能够撤回来。

哪知吴璘把长剑一横，在地上画出一条线，高呼道："死则死矣，过此线者斩！"

不过这不是战略部署，郭震没守住杀金坪，被吴玠杀了；他也没守住，却活了下来。所以，此刻，他不能再退了，这是他的骄傲，更是他的尊严之战！

此时，忽然狂风大起，对着宋军就是一顿吹。金兀术大喜，立刻下令放火。风借火势，熊熊的大火将宋军的阵地全部点燃了，一时间火光冲天，宋军损失惨重。

又听得"哗"的一声，还伴随着一些小的"噼啪"声。刚刚燃起的大火竟然被吴璘浇灭了。

金兀术大惊失色，这打仗口子上呢，吴璘去哪里拿的水？他定神一看，吴璘哪里拿的是水，他是用酒把火给灭了的！

对此，我也表示很神奇。我只能在此理解为，吴玠他们把所有的钱都拿去买装备了。以至于每天喝的酒，都是掺水的。

还没完！金兀术使出了他最有名，也是在各大演义小说、电视剧及评书里面被吹上天的新武器，也是他最后的杀招。

铁浮屠！名字很唬人，实际上这玩意儿和罗马时代的第九军团很像。金兀术让他的骑兵们先穿上一层锁甲，外面再罩上一层内附牛皮的大钢甲。然后再给战马也来上一套，一直从眼睛覆盖到马腿。最后把三匹战马用铁链连起来压向宋军。

全身盔甲总计六十九公斤！

虽然这玩意儿看着很蠢，但你别说，这一搞宋军还真蒙了。这些个缓慢移速的钢铁侠，连神臂弓都射不穿。

这时，距离岳飞发明钩镰枪、拐子盾还有一段时间。但是不要紧，铁浮屠这玩意儿之所以很出名，就是因为宋朝有各种将领，用了各种方法破了它。

吴玠的方法是用两个人抡着超级巨大的大榔头直接捶马头。要知道，钢甲可以挡住突刺、斩劈的伤害，却挡不住钝击。

就这样，金兀术又失败了。他再一次登上青泥岭，遥望仙人关。远处仙人关内皆是残垣断壁，灰雾蒙蒙，就连绣着"吴"字的战旗都有好些破了洞。

但金兀术知道，自己再也攻不进去了。

是夜，吴玠、吴璘两兄弟，趁着月光忽然从第二隘杀出。金兀术早有准备，只不过他准备的不是迎战，而是撤退。

绍兴四年三月初三，金兀术撤退到河池。金军士气低落全无防备，吴玠的女婿王俊忽然杀出，瞬间把金军截成几段。金兀术大惊，再次落荒而逃之横店。

在横店，金兀术还没来得及喘息，统制官张彦奉吴玠之命忽然杀出，

69

金兀术仓皇逃窜，所部辎重粮草弃满了整个山道。

金州，久久盘旋在这里的王彦也冲了出来，金兀术再败，金军全数崩溃，自相残踏千人，狼狈地退回了陕州。

史称："金兀术，终生不敢窥蜀川！"

但，一个让金兀术更加害怕、胆寒甚至心神俱裂的人出现了；一件他一直担心，一直恐惧，一直祈祷着不要发生的事情，终于发生了！

南宋高宗绍兴四年四月十九日，御前后军都统治岳飞自江州出发，一路向北，渡过长江，直奔刘豫而来！

南宋中兴之战卷：

烈火岳家军

前情提要：南宋绍兴元年（公元1131年）元月，秦桧携徽、钦二宗的消息从金国归来。在范宗尹的推荐下，秦桧立刻受到了宋高宗的重用。次年七月，金兀术联合伪齐皇帝刘豫，再次进攻南宋。急于立功揽权的秦桧，竭力阻止宋高宗增援前线，并保证金军会主动撤退。由于没有朝廷的支持，东南方的淮河一带及西北方的大散关一带全部告破，宋军损失惨重。宋高宗当即贬黜了秦桧，并直接命令吴玠负责川陕的防务。绍兴四年（公元1134年）二月，金兀术与吴玠在仙人关决战。金军惨败，从此再也不敢窥觊川陕之地。

"近中原版荡，金贼长驱，如入无人之境。将帅无能，不及长城之壮。余发愤河朔，起自相台，总发从军，大小历两百余战，虽未及远涉夷荒，讨荡巢穴，亦且快国仇之万一。今又提一垒孤军，振起宜兴。建康之战，一举而复，贼拥入江，仓皇宵遁，所恨不能匹马不回耳！今且休兵养卒，蓄锐待敌。如或朝廷见念，赐予器甲，使之完备；颁降功赏，使人蒙恩。即当深入虏庭，缚贼主，喋血马前，尽屠夷种，迎二圣复还京师，取故地再上版籍。他时过此，勒功金石，岂不快哉！此心一发，

天地知之，知我者知之。"——建炎四年六月望日河朔岳飞书

在得知曾经的战友，舒州镇抚使李成投降刘豫，开始肆虐江南一带后，岳飞当即拜别了好友张大年，开始回到军营，去完成他生命中最大的夙愿。

李成，雄州（今河北雄县）人，在北宋时期曾是河北义军总管宗泽帐下的一个小队长。此人生性彪悍，极善弓术，号称百发百中。但我觉得，最彪悍的不是他的单兵作战能力，而是他的人生。

此人一辈子都在和南宋作对，从伪齐到金，数十载如一日地和宋朝打。直到人生的最后一年，还奋斗在对抗宋朝的第一线。甚至在史书里都被人用上"抗宋"这两个字。也不知道他和宋朝到底有什么深仇大恨。

当然，李成虽猛，终究还远不是岳飞的对手，被岳飞追着满江南跑了一圈后，直接渡过长江找刘豫报到去了。而刘豫也不是个纯粹的傻瓜，岳飞的事儿他多多少少有所听闻。所以他即刻派出了自己的两大心腹山贼——在汝南的曹成和在江西的张用，企图挡住岳飞。

对，你没看错，就是山贼，这些人其实本来是隶属宗泽帐下的河北义军部。宗泽病逝，杜充挂帅，一顿稀里糊涂瞎折腾后。这些数目庞大的河北义军，一部分投降了南宋，继续抗战；另一部分则对宋朝彻底死心，在这个乱世中趁机占山为王。而这占山为王的一部分，骨头硬的被金兀术剿灭了；没挺住的，就做起了"二五仔"，投降了被金国扶植起来的伪齐，成了刘豫的主力。

张用，不知道你们还记不记得这个人？他就是当年杜充挂帅的时候，第一个想除掉的义军头领之一，只不过最后被王善搅了局。这人其实还不错，他投降刘豫是因为同时被金军和官军打，实在是走投无

路了。所以，岳飞一写信给他，他就立刻一路喊着亲爹（飞，果吾父也）投降了。

还剩下一个人，就是曹成。此人在当时可算是流寇里的正规军，手握十万精兵，战将百员（其中还有一个超级无敌猛的）。刘光世怕他，张俊不敢惹他。长江一带的绿林土匪，都要听他的号令，就连面对伪齐皇帝刘豫，他也是一副听调不听宣的嘴脸。

面对这样一个可怕的对手，岳飞仅仅带着一万人就直奔曹成的大本营，贺州的莫邪关（今富川与道县之间）而去。

在张俊和刘光世看来，岳飞简直在作死，为此张俊还写信警告岳飞不要玩火。可是在岳飞看来，曹成才是必死的那个。

开战之初，有一位义军首领前来投奔岳飞。他宣称自己对曹成的部下知之甚多。岳飞把此人招来一看，是一位面色黝黑、身材魁梧的粗壮大汉。

嘿嘿，这里有读者朋友们猜出这个人是谁吗？

他就是岳家军里的"猛张飞"，号称气死了金兀术的牛皋。

牛皋一来就警告岳飞说："我早就听说了岳将军的神勇，但请您一定要小心曹成手下有一位使枪的小将。十万曹成军都没他一个可怕。"

"我知道了，你下去吧！"岳飞琢磨着牛皋的警告，决定派出自己第五营的偏将，真莽夫韩顺夫去打头阵。

韩顺夫一路嗷嗷地呼喝着冲向莫邪关，他的真莽夫之名还真不是吹出来的。只是一个回合就把十倍于他的曹成军杀得大败，直接冲进了莫邪关。

在莫邪关里，大胜的韩顺夫开始带头掳掠曹成部的钱财、酒肉和妇女，俨然和强盗一般。岳飞得知后，大惊失色，立刻派传令官让韩顺夫回来见他。韩顺夫嘟囔着，一路骂骂咧咧地准备回去见岳飞。

此时，忽然一阵兵荒马乱。曹成的部队又杀了回来，领头的是一位穿着白色盔甲、拿着长枪的小将军。

韩顺夫这会儿正气在头上，一看曹成的人回来了。他当即就乐了，败军之将，岂敢言勇？我韩大爷刚想着要找人发泄一下呢！于是韩顺夫再次开启真莽夫模式，冲了上去。

事后，逃回来的韩顺夫的亲兵是这么和岳飞说的。

"岳将军，不得了了！那个曹成的使枪的贼将实在是太可怕了，他只一下就把韩将军给挑了个洞穿！"

岳飞气得大怒，他吼叫着把这几个韩顺夫的亲兵给砍了，一边砍一边说："若不是你们和韩顺夫一道奸淫妇女，喝酒误事。莫邪关怎么可能会被曹成抢回去！"

砍完人后，岳飞喊来了自己的小师弟王贵。

"王贵，你素来稳重。这次，莫邪关就交给你了。我随后就到！"

不到一个时辰，可怜的王贵被人抬了回来。据说王贵一个照面就被那贼将掀翻在地。要不是众将士拼死相救，估计王贵也要交代在那儿了。

岳飞沉默了，他在大帐踱着步。良久，他终于还是招来了自己的王牌大将，也是自己的女婿，张宪。

"你去会会他，记住，能战则战，不能战你就走。我会派我的弟弟岳翻支援你的。"

张宪、岳翻走后。岳飞想想，还是不够稳妥，他又招来了后军统制王经，命他绕过主战场，直取莫邪关。

一个时辰后，消息再次传来。莫邪关被王经攻下了，但是岳飞唯一的亲弟弟，岳翻被那个贼将一枪挑死，张宪重伤！

岳飞震惊了！悲痛和愤怒在他的胸腔涌动着。自他领兵打仗以来，即使是面对强悍的金兀术，都从未有过这样惨烈的损失！

岳飞当即下令，由牛皋带队封锁整个贺州的所有出路，然后剩下的人和他一起，全军突进，围剿那个贼将！

岳飞一马当先冲在最前面，他终于看到了那个贼将。此人十分年轻，神色冷峻，相貌堂堂。面对岳飞，他毫不畏惧地挥舞着长枪冲杀过来，与岳飞战在一起。

两个人同样的威武不凡，同样的英勇无畏，同样都使枪，同样都会撒手锏！

此时，曹成的部队已经被彻底杀散，他本人趁乱逃了出去，之后生死下落不明。事已至此，可是这位曹成手下的贼将却依旧在战斗。

他和岳飞从莫邪关上杀到贺州城下；又从贺州城下杀到桂岭县。两人交手十日，竟依旧不分胜负，这位贼将依旧不肯投降。他一直坚持到身边一个手下也没有，才纵马一跃跳到一个扬满风帆的竹筏上。

岳飞眼疾手快，手起一箭，射断了竹筏的帆。

到了这步田地，他还不肯投降，他又纵马一跃，跳向对岸。可惜这一跳，却落在了淤泥上，他终于动弹不得了。

此时，有无数把神臂弓指着这位和岳飞厮杀了十天不分胜负的猛人，只要岳飞一个号令，他就会被万箭穿身。

然而这个人依旧不为所动，他冷冷地看着岳飞。

岳飞说："你是好汉，我不杀你。你的一身本领，应当是为国效力，而不是跟随曹成这样的乱臣贼子。"

良久，这个人终于开口了："曹成对我有恩，今日我已报恩。"言罢，他抛下长枪，向岳飞行礼。

"你叫什么名字？"

"我叫杨再兴。"

杨再兴，出生不详，籍贯不详。有民间传说，他是北宋开国名将，有"契丹人的噩梦"之称的金刀令公火山王杨继业的后人。具体是不是，我们已经无法确认了。但是，即使他是，他后来这一生的光辉荣耀，也绝对无愧于北宋杨家的门楣。

岳飞剿灭曹成、收服张用的消息，很快就传回了临安。宋高宗赵构大喜，他亲自在皇宫接见了岳飞，并命人为他打造了一副全新的镀金铠甲。接着，他又命人用金线绣了一面大旗，上书"精忠岳飞"。

最后，赵构当着文武百官的面，亲切地拉着岳飞的手，用恳切的语气说："岳爱卿，你可愿为朕击退长江对岸的刘豫，为朕收复无比重要的襄阳六郡吗？"

意气风发的岳飞，向赵构跪地行礼，发誓道：

"飞不擒贼，不涉此江！"

于是，在这次封赏不久后，岳飞被升为镇南军承宣使，江南西路舒、蕲州制置使，驻军江州。兵力除已有之外，江州傅选的部队，江西安抚使所辖各路军马，舒州、蕲州的驻军全部划归岳飞。他的防区，与驻扎在长江沿岸上游区域的王燮，下游的韩世忠、刘光世并列，形成了四大重镇。

两个月后，带着满腔激昂之情的岳飞，领三万精兵，正式渡江，开始了他人生中的第一次北伐！

且慢！在第一次北伐前，升了官、有了权的岳飞做了一件很不寻常的事情——他将自己的家法融到了军法里面。

莫邪关之战，韩顺夫的所作所为，让岳飞时时刻刻都在深深地反省。虽然，那一战失败的主要原因是因为杨再兴太勇。但一支纪律不严、德行低下的队伍真的会让战斗力骤然下降。

于是，从这时起，岳飞严厉地规定：他所带领的军队，若是需要借用民宅，走时必定要将房屋打扫好卫生，东西必须归位，如有损坏一律照价赔偿；若是要征用民间的粮食，一律照价购买，绝不掠夺；若是需要驻扎在城内，则一定在黎明前静悄悄地离开，绝不扰民。

即冻死不拆屋，饿死不掳掠，如有违令者，军法处之，绝不姑息！

于是，中国封建王朝历史上，纪律最为严明、阵容最为齐整的军队就此出现，史称——岳家军。

襄阳六郡，以襄阳府为中心，周围分别是郢州、唐州、邓州、随州以及信阳军城所在的淮南重要地区。这里不仅可以成为临安的保护伞，更是反击金国和伪齐的跳板。

岳飞渡江后的第一战，就是郢州。当时郢州的守将叫荆超，此人号称万人敌，是刘豫手下的第二猛将。而郢州城本身则十分高大，城墙极厚，城里的粮草够吃一年。

在开战之前，岳飞将一封充满忠君大义的信寄给荆超，希望他可以悬崖勒马，开城投降，别再认贼作父。

哪知骄傲的荆超只是随意一看，就把信丢给了他的先锋官刘楫。刘楫哈哈大笑，在城墙上对岳家军出言不逊，破口大骂。把岳飞、牛皋、王贵、张宪等人的祖宗十八代全部问候了一通。

然而岳家军岿然不动，一个个宛如标枪般站立在原地，一个字也没骂回去。

他们只是在等，等主帅的命令。

岳飞等刘楫骂得口干舌燥，不得不停下来以后，轻蔑地一笑。

"三军听令，即日破城，活捉刘楫。"

刘楫根本不以为然，郢州是江汉名城，城高池深。他放眼望去，也没看见岳飞带来例如动车、敌楼这种高科技攻城器械。

我且看你怎……

刘楫的嘴巴张得可以塞下一颗鸵鸟蛋。岳家军攻城时的暴力远远超出了他想象的极限。只是十几把云梯一架，岳家军就冲了上来。领头的是一位小将军，挥舞着两个八十斤重的大铁锤。只见他向上急冲三步，再纵身一跃就冲到了郢州城墙上，一榔头把目瞪口呆的刘楫拎晕，将他绑成了粽子。

来者正是岳飞的长子，岳家军座下战力第二的"赢官人"岳云！

虽然荆超也是号称大齐国皇帝刘豫座下战力第二，可是刘豫是个山寨货，所谓大齐国也只是个伪政府。所以，荆超毫无悬念地被岳云一锤头拎倒。好不容易连滚带爬地站起来，蓦然发现，郢州已经被岳飞占领了。

羞愧欲死的荆超，跳崖自尽。郢州，光复。

郢州光复后，岳飞丝毫不做停留，他立刻命张宪和徐庆向东，攻击随州，而他自己则率领主力直取襄阳，与伪齐的主力决战。

襄阳的守将，在伪齐可是大有来头的。他就是那个被岳飞追着砍了一整条长江的"二五仔"之王——李成。

此刻，李成，奉大（伪）齐皇帝刘豫之命，率领十万大军，死守襄阳！

那边厢，张宪出了点状况。他在随州遭到了伪齐军的强烈抵抗，损失挺大的。岳飞陷入深深的思考，张宪是他手里各项能力最为全面的将领。连他都进攻受挫，还有谁能担此大任呢？

这个时候，牛皋走了过来。他悄声对岳飞说，随州进军不利，并不

78

是因为张宪无能，而是因为，他需要一点外力来打开突破口。

"我只要一千人，带上三天军粮，就一定可以助张将军拿下随州！"

岳飞的瞳孔骤然紧缩，眼神变得无比犀利。

"军情紧急，不可儿戏，你可敢立军令状？"

牛皋郑重地点了点头，带着三天干粮和一千骑兵杀向了随州。

一天后，随州城破，张宪大胜。

岳飞大喜，立刻下令全军攻击襄阳府！赢官人岳云再次挥舞铁锤，率先强攻，仅一天，襄阳，光复！

攻下襄阳后的岳飞陡然发现，曹成早在得知随州城破后，立刻就溜了。这位号称伪齐第一大将、"二五仔"之王的李成，第一时间竟然不是去找刘豫，而是去找了金兀术。

金兀术一听是岳飞来了，吓得直哆嗦，不过他还是够意思的，借了十万金兵给他。那意思是，兵给你，要去你去，我可不敢惹这个煞星。

十万金兵，再会和上刘豫给他的增援和本部人马，李成手下号称三十万。

此时岳飞已经把唐州和邓州都打下来了，就差一个淮河边上的信阳军城了。而李成，则带着他的三十万大军在襄水边上列阵，等着岳飞。

襄水，古时又称襄江。它的两侧有山，中间是宽宽的河道，非常适合阻击敌人。如果岳飞敢来正面挑战的话，李成就有充足的把握，击退岳家军。

而岳飞，真的就毫不避让地来了。

然后李成立刻下令，"传令二军，步兵在旷野上列阵阻敌；骑兵在山口和河道交界处待命。(步兵利平旷，骑兵利险阻)"。

李成军令一下，三军将士跟看傻瓜一样直瞪瞪地看着他。有个小偏

79

将小声说：“将军，您是不是弄反了？”

李成大怒：“干吗呢？都动起来！是我懂兵法还是你们懂兵法啊？”

于是，在三十万大军诧异的眼光中，李成呼来喝去，忙活了一天，终于是调动完毕了。

其实，他自己也隐隐觉得哪里好像不对。

呃，我也记得，兵法里面好像说的是“骑兵利平旷，步兵利险阻”呢？

第二天，岳飞一到襄水，看着李成驴唇不对马嘴的列阵，简直是哭笑不得。他长鞭一指，命牛皋用骑兵去冲击李成在空旷地带的步兵方阵；然后要王贵用长枪兵去压制李成在山脚下、襄水畔的骑兵方阵。

可怜的、号称“满万不可敌”的金国骑兵，就这样被人数远远少于自己的枪兵方阵死死地压到了襄水里；更凄凉的是伪齐那些直立在旷野上的步兵，他们被骑兵活生生地冲成了一大锅稀饭。几乎没有任何抵抗，就彻底崩溃逃跑了。

至此，李成终于发现了自己这个致命的疏漏。他不停地、狠狠地抽自己的脸，问自己：“想来我也是常年带着十来万人打仗的，什么时候也会犯这种愚蠢之极的错误了？”

在狠狠地抽了自己一巴掌以后，李成赶紧跑路了。

岳飞大胜！他在彻底打跑了李成以后，开始攻击襄阳六郡的最后一城——信阳军。这也是对于岳家军来说真正的毕业考试。

信阳军的守将是金兀术座下大将，万夫长刘合孛堇。此人坚信，在野战、骑兵对冲上，金国是无敌的。所以当金兀术下令命他撤退回淮北的时候，刘合孛堇只是回以一笑。

他所担心的，只是岳飞会不会使用一些奇谋诡计算计他。他要亲自和岳飞来一次正面的骑兵对撞！

岳飞满足了他的愿望，在击溃了李成以后，岳家军的士气达到了此次北伐的顶点。既然刘合孛堇要战，我们就跟他决战！

在邓州以西的光化，岳家军与刘合孛堇拉开了阵势，三万对三万，双方战旗招展，鼓声如雷，狠狠地撞在了一起！

杨再兴和岳云带头冲锋，一个猛子扎入金军中军；后面王贵、张宪立刻跟上。接着，牛皋在左翼，董先在右翼分别和金军的左翼撞在一起。

可怕的杨再兴，在第一次与金军的交锋中，就给了金人一个恐怖的下马威！他挥舞长枪，在金军大阵中来回冲杀，宛如闲庭信步一般，阵斩十多员金将，没有一个人敢靠近他。

杨再兴是力图在三万金军中找到刘合孛堇本人，并将其击杀！

刘合孛堇毫无悬念地败了，灰溜溜地撤回河北找金兀术报到去了。信阳军城就此光复！襄阳六郡，就此光复！

此时，形势一片大好，岳家军士气高昂，粮草充足，随时可以杀过淮河夺回十年前所有的失地！

而岳飞本人，也立刻写了一封工整的文书，向朝廷请命，索要增援，继续北伐！

朝廷很快就给出了回复：

"先臣奏请先复襄、邓六郡，以图中原。会方议通虏好，重于深入，乃赐御札，命先臣毋出李横所守界。敕岳飞，矧卿忠义之心，通于神明，故兵不犯令，民不厌兵，可无愧于古人矣。今朝廷从卿所请，已降画一，令卿收复襄阳数郡。惟是服者舍之，拒者伐之，追奔之际，慎无出李横所守旧界，却致引惹，有误大计。虽立奇功，必加尔罚，务在遵禀号令而已。"

"虽立奇功，必加尔罚，务在遵禀号令而已"，这时，宋高宗的收兵令到了。

南宋中兴之战卷：
淮西之变

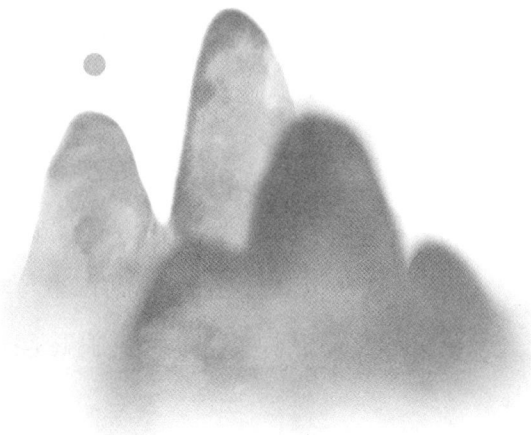

前情提要：绍兴四年（公元1134年）初，川陕双雄吴玠、吴璘在大散关大败金兀术。同年中，宋高宗提拔岳飞为镇南军承宣使，江南西路舒、蕲州制置使，并命其北渡长江，讨伐伪齐皇帝刘豫，收复襄阳六郡。至此岳飞建立岳家军，发动北伐。先后击败隶属于伪齐势力的流寇曹成；诏安前河北义军首领张用；在襄阳城下大败李成并在光化击败了金兀术的援军，万夫长刘合孛堇。最终在同年八月，襄阳六郡顺利光复。

淮河南岸，深夜，岳家军的大帐内。岳飞座下的十二统制官，除董先外，都齐齐地坐在这里。

前军统治张宪沉思不语，偶尔会抬起头看看同样沉默的岳飞；背嵬军统治杨再兴依旧神色冷峻，默默地看着脚下；右军统治傅选，轻轻地打磨着自己的羽箭；胜捷军统治赵秉渊不安地走来走去；中军统治王贵时而看看急躁的赵秉渊，时而又看看岳飞，一副欲言又止的样子。

终于，赵秉渊还是忍不住了。他虽姓赵，却是个契丹人，是岳家军十二统制官里出了名的急性子。

"我说，圣上到底是怎么想的？如今，我们气势如虹，重创伪齐，金人连续遭遇大败。此时，正是我们杀过淮河，直抵开封的大好时机！现在可好，我们都在这儿傻愣愣地坐着。我说岳……"

岳飞猛地抬起头来，目光如剑，狠狠地戳在赵秉渊身上。赵秉渊立刻就不敢说了，呆立在原地看着岳飞。

左军统治牛皋微微一笑，他站起来拍了拍赵秉渊的肩膀，示意他坐下。此时，一阵北风吹来，岳飞将目光移向门外。

"报！踏白军统制董先求见！"

岳飞点点头，十一位统制官纷纷停下了手里的活儿和脑袋里的事儿，就连一向沉默寡言、冷酷的杨再兴也抬起了脑袋。

一身风尘的踏白军（岳家军里的情报、侦察部队）统制董先，迈着沉稳地步伐走了进来。

"岳元帅，金国出大事儿了。"

让我们把时间略微"倒带"，回到襄阳光复战之初，岳飞刚刚渡过长江的时候，金廷之上正吵得一片鸡飞狗跳。

由于金兀术在一年里，两征川陕都以惨败而告终，终于动摇了完颜宗翰在金廷上的政治地位。以好狠斗武为传统的女真人，开始不断地质疑完颜宗翰的能力。一时间谣言四起，连金国基层的士兵们都开始质疑完颜宗翰。

金太宗完颜吴乞买，非常敏锐地抓住了这个千载难逢的机会。机智的吴乞买立刻联合了宰相完颜昌，开始大肆宣传完颜宗翰劳师远征，好战无功，并立刻写信给宋高宗，表示愿意议和。

为了表达诚意，完颜吴乞买表示，宋金议和的条件，可以和宋辽澶渊之盟时一样。宋朝只要每年给予金国五十万岁币就可以了。

宋高宗赵构大喜，立刻命中书省起草一份和谈的文书，即刻与金人商议。为了能竭力表达自己的诚意以成功达成议和，赵构亲自下旨，什么条件他都能答应，就算让他卑躬屈膝，俯首称臣，他都愿意。（虽卑辞厚礼，朕且不惮。）

然而可笑的是，尽管完颜吴乞买和完颜昌是真的诚心诚意地议和；赵构也是诚惶诚恐地迎合着。可做这件事情的，两国各自的大臣们竟然都不同意，而且两边都同时出了岔子。

先是金国这边。虽然完颜宗翰的势力因为金兀术的一系列惨败而大受损伤，但是你只要把他的势力拿来和完颜吴乞买的势力一比，你就会惊奇地发现，这根本不是俗话说的拿瘦死的骆驼跟马比大小。实际上，这是拿风干的大象和吃撑的老鼠在比。

虽然完颜宗翰在金国的势力在这两年损失很大，但完颜吴乞买几乎是没势力。相比之下，完颜宗翰还是占有巨大优势的。

所以完颜宗翰压根儿就没把议和这档子事儿放心上。他直接在大同府劫住了宋朝的使臣，然后告诉他。宋金要议和只有一个条件，那就是宋朝皇帝退去帝位，改称王，并向金国称臣。接着，他即刻命令伪齐皇帝刘豫和他的四弟金兀术，准备点齐人马，乘船南下，把赵构随时准备逃命跑路的舰队全部烧毁，决不能再让他跑到太平洋上去享太平。

那边厢宋朝中书省，也是一万个不答应。此时，由于吕颐浩年岁过老，南宋的宰相换成了赵鼎。这个人很有必要说一下，他可是出了名的好战分子。他和张浚俩可谓是一对一文一武的硬骨头。别说是当今朝不保夕，时刻要被威胁着跳进太平洋的赵构，就连后来如日中天的秦桧，赵鼎都没虚过。

那就是不给你面子，就是要和你血拼到底！

赵鼎给予赵构的回复，更加吓人。他直接要赵构本人亲自御驾亲征，北伐金国，直捣黄龙，迎二圣还朝！

听完赵鼎一顿飞扬激昂的演说后，赵构默默地收拾好自己，离开了中书省。

赵大宰相莫不是疯了吧？赵构忧伤地想着。

就在宋金两国的内部外部一顿扑朔迷离，暗流涌动的时候。我们的大英雄岳飞跳了出来，平地里一声大吼：

白日梦到此为止，都给我起来，该打仗了！

伪齐大将李成大败亏输；金兀术的爱将刘合孛堇一败涂地。极为重要的襄阳六郡在不到两个月之内就被岳家军全数拿下。

而在这当口上，偏偏完颜宗翰竟然还要让刚刚被岳家军打得精神严重创伤几欲生活不能自理的伪齐，去进攻宋朝的腹地，攻击由打起仗来虎虎生风的韩世忠把守的宋朝舰队。终于，被岳飞按在地上狠狠摩擦一通的伪齐皇帝刘豫，是再也忍受不了完颜宗翰对他的欺辱和压榨了。从此，他投降了满脸堆笑、和蔼可亲的完颜昌，成了金太宗完颜吴乞买手里的第一个筹码。

和蔼的完颜昌当即以宰相之尊，代表金国承认了伪齐作为一个独立自主的国家其神圣的合法性，并强烈谴责了宋朝说了议和又要打架的行为！

而赵构这边，为了迎合完颜昌的宋金议和，绕过了赵鼎，直接给岳飞下令不准他继续北伐。

所谓"虽立奇功，必加尔罚，务在遵禀号令而已"，就是这个原因了。不过，赵构还是够意思的。他给予劳苦功高的岳飞三百多年宋史中至高无上的奖励。

赵构提拔岳飞为清远军节度使，并将整个襄阳六郡及其鄂州全部赐给了岳飞。岳飞可以自己征收这块土地的税收，让士兵们耕种。耕种丰收得到的粮食，都是属于岳飞的私人财产。

而最重要的是，允许岳飞在鄂州开府建衙，独立征兵六万！

从这里开始，岳飞再也不仅是名义上的节度使了。他成了宋朝第一个宛如汉、唐甚至五代十国时期的藩镇势力。

对此，岳飞是喜忧参半。他想要继续北伐，可无奈皇帝却一心要议和。为了议和，宋高宗赵构甚至可以打破宋太祖定下的祖制，允许岳飞开府建衙，成为一方藩镇。

好吧！既然国家如此信任我，我就在这里好好带兵。在这片刚刚收复的土地上，为我大宋养出一支百战铁军！

带着对未尽梦想的一丝遗憾，岳飞把主力从淮河边上撤了回来，开始一门心思地训练他的岳家军。

而做完这一切的赵构，开始耐心地等待金国的回复。

一月后，也就是绍兴四年的九月。金军的回复到了。完颜昌伙同伪齐皇帝刘豫，出兵三十万，号称五十万大军，渡过淮河，兵分三路直扑扬州、滁州和河州。

回到宋廷之上，赵构被吓瘫了，满朝文武都被金人张牙舞爪的声势给吓尿了。他们纷纷建议宋高宗赵构赶紧南逃。关键时刻，中书省门下同平章事赵鼎站了出来，他高声棒喝道："陛下！临安府已经是南方了，再往南，您还能去哪儿？金人虽来势汹汹，但这几年一直是我们在打胜仗。我认为，您应该即刻御驾亲征至建康府。而淮南之地，就是我大宋与金人决战之地！"

赵构迅速地冷静了下来。在经过一番判断和深思熟虑后，他任命赵鼎为枢密使，让他既是左相，又是右相，等于一统了中书省和枢密院。然后，他又把自己的贴身护卫，御前都统制杨怀忠调给了赵鼎，并向赵文武超级大人保证，您先去，我随后一定到。

满腔热血的赵鼎立刻招来了远在四川，把北宋西军败了个精光的张浚。在赵鼎看来，朝廷里面打仗最有经验的人就是他了。

张浚一上任，就立刻开始他最拿手的把戏——集结兵力，登台拜将，分配任务。具体如下：张俊部改称"中护军"，驻建康；韩世忠部改称"前护军"，驻承、楚二州；刘光世部改称"左护军"，驻太平州。三将共同担任长江中下游以及淮水流域防务。吴玠部改为"右护军"，率军扼守川、陕、甘大片区域。同时，他把老将王彦的八字军改为"前护副军"，驻荆南；岳飞部改称"后护军"，驻鄂州，两军共同担任长江中上游防务。

这一系列任命其实并没有改变这五大将的官职，但是张浚这么做的意思却很明显。那就是，你们都是我的人，都得听我的！

做完这一切以后，张浚伸了个懒腰，舒舒服服地去睡了一觉。

万事俱备，就等金军前来扣关了。

为了振作士气，左右文武双相赵鼎赵大人，亲自来到了建康府，与张浚共同鼓舞士气。誓言，要让伪齐与金的联军有来无回。

一时间人心大振，众将士同仇敌忾，赵鼎和张浚胸有成竹。此时，前方传来战报，此次敌方统帅依然是金兀术。他已经到达了蔡州，并意欲威胁庐州。

赵鼎和张浚在建康府正襟危坐，赵鼎轻摇羽扇，故作从容地说："刘光世，来，你去会会那金兀术。"

刘光世双手抱拳，面色严肃地说："赵大人放心，我老刘一定完成任务。"

第二天，前方传来战报，蔡州失守，庐州被围，前方告急，刘光世失踪，请赵大人即刻派人火速支援！

同时，赵鼎收到了刘光世的一封信说，他认为军情最紧急的应该是平江府。所以他亲自带队去那里了。

平江府，嗯，我记得宋朝的平江府就是现在杭州（即南宋首都临安府）旁边的苏州。嗯，确实很紧急，毕竟是要保护皇帝陛下嘛。

赵鼎快气疯了，旁边的张浚善意地拍了拍他，那意思是，别怕还有我呢！

张浚点将，让张俊前去支援庐州。张俊想都没想就答应了。而且，他为了表达自己的决心，还在将台上发表了一份热血沸腾的演说。

然后我们的张俊大将军，就"不幸"因"失足"，从将台上摔了下来，手臂骨折，自顾自地回临安养伤去了。

这下可就有意思了，这仗还没打，宋军两大主力就这样撂了挑子。这下可好，别说庐州了，现在连建康都没什么军力了。

好在，赵鼎和张浚还真是倔强，他俩在没兵没将的情况下，不愿撤退，发誓要与建康共存亡。然后，他俩命令在长江待命的韩世忠立刻启程，去援助庐州。

事实证明，韩世忠还是靠谱的。他在接到命令的当天就进入了扬州并开始往庐州靠近。可惜的是，他被伪齐金联军挡了回来。

挡回来的原因很简单，韩世忠就算再猛，终究不是韩傲天。他手里就八千来人，而金兀术和刘豫手里却有三十万。更何况这一战又是在大平原上，金兀术这次就算再怎么四肢发达头脑简单，韩世忠也是无计可施了。

在临安观察局势的赵构，终于是看不下去了。他再次绕开了赵鼎和张浚，亲自写信给岳飞，要他赶紧出兵来解围。

"卿夙有忧国爱君之心，可即日引道，兼程前来。朕非卿到，终不安心。当此时，朕倚飞何重！"

这封信，在最正确的时间，写给了最正确的人，起到了最正确的作用。岳飞得令后，毫不犹豫地率领全部的岳家军赶了过来。

在快速的看过战场形势以后，岳飞发现了伪齐金联军的一个巨大破绽。只要能击中这个破绽，他就可以迅速地结束这场战役。

这个破绽就是，由于金兀术为了抢时间而过于急躁地行军，导致伪齐的首都开封十分空虚！

如果他能遣一上将，在岳家军主力援助庐州的同时，可以突破三十万伪齐金联军的纵深，成功地突袭开封，给刘豫造成巨大的压力。那么金兀术就必定要回撤，这样江淮一代的围就能全部解除了。

岳家军前军、后军、左军、右军、中军、选锋军、胜捷军、背嵬军、踏白军、破敌军、游奕军、横江军，一共十二军统制官，有谁可以担此大任？

只能是他了，背嵬军统制官杨再兴！

背嵬军，取自党项语，意思是给将军背酒的人。所谓背嵬军，在这里指的就是，岳家军最后的保险，最终的手段，以及最强的撒手锏。

生性冷漠而寡言的杨再兴，郑重地接下了这个命令。绍兴四年十月，岳飞正式进入江淮战场。左军统制牛皋和胜捷军统制赵秉渊率先抵达了庐州。战绩彪炳的牛皋和勇猛野蛮的赵秉渊高举绣着自己姓氏的战旗攻向了伪齐金联军。熟知这两人的伪齐军立刻掉头就跑，赵秉渊趁势杀入了还在不知所措的金军本阵中，并直接将金军大阵冲穿。

借着赵秉渊和牛皋吸引住了金兀术主力的注意力，杨再兴带领数千背嵬军骑兵悄无声息地绕过了伪齐金联军的主力，全力扑向淮河。

就在这剑拔弩张，胜负即将分晓的时刻。金兀术却忽然没来由地撤退了。他不是撤退回了开封，而是一路撤退回了金国的大本营，黄龙府。

宋朝这边，没人知道发生了什么。但金军突如其来的撤退配合岳飞气势如虹的到来，给予了南宋朝廷极大的信心。

前半生一直在逃跑的赵构终于不逃了。他在这一年十二月亲自来到了建康府，御驾亲征，扬言要生擒刘豫！

不仅如此，赵构还下令，韩世忠、刘光世、张俊、杨怀忠四人，即刻北上，渡过长江，配合岳飞，全力攻打伪齐，如有后退不进者，杀无赦！

此令一下，刘光世和张俊终于走上了战场。其实，这两人要是动起真格来，还是有两下子的。之前一直看上去还挺牛的伪齐军，在赵构的集结号面前，一下子就不够看了。尤其是那个伪齐第一名将李成，他率领十五万伪齐大军在藕塘关前列阵，结果被张浚、刘光世和杨怀忠一个回合就直接冲垮。

张、刘、杨三将在藕塘关打出缺口以后，韩世忠的压力瞬间减轻。他从扬州出兵向北，立刻就稳住了滁州。

接着，蔡州方向也传来了捷报。本来是去突袭开封的杨再兴，由于金兀术的忽然不自然撤退，导致他不得不转移目标去攻打蔡州。

据说蔡州的城墙很厚，守城的是伪齐的一个高官——而且据说还是个很猛的安抚使，叫张宣赞。

来到蔡州城下的杨再兴，一言不发，绷着一张扑克脸就一路挥舞着长枪，踏着云梯，迎着箭雨，冲上了城墙。然后他又一路从城墙上杀下，杀到城内。张宣赞大惊失色，赶紧逃跑。杨再兴毫不迟疑地追了上去。

张宣赞一路逃到淮河北岸才稳住阵脚。哪知杨再兴毫不休息，他就一手撑着船，一手握着枪，渡过淮河追杀过去。张宣赞只好继续逃，一直逃到长水县的张洪涧边，想用箭雨吓退杨再兴。

杨再兴根本不为所动，他继续挥舞着长枪，迎着箭雨冲过去并再次冲垮了张宣赞。可怜的张宣赞又一路败退到了顺州。结果杨再兴仅仅只用了一天，就把顺州也打穿了。张宣赞只得再逃。

最终，张宣赞逃到了原北宋的西京洛阳。哪想到，杨再兴竟然真的就这样追到了洛阳城下，击溃了洛阳周围的所有守军，阵斩伪齐军二十二将一千五百人。

只是，就在张宣赞准备拎起包裹再次跑路的时候，杨再兴却突然撤了。

因为岳飞的收兵令到了。

回过头来看江淮一代，由于岳飞及其强悍的威慑力，金兀术的忽然撤退，及赵构难得爆发出的决绝之心。南宋发动了一场惊天动地的全面战争。之前长期掉链子的张俊，认真了；之前长期跑路的刘光世，不跑了；之前总是缺人的韩世忠，终于也有了万人队，不用再可怜兮兮地带着几千个兄弟玩儿命冲锋了；之前总是倒霉的张浚，这一次也终于指挥得体了。

期间，岳飞还顺手诏安了在洞庭湖里闹了快十年的老贼杨幺（传说他就是《水浒传》里的宋江），并说服了宋高宗赵构，让杨幺的部队成为自己的手下。

而这一仗，更是从绍兴四年的十月一直打到了绍兴七年（公元1137年）的正月。南宋至此彻底肃清了伪齐在江淮一代的所有势力。

唯一让人遗憾的是，因为宋朝这些年来因为战争实在太多，开销实

南宋中兴之战卷：淮西之变

在太大，导致粮草辎重是真的跟不上来了。所以即使光复洛阳的丰功伟绩就近在眼前，岳飞还是不得不调回了杨再兴，收队回鄂州大本营。

赵构大喜，回到临安后。他好好地奖赏了岳飞、韩世忠、张俊和刘光世。史载，称他们四个为中兴四将，而这次了不起的反击之战，也被定义为中兴之战（或中兴十三战）。

当然说起来，是中兴四将，可是此时在赵构看来，他们其中只有一个是最了不起的，那个人，就是岳飞。为了奖赏岳飞，也更是为了扶持岳飞，赵构决定把一直掉链子的刘光世及其麾下的五万三千人左护军，合并给岳飞。

当然，刘光世其实是很乐意的，他早就想退下来好好享受人生了，打仗对他来说也是迫不得已，谁叫他是将门之后。于是，赵构毫不费力地就一路"唰唰唰"地解除了刘光世的军籍，让他做了万寿观使去养老。然后，他亲自下旨，今年（绍兴七年）二月，刘光世所部的左护军将合并给岳飞。

一切的一切，看上去都是无比地顺利。战功卓著的岳飞，获得了百姓的爱戴，皇帝的信任，群臣的支持。他是那么的伟大、光明、正义。

以及强大，过分的强大。

然而，不是所有人都是刘光世，都有一个为国捐躯的爹和将门世家的背景。与岳飞一同贫寒出身的张浚，就对岳飞燃起了熊熊的妒火。尤其是此时的张浚。他的官比岳飞大，从职位上说，他张浚是岳飞的上司。而全部前、后、左、右、中，五路神武护卫军都是由他控制的。可是岳飞现在隐隐，哦不，是明着里就有盖过张浚的势头。

被嫉妒蒙蔽了心智的张浚做出了一件极其可怕、后果无比严重，甚至说改变了整个南宋历史的事。

张浚来到了宋高宗赵构的面前，开始控诉岳飞曾经并不光鲜的背景。张浚提醒赵构，岳飞当年可是跟过宗泽，又在通敌叛国杜充手底下做过事儿，他不是一个值得信任的人。更何况，假如就这样让岳飞拥有了如此多的军队和权力，那么朝廷的权力中枢就会受到巨大的威胁。而且，让岳飞，一个没考过进士的武将，拥有自己的军队、土地、税收以及募兵的权力，是严重违反了大宋的祖制的。

后世有很多人怒喷张浚的自私和贪婪。其实，从理性上说，他讲的都是对的，可在这个节骨眼上，确是不合适的。

果然，张浚的话让赵构起了疑心。他即刻取消了合并军队的诏令，并将刘光世的旧部交由张浚亲自管理。不仅如此，赵构还停止了给襄阳输送的粮草和资源。

岳飞愕然，他去找张浚理论，得来的却是一副冷嘲热讽的面孔。那边，赵构一边不见岳飞，一边也开始慢慢地拆岳飞的军权。

突然从天堂掉入地狱的岳飞，感受到了无比的心痛和失望。他辞职回到了汤阴老家，也不管赵构答不答应，他就这样离开了临安府。

张浚乐坏了，为了显示自己不会独吞这支军队，他立刻请求赵构派一个叫作吕祉的书生来代自己管理。

在推荐吕祉的时候，张浚信誓旦旦地保证，这个吕祉是个不世出的奇才，他可以帮助朝廷消灭伪齐，光复开封，甚至夺回燕云十六州！

说白了，张浚就是在告诉宋高宗赵构，吕祉比岳飞强。

赵构被张浚说服了，而吕祉就这样进入了神武左护卫军。这还不够，张浚因为自己个人的喜欢，以及收到过的一些利益。他提拔了原神武左护卫军的大将王德为神武左护卫军的统帅，并且毫不避讳地整天和王德称兄道弟。

这一搞，就出事情了。因为原来神武左护卫军里的支柱，不是一根，而是两根！除了王德以外，还有一个叫郦琼的。

本来这两人不分上下，倒也还安生。可是张浚这一搞，王德顿时觉得自己高人一等，对郦琼也是呼来喝去，当下人使唤。

郦琼很气愤，就去找吕祉说理去。结果吕祉更加趾高气扬，根本都不搭理郦琼。

刚好，就在这个节骨眼上，郦琼无意间截获了一封来自张浚寄给赵构的书信。上说神武左护卫军已经出现了巨大的问题，当务之急是立刻把这些人分散到全国各地去处理一下。

悲愤的郦琼绝望了。朝廷的不公、张浚的偏颇还有王德的小人得志，这一切都让他如坠冰窖。

既然国家不仁不义，那就别怪我郦琼翻脸不认人了！

绍兴七年八月初八，郦琼忽然带人冲进了吕祉的营帐，一刀砍死了他，然后带着全部四万五千（除去王德的八千人）神武左护卫军投降了伪齐。

史称：淮西之变！

淮西之变的后果非常严重。整个神武左护卫军的投降，相当于全国少掉了整整五分之一的军力。赵构勃然大怒，他在得知消息后，即刻解除了张浚的一切职务，并将他贬到了岭南去当官方的招待所（驿站）打杂。

最痛苦万分的莫过于岳飞。本来多好的一件事，被张浚这样搅和成了一堆烂摊子。

作为最后的挽回，岳飞写了封长信给郦琼，劝他回头。然而郦琼去意已决，他把南宋从上到下狠狠地数落了一番，就此扬长而去。

至此，由于张浚愚蠢且错误的决定，南宋在短短半年的时间内，就把两年中兴之战里得到的一切优势和利益，彻底葬送得一干二净。

最后一个疑问，金兀术为什么会突然撤军？

绍兴五年（公元1135）二月九日，金太宗完颜吴乞买忽然病逝，由金太祖的长孙完颜亶继位，史称金熙宗。

完颜亶继位后，立刻疏远了宰相完颜昌。然后他亲切地慰问了金国大元帅完颜宗翰。

"我大金开疆扩土，南征北战，最伟大的大元帅阁下啊！您愿意接受我的邀请，来到我的身边，做我最重要的大臣吗？我愿意拜您为我大金的首相。"

"哈哈！陛下过奖了，那都是我的责任。我愿意来！"

于是，就这样，完颜宗翰从军中来到了金国的宫殿上。他成了大金的宰相，但他的军权却就这样轻易地被完颜亶悄无声息地剥夺了。

因为在金国，最重要的是对军队的控制力，而不是一个空虚的宰相头衔！

然后，完颜亶对宋高宗赵构露出了笑脸。

"圣名而博学的南朝皇帝哟，请问秦中丞还好吗？他是我大金的好朋友，我们金国的每一个人，都无比地喜欢他。"

南宋中兴之战卷：

秦桧归来

　　前情提要：南宋绍兴四年（公元1134年）冬，金兀术忽然联合伪齐皇帝刘豫，领三十万大军渡过淮河，进攻南宋。宋金议和破灭。宋高宗赵构拜赵鼎为中书省同平章事兼西府枢密使，并重新启用张浚，调岳飞于建康府抗金。同时，宋高宗赵构本人于当年十月进入建康府，御驾亲征。绍兴五年二月，金太宗完颜吴乞买病逝，金太祖长孙完颜亶继位，即金熙宗。因其设计，致完颜宗翰忽然失势，金国军队权力易主，金兀术被迫撤兵。南宋借此全面对伪齐发动战争，一举夺回淮南地区，史称中兴之战。绍兴七年初，因张浚妒忌岳飞功赏极高，而伺机夺取神武左护卫军指挥权，最终逼得神武左护卫军全军投降伪齐，史称淮西之变。

　　"浚轻而寡谋，愚而自用。德不足以服人，而惟恃其权；诚不足以用众，而专任其数。若喜而怒，若怒而喜，虽本无疑贰者，皆使有疑贰之心。予而复夺，夺而复予；虽本无怨望者，皆使有怨望之意。无事，则张威恃势，使上下有暌隔之情；有急，则甘言美辞，使将士有轻侮之意。郦琼以此怀疑，以数万众叛去。然浚平日视民如草菅，用财如粪土。竭民膏血而用之军中者，曾何补哉？陛下尚欲观其后效，臣谓浚之才，止如是而已！"

张浚一个人，默默地在府上为自己打点着。白日里，右司谏王缙弹劾他的话，一句句，深深地刻在他骄傲的心里。

轻而寡谋；愚而自用；德不足以服人；诚不足以用众；惟恃其权；张威恃势……

"大人。"一位老用人打断了这令人窒息的沉默。

"门外有一人自称是您的朋友，请求见您。"

"哼！想我张浚沦落至此，还有朋友？不见！"

"大人，他说，他可以保住您现在的位置。"

"什么？"张浚猛地回头，怒目圆睁。老用人被吓得倒退数步，颤抖不已。

"让他进来。"

一阵轻快而富有节奏感的脚步声渐渐响起。

"张大人，别来无恙。"

"是你？！秦次相，哦不，现在你已经什么都不是了。'秦桧小人，永不叙用'，你难道这么快就忘记了陛下的题字了吗？哼！我张浚就算再落魄，也用不着要你这个卑鄙无耻的小人相助。"

"张大人，此时此地，我是'小人'；可若是到了明日，那就不知何时，您还是'大人'了。"

"你想说什么？"

"张大人莫慌，您只需按照我说得去做，除了略受些委屈，我包您地位不失。"

"你早就被陛下亲自贬出京城，现在什么都不是，我凭什么相信你？"

"圣上虽是少年英才，但世上的风云，变幻莫测，又有谁能保证可以全部预测准确呢？金廷之上，已然大变，而我，则将再度归来。"

……

"轰隆！"一声巨大的雷响猛地将赵构惊醒。他不安地低头看了看手上金熙宗送来的求和文书。刚刚在思索的时候，他竟不知不觉睡着了。

"陛下，中书省赵大人求见。"

"传他进来。"赵构揉着隐隐作痛的太阳穴，闭着眼睛，有些不耐烦地说道。

赵构不喜欢赵鼎。他不喜欢所有像赵鼎这样的臣子，他们自以为自己是个忠臣、正臣，就认为自己做什么都是对的，皇帝做什么都是错。接着，他们就会严于利人，宽于待己，为所欲为，甚至还不断地要挟皇帝，评论皇帝处事的对错。

"微臣赵鼎，参见陛下。"

赵构知道他是为什么事儿来的，所以脸上表现得更加不以为然。

"微臣以为，陛下对张浚的责罚过重了。"

"赵爱卿，张浚有罪不罚，你说，朕能对得起天下人吗？哦！我知道，张浚是你提拔的，但淮西之变，皆是张浚一人一意孤行所为，爱卿大可放心，这与你无关。"

"陛下，现在最重要的事，莫过于挽回淮西之变的损失，并确认责任人是谁。可不是一味地惩罚张浚啊！"

"张浚就是责任人，他必须被流放。此事已定，无须他议！"

"张浚已经被撤职了。"

"砰！"赵构把案几上的杯子给拍到了地上，"赵鼎！张浚误国误君，致使朕的神武左护卫军全数投敌叛国，难道你认为，仅仅撤了他的职，就可以赎罪的吗？"

"陛下，"赵鼎丝毫不乱，略带威吓地说，"您时刻担心注意的，是军方的动态呀！"

"赵爱卿，你什么意思？"

"陛下，从朝廷的律法上看，无论君上做出什么样的决定，军队都必须百分之一百地、无条件地服从朝廷的指挥。这是祖上定下的规矩，没错吧？"

"正是。"

"所以，微臣以为，淮西之变的根本性错误在于军方本身。正是因为这几年来，我们一直在打仗，而不得不仰仗军队，才导致了他们的过分骄横，不听指挥。"

"你说得没错，这些年来，军队的势力是越来越强大了。现在，整个淮河两岸都遍布各个大大小小的藩镇势力，是该要灭一灭他们的威风了。"

"陛下，淮西的神武左护卫军只是因为个人待遇、职务调动之类的小事就造反了，这是朝廷的错，还是他们的错？是张浚的错，还是郦琼的错？"

"轰隆！"又是一声雷响。宫殿内，烛光猛烈地摇动着。青色的闪电在赵构的脸颊上一闪而过。

"微臣以为，陛下绝对不可以助长这股兵强慑主的歪风邪气。当此时，全国的军队都在看着朝廷，朝廷绝不能向他们示弱。倘若我们此时重责了张浚的指挥失误，而轻视了军队不服从朝廷调令的过错，那么他们以后一定会变本加厉地威胁朝廷。何况，张浚曾经勤王有功，陛下更加应该宽赦他。"

"勤王之事，朕已赏过。而且，功是功，过是过，两者不能相抵。"

"这个，陛下可以以张浚老母年事已高，不忍过于苛责，使他们母子不能相见为由，从轻发落。"

"那就这样吧！张浚不必去岭南了，让他先去永州好好读书去吧！（则授浚左朝奉大夫、秘书少监，分司南京，贬永州。）"

"谢陛下隆恩。"

"赵鼎，朕问你。张浚昨日夜里，急派人送了封文书进宫，力保你为相。这和今日，你力保张浚，没有关系吧？"

赵鼎抬起头，镇定地看着赵构的眼睛，带着自信的微笑说："张浚素来刚愎自用，在朝中也是树敌甚多，与我也有些许过节。但如今，为了稳定军心，我是不得不保他呀！"

赵构满意地点了点头，接着问："那赵爱卿，在你看来，你若为相，那朝中谁有能力从旁辅佐你呢？"

"秦桧。"

赵构双目如剑，死死地盯住赵鼎。

"陛下，当今金人首次诚心诚意地对我们主动示好。我朝自两府宰执，六部以下，金人只提及了秦桧，足见他在金人心中的分量。淮西之变以来，我军损失惨重，急待重新积攒力量。此时此刻，我们只可以与金人为友，断不可以与他们为敌。或许，秦桧可以为我们争取'重新积攒力量'的时间。"

"好吧！那就依你。起复，秦桧。"

……

"秦大人，你要我帮你做的事，已经办妥；你要我对圣上说的话，我也已经代你说了。如今我和张浚的地位也都稳住了。还真是多谢你的出谋划策啊。"

"赵大人哪里的话！以后在朝堂之上，我秦桧一定唯您马首是瞻，绝无二心。"

赵鼎微微点头，目视远方。远处雷声涌动，风起云涌，变幻莫测。

……

金国皇宫内，完颜昌与金熙宗完颜亶。

"陛下！这几年连年征战，我们的钱粮补给已经完全没办法再坚持下去了。西北方向，西辽皇帝耶律大石，领契丹铁骑二十万袭来，已经快要逼近会宁府了。如果不能稳住南朝而导致我们腹背受敌，恐怕我大金，要遭大难啊！"

"依你之见，我们该如何是好？"

"陛下，我已经和秦桧取得了联系。如今，他再次回到了宋廷之上，担任次相。南朝皇帝也是一心议和。当此时，我们应该放弃一些不必要的国土，给予南朝足够的诚意。只要他们愿意议和，待我们击退耶律大石，再对南朝施压也不晚呀！"

完颜亶神色忧虑地在大殿里踱着步，他在斟字酌句地思考完颜昌的话。良久，完颜亶长叹了一口气，有些不甘心地说："你是对的。那就把刘豫的地盘给了他们吧！"

"还有刚刚投降过来的淮西神武左护卫军，也要一并解散了归还给南朝。"

……

刘豫最近很爽。自从郦琼带领神武左护军全体投降伪齐以来，他就在策划如何利用投降的宋军去攻打宋朝。这样不仅他自己本部人马毫无损害，而且郦琼也十分熟悉宋朝军队的战法策略，从而更容易击中宋军

101

的弱点并获得胜利。

尤其是，那个可怕的岳飞。哪想他因为和皇帝不和，一赌气，卸甲回家种田去了。岳家军的主帅现在暂定是张宪。

如今已经是绍兴七年十月，再过两个月，就到了河水结冰的时候了。届时，由郦琼打头阵，金人赠予的骑兵在中间，伪齐军在后，就能一举夺回淮南地区了。

正当刘豫做着美美的白日梦的时候，他的儿子刘麟跑来告诉他，金国宰相完颜昌和大元帅金兀术已经到了城外，要刘豫赶紧列队迎接。

刘豫赶忙一骨碌爬起来，拉上仪仗队开城接客。哪知金兀术不由分说，立刻派人包围了刘豫的皇宫然后一脚把刘豫踢得跪了下来。

接着，宰相完颜昌神色严峻地走上前来，对着刘豫就是一顿劈头盖脸的怒骂：

"刘蜀王，刘蜀王，尔犹自不知罪过。独不见赵氏少主出京日，万姓燃顶炼臂，香烟如云雾，号泣之声闻十余里。今废了尔后，京城内无一人为尔烦恼。做人犹自不知罪过。朝廷还尔奴婢、骨肉，各与尔父子钱物一库，煞好。"

然后，金兀术不由分说，把刘豫一家押了起来，直接带走。

刘豫、刘麟父子一脸蒙圈，他俩根本不知道发生了什么事。这两人，既不是什么草莽豪杰，更不是绿林英雄，只不过是一家仗势欺人的恶犬、没有脊梁骨的懦夫罢了。

可恶，可憎，可悲。他们家最后的命运是被金人丢到了临潢以北（今内蒙古巴布林左旗东南部），开始过原始人的生活。此时的刘豫，已经六十五岁了。

做完这一切以后，完颜昌下令伪齐解散，所有驻扎在淮北和河南的金军立刻全部撤退回河北，将那里的宋朝百姓、罪犯和战俘全部归还给宋朝。

赵构大喜，下令韩世忠，张俊和岳家军（此时主帅是张宪）将这些人全数收编，以壮大宋朝的势力。而淮北和河南，这两块自靖康二年以来饱受摧残的土地，和生活在它上面的百姓，在历经了十一年的战乱以后，终于再次回到了宋朝的怀抱。

荣耀归于秦桧，是他联系了金国宰相完颜昌，准确传达了宋朝的意愿；是他说服了金朝的皇帝，让完颜亶愿意将淮北和河南两块土地和百姓归还给宋朝；是他完成了赵构自称帝以来，梦寐以求的愿望——宋金议和！

而此时，站在光辉顶点的秦桧，却在不断地推辞赏赐，并且不断地重复，所有的主意都是赵鼎想出来的，再加上张浚的积极配合才能达成这一伟大的目的。

消息传出，自临安府至两淮河南，甚至到南宋全国，都满是一片欢乐的海洋。其喜庆程度，已经远远超过了当年韩世忠在黄天荡大败金兀术。

此时刘光世已不在军中，张俊正使出吃奶的力气贪污捞钱。据说他在家里造了好几个千斤的大银球，让人只能看着却拿不走。以至于赵构都调戏他说：张太尉是天天坐在钱眼里面啊！

那时，整个南宋上下，几乎都属于不设防的状态。

而在这欢乐的、不思进取的浪潮里面，还有两位忧心忡忡的爱国将领。

韩世忠最早察觉到了金国不同寻常的举动。他虽不知耶律大石已经给金国造成了巨大的压力，但金国这样不惜一切代价地收缩防线，终于让他起了疑心。

一番探查下来，韩世忠惊愕地发现，金军此时在河北的兵力竟然十分空虚。整个河北路竟然不足十万人在防守。

于是韩世忠迅速给赵构写信说："金人与我们的和谈疑点重重，陛下万不可信！金人曾经重兵把守的河北路，此时忽然十分空虚，这中间定有疑点。微臣以为，现在，我们反而应该早日与金人决战。我韩世忠愿意出战最危险的地方！"

宋高宗赵构看完后，笑而不语，只是随意地让人传了个话儿给韩世忠，说韩世忠啊，你怎么就这么不懂事儿呢？天下太平，何战之有啊？

韩世忠不愿就此放弃。胆大过天的韩世忠，为了阻止和谈，竟然亲自带着刺客到路上准备暗杀金国使臣乌陵思谋。只可惜，不幸走漏了风声。得知此事的赵构，立刻命韩世忠本人进临安府待着，哪里都不准去。

无奈的韩世忠，只得以青铜面具蒙面，身着铁甲进京，沉默不语，以示态度。

第二个极力反对和谈的，是远在家里种田的岳飞。他在得知宋金和谈的一切来龙去脉后，立刻写了一封很严肃的信给赵构说：

"陛下！您怎么可以相信之前一直反复无常的金人的话呢？宋金世仇，和好是绝对不可能！如果这是中书省的宰相们做的决定，那么他们一定都是另有所图！陛下啊，议和断不能答应，不然后世一定会笑话您的。（夷狄不可信，和好不可恃，相臣谋国不臧，恐贻后世讥议。）"

看完岳飞的信，赵构是真的生气了。他想起了岳飞因不能顺利得到淮西神武左护卫军时的不忿；他想起了岳飞在淮西之变后的愤然离职；他想起了岳飞在离职后，屡次不听自己的召唤而选择执意解甲归田。

赵构更加想起了赵鼎说的话：

"……从朝廷的律法上看，无论君上做出什么样的决定，军队都必须百分之一百地、无条件地服从朝廷的指挥。这是祖上定下的规矩……"

"……淮西之变的根本性错误在于军方本身。正是因为这几年来，我们一直在打仗，而不得不仰仗军队，才导致了他们的过分骄横，不听指挥……"

赵构还想到了，此时，宋朝上下最大的军阀就是岳飞。岳家军有自己的地，有自己的军队，有自己的粮草和建制，且全只听命于岳飞一人。

这简直是彻底的听调不听宣！

赵构最后一次下令，让岳飞即刻进京候命。所谓北伐之事，不准再提。

然而倔强、忠诚且一心报国的岳飞却再次拒绝了赵构的命令。他选择离开皇宫，离开宋廷。

秦桧在临安的梅山上冷冷地看着这一切。他看着赵鼎因喜悦而不住地给赵构敬酒；他看着一身铁甲的韩世忠，沉默不语地在一边孤独地站着；他看着岳飞离去时，悲伤而落寞的身影；他看着张浚挺着笔直的腰脊，眼神里满是桀骜和警惕。

一片花瓣缓缓落下，秦桧用手心轻轻接住，将它温柔地拿到鼻尖，细细地嗅了嗅。他抬头望向头顶的那一株梅树，静静观赏了片刻。然后他双拳紧握，将那片花瓣紧紧地握在手心里。

他忘不了在金国受到的酷刑和毒打；他忘不了敌人对他的冷嘲热讽和无尽的侮辱；他忘不了将他与和他一道的仁人志士们，投入火坑却不知悔改，如今依旧在苍生之上作威作福的昏君们！

他轻蔑地一笑，将握拳的双手松开，抛下了那片被他蹂躏到褶皱的花瓣。他裹紧了防寒的斗篷，离开了那株梅树。

南宋中兴之战卷:

孤馆秋凉玉殿悲

前情提要：绍兴七年（公元1137年）秋，在淮西之变事发后数月。西辽皇帝耶律大石远征金国。金熙宗因无力两头作战，而不得不命宰相完颜昌以归还淮北、河南两地，及解散伪齐为礼，与宋廷议和。在完颜昌的暗中配合及赵鼎的举荐下，秦桧再次官复次相，主持议和大计。绍兴七年十二月，宋金议和达成，金军北撤，南宋终于收复了淮北、河南两地。

联合国，就是要尊重大部分国家的意见，通过投票来决定一系列的联合国决议来影响和改变世界的。这里没有对与错的仲裁，只有完全的投票决策。联合国尊重所有国家的独立主见和主张，尊重所有国家都有权利做出自己的决策。所以在联合国大会里面，常常不会因为发言者最正确，最有才华，最有力量，就将得到最多的票数。而胜出者，往往是最受到人们爱戴、尊敬、拥护并且说话最让人喜欢的人。

在中国的封建王朝历史上也是一样的，除了屈指可数的几个极有修为的皇帝外，大部分皇帝往往听从的，不是那个最正确声音，也不是那个最正直的声音，而是那个最让他舒服的声音。

这么看来，赵鼎肯定不是那个"会说话"的大臣。他不仅不会说话，还不那么正直，有不少的私心。尤其是为了保住首相的宝座，赵鼎可谓是不择手段。

细细想来，在皇帝不喜欢他的情况下，在经历了中兴之战、淮西之变、宋金议和这三大起落之后。赵鼎还能在朝野之上如履薄冰地走到今天，甚至保住首相之位，说明这个人的弱点极少，属于几乎无法被人攻击的状态。

当然，有私心归有私心，揽权归揽权，赵鼎这个人，还是为南宋做出了"挺多"贡献的。正因为有"挺多"贡献，所以赵鼎如今在朝廷里的势力很大，追随者很多，皇帝也很敬重他。

只不过，对于致力成为首相的秦桧来说，弱点极少的敌人并不等于没有弱点。而一个人有弱点，就代表着可以有步骤、有计划地击溃他。

此时南宋宰职团队里，除了秦桧和赵鼎外，还有两个人，分别是次相刘大中和枢密使王庶。而秦桧的目标则是把他们三人全部干掉。

他的第一个目标就是赵鼎次相刘大中。这个刘大中可谓是赵鼎的应声虫，他什么都听赵鼎的。折了他，就等于折断了赵鼎的一条忠诚的臂膀。

很不幸的是，刘大中的弱点太显眼了。那就是不孝顺父亲，经常能从他家里传出和父亲大吵大闹的声音。

于是，秦桧只是暗中安排了几个御史，弹劾了一下刘大中，顺便造了点势，让老百姓们知道大宋的次相竟然对自己父亲如此这般无礼。

没说的，刘大中就这样一下子被解了职，回处州老家种红薯去了。赵鼎就此先被折断一臂。

接着秦桧开始对王庶下手。然而王庶可不是刘大中，他是个在史书上有着近乎所有美德的大臣，除了有一点不好——过分耿直。

王庶主战，无论何时何地，不管何情何况，他都要战。至于皇帝要不要，大臣们同不同意，有没有人支持他都不会动摇。如果有人胆敢不同意他，他就会一二三四五六七，一封一封地给那个人写信，一直写到对方口吐白沫昏厥过去还不肯放过。所谓万言书什么的，对于王庶来说，那还是打过折（粉碎性骨折）的。对于他来说，百万大章都不是梦想。

秦桧好好掂量了一下自己，估计就靠手下那点御史码字，就算自己亲自上阵，肯定也是写不过王庶的。但是别急，既然不能硬来，那就智取。

于是，秦桧悄悄地找到赵构，提醒他小心朝廷里有人反对议和，去煽动那些个首鼠两端的"随风倒们"。

"现在正是宋金议和的关键时期，陛下，我们一定要谨慎谨慎再谨慎。绝不能让那些好战分子激怒了金人，坏了这千载难逢的和平大计啊！"

宋高宗赵构不住地点头说："你说得对，你说得对！这样，我让你一个人来主持议和大计，别人都不能插手干涉如何？（朕独委卿）。"

谁知秦桧竟然坚定地摇了摇头说："此事太过重要，请陛下三思。三日之后，再做决断吧！"

说完，秦桧行礼告退，留下一脸诧异的赵构坐在原地。

那就三日以后再议吧！哪知，刚过一日，王庶就冲了出来，每天照着赵构就是一套七连圣谏万言书。说得赵构是两眼发黑晕头转向，实在是受不了了，只好装作视而不见。

三日以后，赵构犹如盼星星盼月亮一样盼来了秦桧。他要秦桧赶紧去处置议和，顺便把王庶给解决了让他消停点。哪知秦桧依旧摇摇头，说王庶的话也不是全无道理，此事重大，请皇上再慎重地思考三日。

赵构感动得眼泪都要出来了，多么懂得体贴皇帝的臣子啊！感动完了的赵构，又不得不再次面对王庶没完没了的正臣圣谏，谏、谏、谏……

这一次，王庶不仅自己憋足了一口气疯狂码字，他还顺道带上了赵鼎。说赵鼎是支持他的，金人议和，绝不可信；秦桧小人，不可用之！

赵构快疯了，忍无可忍的赵构把王庶资政殿大学士头衔的"大"字给去掉了，以示警告。

刚好就在这个时候，赵鼎在上朝的时候对赵构说，宋金的分界应该以黄河改道（建炎三年）之前的河道为准，这样宋朝可以获得更多的土地。如果金人不同意，那就绝无和谈可言，应即刻让岳飞杀过黄河……

"够了！"赵构一声暴喝打断了赵鼎，"你们一个个口口声声要拒绝议和，但是你们有没有想过，如果打输了怎么办？你们有没有想过，打起仗来，朕的百姓怎么办？！"

赵鼎蒙了，什么情况？我明明是主张议和的啊！怎么就变成主战的了？

也就在这个关口上，王庶再一次跳出来表示力挺赵鼎，决不能向金人示软、示弱！

赵构冷笑一声，当着文武百官的面，宣布议和之事从此全部交由秦桧负责，赵鼎必须从旁配合。

事儿到了这个份儿上，秦桧应该接受了吧？不！秦桧看着怒目圆睁的王庶和目瞪口呆的赵鼎，满脸堆笑地说："谢陛下隆恩，此事重大，让微臣和赵大人、王大人再商量三日以后，再做决定。"

可怜的赵鼎，他的噩梦现在才刚刚开始。就在他朝廷失势的那一天晚上，临安城内开始出现一个谣传，先是说赵鼎去了秦桧府上（赵丞相乞去矣）；接着是赵鼎上了秦桧的船（赵丞相上船矣）；最后变成了赵鼎为了保住相位去联合秦桧准备一同挤走王庶。

第三日晚上，再也忍受不了的赵鼎提出了辞职。他也不等赵构批准，就自己趁着夜色上船离开了临安。

临上船前，秦桧在码头给赵鼎摆了桌酒，笑嘻嘻地问他："赵相公，我奉陛下的圣旨，在此为你摆酒践行，你何不与我喝两杯呢？"

脸色已经被气成黑炭的赵鼎怒骂道："议论已不协，何留之有？"说罢，赵鼎扬长而去，从此再也没有回来。

终于只剩下了王庶。满脸悲戚的王庶知道自己的为官之路也走到了尽头，在叹息完赵鼎的离去后，王庶也辞职了，带着他没有"大"字的资政殿学士头衔，去谭州养老了。

而秦桧与赵构之间的第三个三日，就这样过去了。

绍兴八年（公元1138年）十一月，秦桧再次拜相中书省门下同平章事，出任宋朝首相，并全权主持宋金议和。

为了，能让宋朝的文武大臣们就此闭嘴，成功议和，实现宋金真和平。赵构在绍兴九年的元宵节时，给韩世忠、吴玠、张俊四将各官升一级；岳飞官复原职，再升一级并允许他在家无限期待命；已经退役的刘光世俸禄加倍。

做完这一切以后的赵构，立刻就收到了两个响亮耳光。已经失势且自身难保的张浚，联合了已经被遗忘了很久的前首相，开封的英雄李纲跳出来警告赵构：

"陛下，金人与你有灭门之仇，您怎么可以与他们认贼作父呢？如果您真的与金人议和了，后世千年万年都会有人耻笑您的不忠不义，不孝不悌的！"

赵构怒极了，他在朝堂上失态地大吼道："宁至覆国，不用张浚！"

还没完，远在家里耕地的岳飞也丝毫不给面子地拒接了赵构的封赏并上书说：

"臣待罪二府，理有当言，不敢缄默。夫虏情奸诈，臣于面对，已尝奏陈。切惟今日之事，可危而不可安，可忧而不可贺，可以训兵饬士，谨备不虞，而不可以行赏论功，取笑夷狄！"

同时韩世忠再次上书表示，愿意亲自驻军前线敏感地带，即使不北伐，也可以保住当前现有的领地。

赵构算是烦透了，他就是想要和平，不要战争，就这么难吗？为什么这些自诩忠臣的人，都不愿意理解他呢？

"一群武夫，不识大体。"这就是赵构给予岳飞和韩世忠最后的回复。

在秦桧的帮助下，赵构终于用无上的皇权镇压了朝廷内所有反对议和的势力，然后他的脸就又再一次被金兀术狠狠地抽了一记大力玉碎金刚神掌。

绍兴九年十月，就在赵构好不容易镇压了国内各大反和势力之后，金国主张议和的宰相完颜昌忽然就被金兀术杀掉了。接着，金兀术扣押了南宋的使臣，并向黄河一带开始集结重兵。

赵构愕然，赶紧要秦桧写信给金熙宗说，咱不是说好了两国议和，从此友好交往，互不侵犯了吗？

信寄出去了，可是没到金熙宗手里，在路上被金兀术给截住了。不过这当门就算信送到金熙宗手里也没用，他自个儿都自身难保了。

事情是这样，完颜昌一边命金兀术去阻挡西辽铁骑，一边暗地里怂恿金熙宗把金国的勃极烈制（类似于最高议会）给废除，这样就可以把

111

所有的权力都全部收归中央。

结果不知怎么地走漏了风声，金兀术在得知后立刻反身追杀回来，直接把完颜昌等一干主和大臣们全部砍死，然后举兵占领了金国皇宫。

到了这样的地步，宋金议和已是绝无可能的事情，可是我们的宋高宗赵构在得知了这一切后，竟然还心存幻想地派人去说服金兀术。

对此，金兀术是非常干脆的。赵构派一个使臣，他扣一个，一连扣押了十来个宋朝使臣。可是赵构依然锲而不舍地派人去议和。

金兀术被弄烦了，派了个金使到南宋去告诉赵构，议和不是不可以，赵构必须退去帝位，并对着金使下跪，行臣下之礼，方才有议和可言。（诏喻江南使。）

而我们的宋高宗赵构，竟然可以欣然接受！

宋廷之上，满朝文武愤怒不已，他们全部跳出来疯狂地反对金人的侮辱。礼部侍郎曾开直接在朝堂之上指责赵构的委曲求全、懦弱多疑，致使国家沦落至此。

看着气得要爆炸的赵构，秦桧赶紧出来做和事佬，哪想得秦桧还没开口说话，礼部的另一位高官尹焞出来指着秦桧大骂道："无耻匹夫，朝堂之上，哪由得了你说话？！陛下，《礼记·曲礼》曰'父母之仇不共戴天，兄弟之仇不反兵'。现在，金国与陛下有父母、兄弟之仇，你不共戴天了吗？不反兵了吗？反而要议和，甚至下跪。这样做孝顺吗？有礼吗？要知道国之大事，无非'礼''孝'二字！如果陛下连这两个字都做不到，还要我们一整个礼部做什么？你就自个儿去跪你的仇人吧！"

接着，《四书章句集注》的编辑者、未来的圣人朱熹之父，通议大夫朱松也义愤填膺地指着赵构破口大骂：

"苟非至愚无知，自暴自弃，天夺其魄，心风发狂者，孰肯为此。必且遗臭万世矣！"

真不愧是未来朱圣人的爹啊……

赵构是真的疯了（换谁被这么骂都得疯），既然已经不要面子了，就彻底把脸皮撕破吧！面对曾开、尹焞、朱松等一系列士大夫们的指责，赵构"啪"地一拍龙椅大喝道："当年我被金兀术追得落荒而逃至海上，我几欲向金人下跪。我看我那时就是跪一百次，你们也不见得会反对我！"

就在神圣庄严的宋廷即将也沦为菜市场的时候，一股巨大的不可抗力阻止了这场丑态百出的争吵。

让我啼笑皆非的是，这股巨大的不可抗力就是金兀术。他要赵构下跪行臣下之礼，其实就是故意挑事儿找理由的，哪想得到赵构还真的愿意卑躬屈膝……

算了，金兀术反正已经认定了自己没智商，我就打你们宋朝了怎么着？绍兴十年（公元1140年）五月，金兀术举兵二十万南下，渡过黄河突袭南宋。

而南宋方面，拜赵构坚持到底的不抵抗政策，洛阳方面的西京留守李利用弃城逃跑；南京留守路允迪投降；开封的东京留守孟庚投降，所有人没一个抵抗的。

当然也不是所有人都是这么软，主要是硬汉如韩世忠；智勇双全如岳飞；莽夫猛人如张浚等主战者，都被赵构支走的支走，软禁的软禁。剩下的就只能是些"无脊椎软体动物"了。

还有两个坏消息传了过来。吴玠死了。令人痛惜的是，杀死他的不是敌人的刀剑；不是政治、军阀的朝廷斗争；甚至不是赵构消极怠战的软谋杀政策。

"玠，晚节颇多嗜欲，使人渔色于成都，喜饵丹石，故得咯血疾以死。"——元朝丞相脱脱

他是吃丹药，放纵女色和酒欲，贪图虚拟的欲望而死的。我始终觉得，像吴玠这样的人的生命，并不完全属于自己。他属于这个国家，属于这个国家的人民，属于这个时代。可他却因不世之功勋而骄纵自己，最后毁掉了一生大半的名誉。有时候我在想，如果他是死在仙人关之战的最后一支羽箭下，那该多好……

在亲眼看到了赵构自己作践自己的国家之后，饱经风霜、历经各种磨难的李纲终于因为悲伤过度而离开了人世。

回顾他的一生，他曾以一届文官之躯，登上城墙守住了开封；靖康之难后，又是他扶起了赵构初建的建炎集团；建炎南渡之后，他无数次判断国事，绝对可以称得上每言必中。

他正确、准确、无懈可击，却非常招人讨厌，所以就是没人听他的。

这不禁让我回想起一句话，如果忠言可以不逆耳，良药可以不苦口，那该有多少众生可以得救呢？

面对南宋一触即溃的防御和金兀术背弃盟约、势不可挡地进攻，赵构竟然只是悠悠地叹了口气说："夷狄之人，不知信义，无足怪者。士大夫不能守节，至于投拜，风俗如此，极为可忧。"

我的皇帝陛下啊，您都知道金人是"夷狄"，是"不知信义"，你还和他们和谈，你还和他们和谈？是，那些"士大夫"不"守节"确实"堪忧"，但我觉得，更堪忧的，是你把能守节的人，贬走的贬走，软禁的软禁，让他们只能干看着。

对于赵构这种拉低整个宋朝智商的行为和言论，我已经无力吐

槽了。但是，无论是金兀术还是赵构，都还是低估了南宋军人的骨气和骄傲。

在河南大溃败的队伍中，有一位面色严峻、眼神锋利的将军，在不断地把溃散的宋军聚集在一起。他没有就这样毫无尊严地退过淮河，而是将这些聚集起来的残兵败将带到了一个叫顺昌的小县城。

刘琦，终于轮到你出场了！自富平之败以后，他寂静了很久。相比曾经的战友如岳飞、吴玠、韩世忠等人的活跃，他显得很沉默、很平庸。我想也正是这份平庸，才让赵构、金兀术甚至秦桧都忘记了他，忘记了他刘琦曾经也是宗泽的部下，是曾经给予金人无比震撼的猛将！

顺昌，今安徽阜阳市。史称其"襟带长淮，东连三吴，南引荆汝，其水洄曲，其地平舒，梁宋吴楚之冲，齐鲁汴洛之道，淮南内屏，东南枢辖，有泉河、颍河穿境而过"，如果金人进攻淮西和淮南，就必须通过顺昌。除此之外，这里还是上古名臣姜尚、管仲、鲍叔牙和嵇康的故乡。

靖康之后，由于这里一直战乱，土匪横行，导致顺昌城年久失修，已是破败不堪。刘琦率领两万残兵进入这里的时候，连城楼上的防御工事都没有修好。

唯一值得庆幸的是，顺昌知府陈规也是一位了不起的热血男儿。他虽然手里没几个兵，但他竟然在仓库里面存了十万斛大米！

刘琦大喜，为了表达自己死战到底绝不撤退的决心。他和陈规把自己的家人安置在寺院里面，外面放上干草，并传令三军。如果顺昌城破，就点起干草，刘、陈两家人以死殉国。

至此，全军亢奋，随军的女眷家属们与顺昌城里的老百姓们，一同帮着磨刀喂马，埋锅做饭，救助伤员。

七日后，金兀术帐下第一汉将韩常带领一万先锋，在离顺昌三十里的白涡口扎营修整，声势浩大，直逼顺昌。

韩常和刘琦，他们俩曾经在富平之战中交过手。这几年来，韩常一直在打仗，刘琦则一直在官场里蹲着。所以韩常十分有信心，可以一举击溃刘琦，直逼襄阳！

而反观刘琦，他的反应相当的直接，完全没有韩常那么多多余的小动作。是夜，刘琦率领一千骑兵突袭韩常在白涡口的营地，韩常猝不及防，大败而逃。

第一战，金人连顺昌城都没摸到就被打了回去，宋军首战告捷。

三日后，金军前锋后援完颜突合速到了，他汇合了韩常，一共三万人马直接兵临顺昌城下列阵挑战。

刘琦站在城墙上往下一看，呦，突合速将军，你没带攻城器械吗？那就简单了，神臂弓手们，给我射！

一阵万箭齐发，完颜突合速只得撤退。是夜，刘琦故技重施，率领五百刀斧手穿着金军的衣服，突入金营，引得金营自相残杀，还一把火烧了金军的粮草。

第二战，金军再败，灰溜溜地撤退而去。

韩常和完颜突合速的失败，终于引起了金兀术的注意。六天后，金兀术亲自率领本部二十万大军，兵至顺昌城下，合围刘琦。

而就在这时，赵构的信使到了。他下旨让刘琦赶紧跑路，别再打了，河南和淮北是丢定了。（刘琦择利班师。）

此时，金兀术已经将顺昌团团围住。南宋的信使被震天的鼓声吓得直哆嗦，颤抖着问刘琦，外面到底怎么样了。

刘琦只是微微一笑，淡淡地答道："无他，贼之矣。"

说完，刘琦登上城墙，开始观察金军的营寨。只见金兀术的连珠营寨绵延有三十余里（又来这套，还没被宋军烧爽吗？），他本人身披白甲，座下白马，威风凛凛地站在队伍的最前方。

"刘琦小儿，何敢与我战？以吾力破尔城，直用靴尖踢倒耳。"金兀术在城下挑衅地喊道。

刘琦既不生气，也不接金兀术的话，他只是稳稳地站在城墙上，抚摸着身边的一副铁甲，又看了看天上的太阳，然后他满意地点了点头，开始亲自擂鼓，为宋军助威。

在金兀术看来，刘琦的战术无非是站在城墙上用神臂弓射，用大炮（投石机）砸。所以他只要用人，往攻城器械里堆，就一定能拿下顺昌城。毕竟顺昌又不是仙人关、和尚原，没有那么险峻的地形。

可是令金兀术诧异的是，刘琦竟然把城门打开了，宋军主力竟然公然地出城列阵，与金军决战！

金兀术哈哈大笑，下令全体铁浮屠，冲锋！

此时，一道金光射了过来，金兀术抬头一看，是太阳的光芒，他隐隐觉得什么地方有些不对。接着他再定睛一看，出城的宋军全穿着轻甲，背后都背着一个竹筒。

竹筒里面是什么？

接着金兀术就看到他引以为傲的铁浮屠们，成片成片地陷入了混乱。那些训练有素的战马，不断地把背上的骑士们，扔到了地上。

怎么回事？谜底揭开，宋军竹筒里面背着的，是浸了水的豆子！

金兀术再次看天，瞬间明白了刘琦的用意。此时正是五月中旬的下午未时，太阳最热最烈的时候。金军的铁浮屠们都是从上到下，连同战马一起包着两层铁甲一层皮甲。在太阳灼烤下，金军的士兵们几乎是全

117

军在洗桑拿。而即使金军的士兵们碍于军令而不敢乱动，他们座下的战马也受不了了。

而宋军背上的豆子，成了压倒金军战马的最后一根稻草！

无数金国的战马争先恐后地去吃豆子，而把骑士们一个个掀了下来，金军大乱。在这一片的混乱中，宋军一支五千人的骑兵队，趁势杀出，对着金兀术直奔而去。

在这危急关头，金兀术体现出了他作为金国战神应有的气度——好汉不吃眼前亏，拔腿就跑，把二十万大军丢在了顺昌城下。

至此，金军大败，二十万大军自相踩踏，又被刘琦追杀，死伤数万人。一路带来的粮草辎重被刘琦收了个干净，残余的禁军随着金兀术退回开封，龟缩了起来。

刘琦在十三年后，再战成名。史称顺昌大捷！

赵构大喜，他在临安城内好好地嘉奖了刘琦，但还是下诏让他赶紧撤退。他已经派人和金兀术说好了，金军就快要撤兵了，宋金议和一定会达成的。大不了把长江以南都给了金兀术。

此时，几个穿得有些破烂的，自称是前伪齐刘豫淘沙队（同摸金校尉）的人，要求一定要见赵构，他们说带来了一个非常重要的、有关赵构父母的信息。

赵构赶紧把这些人请了上来。这几个淘沙队的人一进殿门，就匍匐在地上号啕大哭，自称自己罪不可恕。

然后他们告诉了赵构一个惊人的事实，赵构的父亲宋徽宗其实早在五年前就死了，哪知伪齐皇帝刘豫，竟然招募人手把他父亲的坟给刨了。

他们几个实在是不忍心，就偷偷地把装着宋徽宗尸骨的布帛偷走，一路带回了临安。而且据说，在刘豫还是伪齐皇帝的时候，他还把北宋太宗、真宗、神宗和哲宗的墓都给挖了，里面的金银财宝都送给了金兀术，金兀术还大大奖赏了刘豫。

如今，他赵构四位祖先的尸骨，全部暴晒在外面，凄惨不堪。

赵构颤抖着双手接过淘沙队手里捧着的、装着父亲尸骨的布帛，强忍着泪水，跌跌撞撞地将其捧到御座的背后。

朝堂之上，鸦雀无声，只有躲在御座背后的赵构的抽泣声。没人知道应该说什么，应该做什么，就连秦桧都保持了沉默。

良久，一位太监走到御座背后，想去看看赵构，却看见包裹着宋徽宗尸骨的布被赵构紧紧地握在手心里，一根朽木跌落在地上。

宋徽宗的尸骨呢？他到底遭遇了什么？

接着，这位太监看到了他一生中见到过的最可怕的一幕。赵构睁着带着泪花、通红的双眼，跌跌撞撞地从御座背后冲出，失态地，甚至是歇斯底里地呼喊道：

"岳飞何在！！！"

……

鄂州城的一处山头上，晚风习习。伴随着夏日里永不停歇的蝉鸣，一轮明月孤独地挂在天上，静静地注视着世上的芸芸众生。

"我想，一个人静一静。"

"岳元帅，战士们担心他们的领袖。"

"我们曾是这片土地上，沐浴着光辉的民族。在这里，我们诞生了一代又一代伟大的先贤，在他们的带领下，我们创造了一个又一个灿烂而温暖的时代。但如今，我们却流离失所，被迫离开我们曾经的起源之河。我们所剩无几，而明天，却又要出生入死。"

"你在怀疑，我们的能力？你在怀疑，我们不能胜利？"

"不……我怀疑的是，这些年来，我们到底在为什么而战？我们是否该发动这样一场战场？我们的动机是什么？"

"到底是什么让你这样心神不宁？难道还有什么理由可以阻止我们去夺回曾经的家园；去向侮辱我们、迫害我们的敌人复仇？去追寻我们曾经的荣耀呢？是什么理由，可以让您去怀疑这样一场伟大的战争呢？！"

"你之所以这么说，是因为带他们上战场的人，是我而不是你！"

"我之所以这么说，是因为我将是第一个踏上战场的战士！我，杨再兴，北宋杨家的后人。我会成为敌人睡眠中最可怕的噩梦，去复兴属于我们的荣耀！"

"去重建，上古先贤们创造的大同盛世……"

"岳元帅，带我们回家。"

"愿苍天护佑，带我们，回家。"

"金人，占领了我们的家园，奴役了我们的人民，夺走了我们的财产，践踏了我们的尊严。但是，他们从来没能摧毁我们的信仰与意志。而今天，我们将再一次团结在一起，向我们的敌人亮出利剑，去夺回我们的财产，去解救我们的人民，去重建我们的家园，去光复我们失去的荣耀与尊严！愿太祖皇帝的英灵赐福于我们……为了大宋！"

南宋中兴之战卷：
踏破贺兰山缺

南宋高宗绍兴十年（公元1140年）六月中旬，十万岳家军全部渡过淮河进入河南，兵锋直指蹲在开封府的金国大元帅、战神金兀术。

金兀术早有准备，这两位毕生的死敌，宿命中的对手，终于要硬碰硬地打一场大战役了。

挡在岳家军与开封面前的是四座高大坚固的重镇。而驻守这四大重镇的，是四位最骁勇善战的金国名将。它们分别是颍昌府（今许昌市），驻守者是金兀术麾下的最强猛男韩常；淮宁府（今陈州淮阳县），驻守者是有龙虎大王之称的完颜突合速；洛阳府，驻守者是原伪齐第一大将李成；郑州，驻守者是万夫长漫独化。

而在这四大重镇的正后方，就是原北宋的首都，现金兀术的大本营，东京开封府！

在金兀术想来，若要攻打开封，就必须要将这四大重镇全部逐一击破。而这四大重镇之间又是互为层次，有纵深的联防状态。

虽然在我之前的文章里，总是在黑金兀术的能力和智商。但此时不得不说，作为金国的大元帅，战神的存在，他还是很有本事的。在军事术语里，有个词叫"弹性防御"，意思是利用战场空间和时间因素，指挥部队快速机动并集中兵力，对进攻者实施有效打击。而金兀术的这个布阵，真的是教科书般地诠释了什么叫作"弹性防御"。

翻开地图来看，金兀术此时面临的问题与北宋时期的将军们一模一样。开封府周围皆是一片坦途，根本无险可守。一般的将领，唯一能做的就是以开封为圆心画个圈，其形象酷似一个鸡蛋壳，然后自己只得乖乖地坐在这个鸡蛋壳里面等着被人揍。

然而金兀术的布阵却很不一样，他充分利用了这四镇分别是三三互为犄角、两两互相防御的特性，让四大将驻守在这四个特别的位置。如果有任意一个地方被打，都会至少有两个以上的援军支援。而如果岳飞一个一个地打过去，那么这四镇的军队会一个接一个地，像多米诺骨牌一样汇聚到一起，形成一支超大的部队。

而在广阔的冲积平原上进行一场大规模的集团作战，金军的铁骑将占据绝对的优势！

高！真是高！真是有好几层楼那么高！简直比金茂大厦还要高！

"岳飞，我就在这里等着你！我将我毕生所学的兵法韬略，皆融合列阵在此。你敢来与我决一死战吗？！"

"成全你！"岳飞毫不犹豫地接受了挑战。如果说金兀术的战术高度，是站在了人世间兵法大家的顶端；那么岳飞就是双翅舒展，高飞于世间万物之上的金鹏雄鹰！

他看透了金兀术高妙的布局，然后做出了一件让当时甚至后世所有的军事家和将军们都瞠目结舌的事情。

你金兀术不是要利用这三三互为犄角、两两互相防御的四镇来搞弹性防御吗？那我就兵分四路，同时攻击你的颍昌府、淮宁府、洛阳府和郑州！

我倒要看看，你还能不能弹得起来！

第一战，颍昌府，背嵬军统制杨再兴对韩常！

一直没能好好介绍一下韩常这位猛人，史称韩常"精骑射，能挽三石硬弓，射必入铁"。弓开三石，这是等同于岳飞和韩世忠的武勇。而事实上，只要不是被人挖抗打埋伏搞突袭，韩常还真没输过。君不见当年富平决战的时候，韩常在眼睛中箭的情况下，硬是凭借一人之勇，杀退了暴走的刘铸，救出了被团团围住的金兀术。

所以，当得知是杨再兴前来扣关的时候，韩常并没有依靠颍昌府的坚城劲弩，而是列队于城外与杨再兴正面对决。

再看杨再兴，枪挑韩顺夫，力压王贵和张宪，曾与岳飞激战十天十夜不分胜负。中兴之战时，他以一骑之力，闪电般地从淮南杀到淮北，直逼洛阳城下。杀得伪齐二十万大军仓皇逃窜，望风而逃。他是岳家军手里最锋利的一把尖刀，他的战斗更像是传说中的剑客西门吹雪，只见得寒光闪过，对方还没来得及反应，就被他一剑封喉。

此时此刻的这一战，不仅仅是决定了颍昌府的命运，更是最强的岳家军将领与最强的金军将领的对决。

到底谁更强？！

宋金两军在颍昌府前毫无花哨地撞在了一起，同一时间，杨再兴立刻就对上了韩常。两个人都没有后退的意思，都丝毫不让，两杆长枪狠狠地撞在一起。

"啪！啪！啪！"韩常被杨再兴压得完全抬不起头来，连带着身后的一万金军一齐后撤，硬生生地被压回了颍昌府。

就在城门即将关上的时候，杨再兴忽然纵马急冲几步，然后一个越步跳到了城门下面，然后他把长枪一横挡住了即将关上的城门。

他身后的八千背嵬军一拥而上，金军猝不及防，城门被冲开了，韩常只得向开封撤退，将颍昌府让给杨再兴。

仅一天，颍昌府光复。

就在杨再兴攻打颍昌府的时候，前军统治张宪领三万大军，联合左军统制牛皋和破敌军统制徐庆围攻淮宁府。

张宪，素有金枪神将之称，传说在牛首战之战中削掉了金兀术的一片耳朵。他是岳飞的女婿，更是岳家军永远的副帅。他一生的命运都紧紧地和岳飞绑在了一起，淮宁府的金军守将是龙虎大王完颜突合速。此龙虎大王不是当年黄天荡之战中，那个被梁红玉一枪挑翻的龙虎大王。但在进军中，能被称为龙虎大王的，也着实是屈指可数。尤其是这个完颜突合速，史载他"常随兀术左右"，是金兀术帐下最为信任的一员将领。

完颜突合速不是韩常，他在得知张宪朝淮宁府开始进军的时候，就立刻通知了在郑州的漫独化和颍昌府的韩常赶紧来支援他。

然而一直等到淮宁府城破，也没等到漫独化。

漫独化，你人呢？

可怜的万夫长漫独化已经死了。完颜突合速送往郑州的求援信确实是及时送到，但是送信的信使被岳家军的中军统制王贵看见了。细心的王贵立刻明白了是怎么回事，他命手下保持安静，放这个信使过去，然后将他的中军埋伏在漫独化支援淮宁府的必经之路上。

等到漫独化急急忙忙地前去支援的时候，王贵忽然杀出，阵斩漫独化，金军大败。王贵顺势收复了郑州。

同一时间，踏白军统治董先和游奕军统治姚政各领八千轻骑兵来到了洛阳府城下。他们的对手是原伪齐的第一大将，有"二五仔"之王之称的李成。

在李成看来，自己虽然不强，但是踏白军和游奕军都属于侦察部队，自己再弱也不至于败给侦察兵吧？

嗯！硬打起来，确实不好说，可是岳飞的计划却不是李成这个会间歇性痴呆的大脑能想、敢想出来的！

就在李成小心翼翼调度洛阳府的防御时，不远处的黄河北岸忽然热闹了起来，无数民用的小船顷刻间铺满了整个黄河河面。

那些个小船上插着一面面旗子，上面写着一个大大的"梁"字。

"啊！是忠义社的梁兴！他怎么来了？！"李成惨呼一声。

看着城墙上李成惊愕万分的脸，董先和姚政笑了。这就是为什么他们两支侦察部队在这里的原因。

原来，早在开战之前，岳飞的心胸就已经飞过了河南，进入了河北。他在开战伊始就提出了"连接河朔"这样伟大的战略，即团结河北一切可以团结的民兵绿林势力，将南宋的触角直接探过黄河！

而这样的任务，本来就是属于侦察部队的。

然而，意外还是出现了。李成，这个"二五仔"之王的绰号果真名不虚传，作为一个汉人他竟然可以为了金人拼了命的死守。在梁兴、董先、姚政的猛攻下，依然坚强地挺着。

岳飞即刻下令，让郑州的王贵前来支援梁兴围攻洛阳，董先和姚政开始在开封的周围游弋，随时待命，准备前往任何一处需要他们的战场。

坐镇开封的金兀术在得知郑州、颍昌府和淮宁府相继失陷后，终于坐不住了。他举起鞭了狠狠地抽了韩常和完颜突合速一顿，然后亲自率领六千骑兵宛如一阵旋风般冲向了颍昌府。

说实在的，我也不知道他是想干吗，我只知道，他还没冲到颍昌府，就被游弋在开封附近的董先、姚政给逮到了。

一顿激战以后，号称"满万不可敌"的金军竟然被岳家军的侦察兵给打跑了，金兀术本人灰溜溜地逃回了开封府。

与此同时，死撑在洛阳府的李成终于快要撑死了。其实李成这波输得不冤，要知道王贵可是岳飞的师弟，他们俩的老师可是原北宋八十万禁军教头周桐（这是真的），他俩还有个鼎鼎大名的师兄，叫林冲！

没说的，十一日后，再也撑不下去的李成终于还是决定弃城逃生了。在王贵的追击下，他连开封都回不去，只好渡过黄河撤回幽云去了。

至此，金兀术用来保卫开封而设下的四大两两联防的重镇，已经全部宣告沦陷。岳飞率领本部人马进驻颍昌府北端的郾城。同时，他即刻写信给在自己侧后方，也就是淮宁府以东位置待命的王德与他一同前进，逼向开封。

王德，字子华，人送绰号夜叉王，说起来也算是一位主张抗金的南宋猛将了。他曾是刘光世手里的一张王牌，刘光世退役后，他带着自己的锐胜军投奔了张俊。此次北伐之役，他受张（俊）赵（构）之命，协同岳飞共战金兀术。

可是，就在这个无比关键的时刻，王德忽然撤退了。没有理由，没有原因，没有通知，王德就这样跑路了，直接把整个岳家军孤零零地扔在了战场最前线。

此时，金兀术再一次体现出他极为敏锐的军事嗅觉，他在王德开始撤退的第一时间，就立刻命完颜突合速和韩常率领一万五千铁浮屠急袭郾城。

此时王贵、梁兴、牛皋、张宪、岳云等全部主力岳家军都正在向开封靠拢。王德的忽然撤退和金兀术的迅速反应，一下子把岳飞本人暴露

126

在了极度危险的地步。

韩常和完颜突合速几乎是以超越电光火石的速度，扑向了郾城。一万五千铁浮屠一字排开，连绵数十里，将小小的郾城团团围住。

午时，鼓声雷动，让韩常和完颜突合速没有想到的是，城矮兵微的郾城竟然大门洞开，一位白袍白马的将军领五千步骑混合的岳家军直接杀出。

韩常瞳孔紧缩，他认得那位白袍白甲的将军是谁，就是那个一日之内把他逼出颍昌府，害得他被金兀术抽了一顿鞭子的背嵬军统制杨再兴。

更让韩常和完颜突合速迷惑的，是杨再兴及他身后这些岳家军手里拿的武器。往常，杨再兴和宋军制式骑兵们手里是一杆直枪，冲锋的时候是枪尖向前做突刺状。可是今天，这些骑兵们手里的直枪枪尖处多了一道镰刀状刀锋，而且包括杨再兴内，这些骑兵们都是枪尖朝下，刀锋朝外，竖着拿冲锋的。

还有那些步兵们，右手斜拿着巨大且坚固的盾牌，左手拿着一把宽背的短刀，看上去就好像是推着那些个盾牌在前面一般。

这是怎么回事？容不得韩常多想，金军和宋军撞在了一起。一时间，那些个无坚不摧的铁浮屠们忽然轰然倒下，他们的眼睛里满是深深的恐惧。

隆重介绍：岳飞的个人发明创造——钩镰枪拐子盾。钩镰枪，枪长七尺二寸，其中枪头为八寸。枪头上尖锐，其下部有侧向突出之倒钩，钩尖内曲。拐子盾，有几乎人身那么高人，内装有支架，可以直接撑在地上，让士兵躲在下面。

是的，拥有两层铁甲、一层皮甲的铁浮屠真的很硬，即使是最劲的

127

神臂弓和最利的斩马刀也不能伤到他们。虽然吴玠和刘琦曾经各自想出了办法，一时破掉了铁浮屠，但在更多的战役里，这些古典版的钢铁侠常常会以泰山压顶之势，直接推平宋军的大阵。

在经历了好几年与金军的战斗后，岳飞以他独特且犀利的眼光发现了铁浮屠唯一且致命的弱点。

你可以把骑士和战马整个的包上精钢，可是你没办法让高高的马腿也全部穿上铁靴子。

而铁浮屠唯一的弱点就是马腿！竖着拿的钩镰枪，可以利用那一节镰刀迅速地砍掉马腿，让那些个百来斤重的铁疙瘩瞬间瘫痪；拐子盾一边可以让士兵伏下身子，躲在巨盾的下面用刀去砍马腿，还可以形成一片临时路障让躲闪不及的铁浮屠们被掀翻在地。

而铁浮屠的另一个特性，为了让整个骑兵大阵齐头并进，金兀术把每三匹铁浮屠都用手腕粗的铁链连在一起。谁曾想这样的特性，在这时反而会因为其中的某一匹铁浮屠被拐子盾掀翻、被钩镰枪砍断马腿而摔落，导致同队的另外两匹铁浮屠也同时被拖着一起摔落。

在岳家军的新式武器面前，金军引以为傲的铁浮屠一排一排地倒下。杨再兴再次大发神勇，他在乱军之中左冲右突，一枪把韩常挑下马来。若不是完颜突合速立即指挥一排弓箭手对着杨再兴扫射过去，估计韩常就要捐在这儿了。

一番激战，金军大败，可是却没有因此而撤退。他们只是退后了五里，依然虎视眈眈地盯着郾城。

杨再兴负伤了。其实，宋军虽然使用了可以完全克制金军的武器，但金军在人数上的优势依然不可小觑。白天这一战，宋军的大胜还有很大一部分是归功于杨再兴以个人的武勇，死死地压住了韩常，才逼退了金军。

当夜，金兀术对韩常和完颜突合速下达了死命令，即使拼光这一万五千金军，也不允许撤退！

然后，金兀术自己集结了他手底下全部十二万人马，偷偷摸摸地绕道到郾城的背面，偷袭岳飞。

在金兀术想来，如果趁着这个大好机会还不能拿下岳飞，开封就丢定了。既然如此，还不如全军出动，和岳飞拼个鱼死网破！

第二日，岳飞撤下了杨再兴，他决定亲自上阵。为此，他把自己最后所剩下的一千亲军全部派了出来。当时有一位亲兵拉住了岳飞的马头，说什么都不让岳元帅亲自上阵。

然而岳飞用马鞭打走了这个亲兵。他知道，昨日一战，杨再兴的体力已经到极限了，不能再让他去冒险了。

当然也有一个好消息传来，踏白军统治董先和游奕军统治姚政已经运动到了郾城附近，他们马上就能赶来。同时，这一日大雨滂沱，道路泥泞，金军的铁浮屠是更加难以冲锋了。

杨再兴，你已经做得够好了，今日就让我岳元帅亲自上阵，去会一会那韩常和完颜突合速。

你只需领三百骑兵去郾城的后方巡逻即可，记住若是遇上了金兵，一定要优先保存自己，切不可力战啊！

杨再兴去了，他永远都是那样的冷酷，永远都是那样的坚强、忠诚、侠义……

而郾城的背后，即杨再兴的巡逻之地，有一条河，名叫小商河……

那一日，在小商河巡逻的杨再兴一头撞上了隐匿行军的金兀术。两边人都是无比惊愕，金兀术没想到会在这里碰到岳家军的巡逻队，而杨

129

再兴更没想到，因为王德的撤退，让金兀术竟然真的一路绕过重围，静悄悄地带着十二万大军走到了这里。

岳飞给予他的命令是，要优先保全自己，切不可力战。可是此时的杨再兴知道，如果他不战，那么这十二万金军一旦掩杀过去，郾城必定不保，岳家军必定不保，而整个宋军的灵魂领袖，他伟大的岳元帅很可能也不保了！

连一瞬间的犹豫也没有，带着满身的伤痛，杨再兴领着这三百巡逻的骑兵，对着十二万金军，冲了过去。

金兀术同样也愤怒了，在他看来，就算岳家军再勇猛，三百带着伤病的骑兵，难道还真能灭了他的十二万大军不成？

在滂沱的大雨之中，这三百岳家军，悍不畏死，犹如飞蛾扑火般地杀入了金军的正中心。杨再兴挥舞长枪，径直奔着金兀术而去。

他身后的三百骑兵成全了他，他们保卫着他，成功地把他护到了金兀术的面前。然后，杨再兴鼓起全身的力气，一枪将金兀术挑落马下。

全部金军都被震骇到了，他们从来没看见如此神武的汉人将领。此时三位守在金兀术身边的千夫长策马上前，企图保护金兀术。杨再兴大吼一声，一枪一个将他们全部挑落马下。

又一个万夫长顶了上来，被杨再兴一枪捅了个对穿。一时间，金营里万箭齐发，杨再兴举手一拎将一名身着铁甲的千夫长从马上直接拎到自己身前，挡住了飞蝗般的箭雨。

只可惜，金兀术却趁着这个时机一瘸一拐地逃走了。金国的四太子，即使是当年被堵在黄天荡里，都没有这么狼狈过。他头上的紫金冠掉了，披头散发，满脸是血，一条腿也摔断了还来不及骑马，只能跌跌撞撞地向远处逃去。

杨再兴紧追不舍，他一枪一个万夫长或是千夫长，所有靠近他的枪戟都会折断，所有靠近他的刀剑都会碎裂，所有靠近他的金军都会立刻死亡。

他就像是三国时期的蜀国猛将赵子龙一样，在十二万金军丛中纵横驰骋，在十二万金军丛中，追杀金兀术！

又是一阵箭雨袭来，杨再兴却毫不退让，他每中一箭就折断那支箭的尾，这样可以减少流血，让他撑得更久。而只有撑得更久，才可以给他的岳元帅足够多的时间，甚至追上金兀术。

没有一个金军敢想象，在杨再兴身边的三百骑终于死伤殆尽的时候，他终于以天神般的武勇，从十二万金军的阵头杀到了阵尾，活生生把十二万金军队伍劈成了两半！

他看见了金兀术，看见金兀术一瘸一拐地逃过了小商河。然后，杨再兴纵马一跃……

一切似乎都回到了从前，回到了他和岳飞的第一次见面，回到了贺州城下、桂岭县旁。

杨再兴的战马陷在了小商河的泥潭里动弹不得，狼狈而逃的金兀术终于来得及下达这场战斗的唯一一个命令。

放箭……

一时间，十二万张弓对准了杨再兴，就在箭雨落下的最后一瞬间，杨再兴左手紧紧拉住他战马的缰绳，迫使战马抬头；右手长枪柱地，死死地将自己连人带马定在泥潭里。

然后他自己也高昂着头，带着骄傲的微笑，面向太阳即将升起的方向。

雨停了，他知道，任务完成了……

131

金兀术跌坐在地上大口喘着气，所有的金军士兵都跌坐在地上，脱下盔甲。为了击杀杨再兴，这十二万人已经用尽了所有的力气。史载，小商河一战，金军士兵死伤并不算多，但是光千夫长就死了十个，外加两个万夫长！

大约也就两个时辰左右，还没恢复元气的金军，惊恐地发现东南方向出现了两面岳家军统帅的战旗，上面绣着斗大的"牛"字和"张"字；紧接着西南方向也出现了两面岳家军的战旗，上面绣着"王"字和"徐"字；最后正南方向也出现了一面战旗，上面绣着一个斗大的"帅"字。

东南方向是张宪、牛皋；西南方向是王贵、徐庆；正南方向是岳飞本尊，他们全到了！

他们都看见了杨再兴矗立在小商河内，宛如图腾般的躯体。然后，擂鼓声响，五支部队，合计七万岳家军杀过了小商河，直奔金兀术而去。

金兀术慌忙列阵抵抗，而就在五路岳家军即将冲进金军本阵的时候，他们忽然停了下来，就好像急刹车一般。

接着，从正南边的本阵中一下子冲出了三百骑兵，为首的是一位挥舞着铁锤的小将军，一头扎进了金军大阵。

那是岳飞的长子，嬴官人岳云！他要证明给金兀术看，杨再兴之所以会输，是因为那三百骑连同他自己都是伤兵，而且若不是泥泞的河道绊住了马腿，金兀术必死无疑！

就这样，十二万大军就这样被岳云冲垮了，于是，张宪再次启动岳家军全部主力，追击过去。

杨再兴死后，岳云接任了背嵬军统制官的位置。

金兀术一路败退至离开封仅仅四十五里的朱仙镇才稳住阵脚。在这里，岳飞仅用了五百背嵬军就击溃了金兀术还剩下了的十万大军。

我饱含遗憾而悲痛地告诉大家，这一仗到底是怎么打的，我这个岳飞的狂热追随者及考据党，在深挖研究了十多年后，依然毫不知情……因为可恶的秦桧把这一切都抹杀掉了，甚至连轰轰烈烈的"中兴之战"都被替换成了可笑的"中兴十三处战功"。

但是，我可以确认这一场战役是真实存在的。一百二十年后（南宋景定元年），有一位南宋很有名的史学家叫吕中，他编了一本书叫作《中兴大事记》，里面有这样一段话：

"其战兀术也，于颍昌则以背嵬八百，于朱仙镇则以背嵬五百，皆破其众十余万。虏人所畏服，不敢以名称，至以父呼之。"

而在脱脱丞相的《宋史》里也有这样一句话："飞命皋出师战汴、许间，以功最，除捧日天武四厢都指挥使、成德军承宣使。"

"汴、许间"，这里指的是开封府和颍昌府。当时出战在这两城之间的有很多将领，单单张宪帐下就有四位统制官连番出战，可是为什么偏偏说牛皋功最高呢？我记得评书里面，最后就是岳云和牛皋冲破了金兀术的金龙蛟尾阵。

还有，在李心传的《建炎以来系年要录》里面，对整个岳飞北伐的记载都是残缺不堪的，尤其是在绍兴十年的七月十二到七月二十日之间几乎是空白。七月二十日之后，直接就说到岳飞班师了。

那从七月十二到七月二十日之间，到底发生了什么？总不至于金兀术啥也没干就一下子把人全部撤过黄河了吧？

凡此种种，各路蛛丝马迹证明，朱仙镇之战是存在的。或许没有评说说得那么夸张和惊险。当然，我也不觉得，郾城之战后，岳飞打金兀术还能用得上惊险这个形容词。

总之，朱仙镇之战后，岳飞终于重新登上了开封的城墙。而黄河北岸的汉人义军们，也已经成燎原之势。史称"在磁、相、开德、泽、潞、晋、绛、汾、隰等重要州郡范围内，金人动息，山川险要，一时皆得其实。自燕以南，金号令不行，兀术欲签军以抗飞，河北无一人从者。"

河南河北的各地父老乡亲们，纷纷牵着牛羊来犒劳岳家军们。还有，以梁兴的忠义社为首的河北义军们，带领着老百姓们，自发地组成护卫队，为岳家军的粮草保驾护航。

内心壮怀激烈的岳飞在这里，在开封城楼的顶端，赋词一首：

"怒发冲冠，凭栏处，潇潇雨歇。抬望眼，仰天长啸，壮怀激烈。三十功名尘与土，八千里路云和月。莫等闲，白了少年头，空悲切。

靖康耻，犹未雪；臣子恨，何时灭？驾长车，踏破贺兰山缺。壮志饥餐胡虏肉，笑谈渴饮匈奴血。待从头，收拾旧山河，朝天阙。"

就在三军将士皆开怀痛饮，欢庆胜利的时候，一位手持大宋皇家龙旗的信使忽然穿过军营，来到了岳飞面前。

"圣旨到！皇上有旨，责令岳元帅即日班师，不得推辞，特赐此金牌一面！"

"什么！"一向冷静的岳飞，此时极度惊愕地看着圣旨。还没等他做出反应，又一个急报传来。

"圣旨到！皇上有旨，责令岳元帅即日班师，不得推辞，特赐此金牌一面！"

"圣旨到！皇上有旨，责令岳元帅即日班师，不得推辞，特赐此金牌一面！"

……

同样的急报，一共传了十二次。

南宋高宗赵构卷：

十二道金牌召岳飞

前情提要：南宋绍兴十年（公元1140年）六月，宋高宗赵构急调岳飞发动北伐，誓言夺回河南。岳家军先后收复了颍昌府、淮宁府、洛阳府和郑州。在背嵬军统制官杨再兴壮烈牺牲后，岳家军全歼了全部金军在河南的主力部队，并成功"连接河朔"，使得河北各路义军与宋军团结一致，共同抗金。至此，金兀术被逼无奈，只得撤过黄河，开封就此光复。

"圣旨到！皇上有旨，责令岳元帅即日班师，不得推辞，特赐此金牌一面！"

刚刚还满是欢庆的军营，一下子变得鸦雀无声。众将士和前来犒劳的河南、河北义军以及老百姓们张着可以塞下鹅蛋的嘴，死死地盯着那些手捧金牌的信使们。

传令金牌，全称为金字牌急脚递，史称"如古之羽檄也，以木牌朱漆黄金字，光明眩目，过如飞申，望之者无不避路，日行五百余里"。这是当年北宋与西夏交战时，皇帝用来将最紧急的命令传达给前线将军们的令牌。一时素有"金字牌，从天来，令如雷，震边陲"之称。

北宋神宗元丰年间，宋军五路伐夏，后又与西夏决战于永乐城。其声势之浩大，战事之持久，终北宋一朝，也是鲜有发生的。即便如此。神宗皇帝前后也不过才下了两道金牌。而赵构为了阻止岳飞，一连下了十二道，足见这已经不仅仅是皇帝对岳飞有多么重视了。

应该说，这是皇帝对岳飞有多么惶恐了。

这时岳飞所面临的压力，甚至比十来天前，王德突然撤退而导致他险些被金兀术围杀在郾城的时候，还要巨大。

如果他完全的遵照了圣旨，就此撤退，那么不仅如今所有得到的战果将付之一炬。更可怕的是，这会让好不容易团结起来的河南、河北义军及老百姓们，彻底对南宋政府失望，寒心。同时，这还会助长金军肆无忌惮的气焰并削弱宋军好不容易建立起来的信心。

于是，岳飞立刻写了一封信，阐明了如果此时强行退兵的严重性：

"金虏重兵尽聚东京，屡经败衄，锐气沮丧，内外震骇。闻之谍者，虏欲弃其辎重，疾走渡河。况今豪杰向风，士卒用命，天时人事，强弱已见，功及垂成，时不再来，机难轻失。臣日夜料之熟矣，惟陛下图之。"

可是这一番赤诚之言与不世捷报，换来的只有赵构冰冷的十个字：

"孤军不可久留，宜速班师。"

惊愕、沮丧、悲伤、愤怒、茫然……各式各样难受地情绪充满了岳飞整个儿的胸腔。良久，他愤惋泣下，向东而拜，号泣曰：

"所得诸郡，一旦都休！社稷江山，难以中兴！乾坤世界，无由再复！臣十年之力，废于一旦！非臣不称职，权臣秦桧实误陛下也！"

不得已，岳飞只得班师回朝。临走的那一天，河南河北的老百姓们全部走到路边，他们拉住岳飞和岳家军众将士的马头，流着眼泪问："岳元帅，您不能走。您走了，我们可怎么办啊？"

岳飞也是泪流满面，可是皇帝的命令，他难道不听吗？悲伤至极，无奈之下，岳飞只得下令，暂缓五日班师。

"带上这里所有愿意走的百姓，我们一起回家！"

五日之后，正当岳家军启程回京的时候。一支锦衣华服的万人队，带着南宋禁军的旗号出现在了岳家军周围，为首的是一位穿金戴玉的将军，他傲慢地质问岳飞：

"圣上让你们宜速班师，岳元帅为何如此拖拖拉拉啊？岳家军听令，你们已经被我监管起来了。现在我命令里面全速退回淮河以南，若敢抗命，立斩不赦！"

"杨沂中！如果我们这就全速撤退，这些百姓们怎么办？若是金军掩杀过来，他们一个也活不了！"

"我只管传达皇上的命令，这些人，与我何干？"

杨沂中，这个人其实并不陌生，但是这名字很陌生，他就是之前的杨怀忠。其实，不记得他也不能怪大家，因为他还叫过杨保忠、杨全中、杨靖中、杨存中等。反正赵构哪天开心了，就会给他换个名字，而这人每次都跪在地上感激涕零地谢过赵构……

在中兴之战这段历史里，宋金两国名将辈出，那些个猛人大多都有自己的官方外号。比如龙虎大王、金兀术、小梁（这里指梁兴，可不是那个"小梁王"）、赢官人、夜叉王等。

这个叫杨×中（忠）的也有一个响亮的外号——髯阉。啥意思呢？就是长着胡子的下人宦官。

屈辱、愤怒、不甘笼罩着岳家军的每一位将士，他们的眼睛里几欲喷射出熊熊的烈火，恨不得把这个杨沂中烧成灰。

岳飞抬手拦住了自己的士兵们，他下令，留下踏白军董先，领一千

137

轻骑兵断后，其余人立刻全速撤退。

杨沂中开心地笑了，在目送岳飞远去后，他迫不及待地带着手下的一万禁军，直奔开封而去。

哦，我懂了，这是个来抢功劳的。只是很不好意思，如今的禁军，虽然还顶着宋朝官方最强军队的名号，可实际上早就不是北宋初年的那个禁军了。看来杨沂中同志虽然有着很高的政治觉悟，却没有好好学习历史，好好读书。

本来已经灰心丧气，准备在河北且战且退，然后死守幽云的金兀术忽然看见开封城上的旗号换了。敏锐的他，立刻派出探子多方打听。很快，探子带回来一个书生。书生告诉金兀术，别急着跑路，南宋皇帝连下了十二道金牌召回岳飞，如今岳家军已经全面撤退了。

金兀术大喜，不过碍于实在是被岳飞打得太惨，他没有立刻下令全军渡河，而是先派了韩常带着四千骑兵去探探路。

那边厢杨沂中一看，哟，金兵来了嘛，人数看着还不多，赶紧呼啦一下拽着手底下的一万禁军迎了上去。

根据之前一连串不得了的捷报，杨沂中以为，此时的金军已经被打成了丧家之犬，只要他随意动动手指，挥挥小旗就可以把金军一个个按在地上摩擦摩擦，在光滑的地上摩擦……

这里，我再次声明，作为金兀术帐下第一大将韩常，他真的很猛、很猛、很猛，他真的只是打不过杨再兴而已。您别看杨沂中也姓杨，那和杨再兴的差距还真的有点大。

一万禁军打四千侦察兵，这位被赵构记录在"光辉显耀"的中兴十三处战功里，被誉为护国柱石的杨将军，竟然愣是被韩常一路追着砍到崩溃。他麾下的一万禁军，死的死跑的跑，全部走散，而杨沂中本人也就此消失，下落不明。一直等到赵构把追悼会都要准备好了的时候，他又一个人衣衫褴褛、狼狈不堪地回来了。

调侃杨沂中归调侃，沉痛的事实我们还是要面对的。因为赵构不惜一切代价，兴师动众地用十二道金牌召回岳飞，直接导致了整个河南、河北地区忽然的大恐慌。接着，好不容易连接起来的河朔民兵们，再一次陷入了大混乱。最后，金兀术在韩常击败杨沂中后，迅速地渡过黄河，重新占领了开封以及河南的各处重镇。

而刚刚得到解放，只来得及喘口气的老百姓们，又不得不回到被金人残忍蹂躏和剥削的悲惨命运之中。

岳飞心如刀割，可当他踏上临安皇宫的金殿时，更可怖的黑暗才刚刚袭来。宋高宗赵构亲切地接待了岳飞，并给他加官晋爵，甚至还要任命岳飞为副枢密使。

与此同时，岳飞看见，那个在战场上临阵脱逃的王德，和坐在大后方吞食民脂民膏的张俊，竟俨然是一副铁血军人的模样，还受到了赵构无上的嘉奖！

"今则敌骑寇边，未见殄灭，区区之志，未效一二。臣复以身为谋，惟贪爵禄则，诚恐不足，为将士之劝，而报恩无所，万诛何赎！"

言罢，岳飞向赵构提出辞职，要告老还乡。赵构无论怎么奖怎么劝，岳飞都不接受了。直到赵构急了，指着岳飞说："难道你只顾着自己的志向和理想，而全然不顾朝廷了吗？你只想身居深山之中，难道就此忘却身为人臣的职责了吗？（虽卿有志，固尝在于山林；而臣事君，可遽忘于王室焉？）"

岳飞无奈，只得接受谢恩。赵构满意地点了点头，下旨诏告天下，犒赏三军。然后，他竟然还怡然自得地和天下人说："朕的百姓们，你们不要慌乱。好好地工作，乖乖地交税，金兀术并不可怕。别看那个金兀术闹得欢，只要朕亲自点一支军队，做到赏罚分明，就可以生擒金兀术！（朕若亲提一军，明赏罚，以励士卒，必可擒兀术。）"

好的，成全你，伟大的南宋开国高宗皇帝赵构先生！金兀术收到了您的召唤，他现在已经打过来了，请问您准备怎么办？

南宋绍兴十一年（公元1141年）二月十五，金兀术在开封城喘息了几个月后，再次发动南侵。

赵构不慌不忙，他先是派出了他最信任的，刚刚才逃回来的杨存中（不解释，你懂）为先锋，令三万禁军前去阻挡金兀术。接着，他又找来他自认为又能打又听话又安全的大将张俊，命他带领十万大军渡过淮河，协助杨存中。

此时金兀术已经突破了淮西，打破了寿春，马上就要攻打庐州了。张俊不慌不忙，他命手下的骑兵以一百人为一组，组成流星斥马候，在淮河南岸跑来跑去刺探情报。

跑了十来天，金兀术一拳打了过来，张俊本部立刻全线散架，退过淮河。金兀术乘胜追击，不想在渡过淮河的时候，被偷偷埋伏在一边的刘琦忽然捅了一刀。

金兀术大惊失色，然后在定睛一看，刘琦人咋不见了？

他被张俊调走了，因为怕刘琦抢功劳。那敢情好，兄弟们给我上！金军再次掩杀过来，杨沂中首当其冲，雄赳赳气昂昂地冲了过去，然后又立刻稀里哗啦地败退回来。

感情这人从绍兴十年到绍兴十一年，就一直在挥汗如雨地跑来跑去，搞得像是个啦啦队一样。

赵构终于坐不住了，他连夜不断地下旨，一封接一封地去请岳飞，要他赶紧去淮西救援。

其实，他只要一封就够了，写那么多简直浪费笔墨。岳飞在第一时间立刻出征，来到淮西。这时，赵构的新指示到了，要岳飞谨遵张俊的号令，不要随意出兵，更不要提光复河朔，直取幽云这样的话。

只要能赶走金兀术，一切就都好说！

就在岳飞率领岳家军全数到达淮西的时候，张俊立刻下令要岳飞原地待命不准行动，更不准靠近战场前线。

岳飞只得停止不动，并立刻向赵构请求指示。那边厢，张俊调来了夜叉王王德，并利用优势的兵力冲击金兀术。

夜叉王这仨字终归还不是盖的，他一箭射杀了金军左翼的一个万夫长，然后又亲自披挂上阵，击退了金兀术的铁浮屠，迫使金兀术撤退。

张俊大喜，一路穷追不舍，一直追到了巢县（今巢湖市）。蓦然间，漫山遍野的金军突然杀出，张俊被打了个措手不及，连他的夜叉王都被打退了。

危机之间，张俊立刻派人去找刘琦和岳飞，要他们俩赶快向自己靠拢。岳飞和刘琦得令，马上就冲了过来。可是，还没等岳飞冲几步，皇帝陛下的命令又来了。赵构要岳飞缓速行军，不得冲动，一切要听张俊的指示。

岳飞在这一时刻体现了非常强大的军事素质，他立刻放缓了行军速度，并同时向赵构和张俊寻求下一步的指示。然后，他提出了一系列可以阻挡金兀术的方案。

这一次，岳飞非常识趣地没提光复河朔这种话，而就只是在说如何解决处理当下的问题上。

那边厢，刘琦急匆匆地赶到了前线，瞄了一眼后，立刻就毫不犹豫地撤了回来。

这不能怪刘锜，因为张俊这一败，全部主力都撤退。刘锜手里就只有两千人，而金兀术手里有十万！

刘锜的撤退直接导致了金兀术就此可以顺着淮河一路南下，抵达长江。在一旁待命的岳飞，再次得到皇帝陛下的圣旨，立刻追击金兀术。

可惜，已经迟了，金兀术此时已经到达了长江边上。

天佑大宋，士气高昂的金兀术，在这里非常悲催地碰见了他的毕生死敌韩世忠。韩世忠二话不说，扬起风帆对着金兀术就是一顿横冲直撞。金兀术只得后撤，此时张俊再次重整旗鼓，在淮西上游的水道堵住了金兀术。接着，跑来跑去的杨沂中和勇猛的刘锜也一左一右地围住了金兀术。

眼看宋军的援军越来越多，韩世忠军士气大振，他亲自擂鼓对着金兀术冲了过去。金军人心惶惶，不敢与之二战。而在这电光火石之间，金兀术做出了一个最正确的判断。他命令全军集合突围，目标——张俊的本阵！

金军的铁锤，在最关键的时刻，砸向了最关键的目标，起到了最关键的作用。

张俊尿了！他的本阵被金军冲开，一路败退逃去。杨存中本想去阻挡一下金兀术，奈何他实在太软，几乎是一触即溃。这最主要的两阵一乱，直接波及了正在冲锋，且人数不多的韩世忠军。

被迫无奈，韩世忠只得撤军自保。在这最后的时刻，刘锜发动了冲锋，他敏锐地察觉到了金兀术的策略，他相信只要自己能忽然突入金兀术的本阵，那么这场战斗的胜利，还是属于大宋的！

可是，张俊忽然下令，要刘锜撤军回太平州，不得有误，不得违抗！

就这样，金兀术又一次逃出升天，可是他却完全高兴不起来。虽然他冲出了宋军的四路合围，却很悲哀地发现，堵住他回到河南的，是一道他毕生永远无法跨越的"屏障"。

岳飞率领全部岳家军，终于赶到了战场。他死死地堵住了金兀术的退路。

意外再次发生，张俊下令，命岳飞火速离开现在的驻地，并立刻前去保护他的粮草。

护你个地瓜番石榴的，岳飞真的急了，他写信给张俊，说此时金兀术人困马乏，粮草不济，锐气尽失，正是一举消灭他的大好时机！

这封信才刚刚送出，赵构的信又来了。他要岳飞待在原地别动，既不允许出战，也不允许撤退。

紧接着，就在同一天，张俊的文书又到了。他要岳飞火速前往庐州，探子来报，有大批金军准备进攻庐州。

岳飞愕然，他是动也不是，不动也不是。就此，他尽了最后一分努力。他令踏白军统制董先，星夜兼程，把这一堆乱七八糟的情况反映给皇帝，并请求指示。

三月十二日，最微妙的时刻到来了，一路北撤的金兀术终于靠近了岳飞为他们选择的"墓地"。但是，全体岳家军在此时都选择了沉默，他们眼睁睁地看着金兀术就这样拖着满身伤病逃回了河南。

因为，直到董先回来，赵构都没有给出任何指示。金兀术北撤后两天，也就是三月十四日，岳飞终于收到了赵构的圣旨，准许岳飞狙击金兀术，但不可以领兵北上，必须见好就收。

全体岳家军在接到命令后，皆是义愤填膺，却又无可奈何。很明显，这是赵构和张俊刻意造成的。

他们深知岳飞的忠诚，深知岳飞绝不会抗命，深知岳飞会谨遵军人的天职。然后，他们利用了这一点。

岳飞对天长呼道："国家不得了矣，官家又不修德！"

就这样，轰轰烈烈的，动用了南宋在建炎、绍兴以来全部名将的一次大会战，就这样莫名其妙、滑稽可笑地结束了。

这一切，都被秦桧静静地看在眼里。在完颜昌死后，在赵构得知亲生父亲和祖宗的皇陵被侮辱后，秦桧就深知自己失势了。他非常聪明地保持了沉默，只是任由这些人杀来杀去，打来打去。

他太了解赵构的脾气了，他太了解所谓的帝王心术、鬼神机变了。

秦桧默默地翻着户部一页一页的账本，还有这些年来大大小小的战报。伴随着轻蔑的一笑，他早就知道，无论输赢，这场战斗最终都会因为两个国家的筋疲力尽而被迫中止的。

而中止的那一刻，就是宋金真正和谈的那一刻；而宋金真正和谈的那一刻，就是他秦桧踢走所有的障碍，坐拥整个帝国，成为万人之上的时刻！

让我们一起拿起放大镜，点燃我们的烟斗，去一同寻找那埋藏在千年故纸堆中的惊人秘密……

南宋高宗赵构卷：

天日昭昭，天日昭昭！

前情提要：南宋绍兴十年（公元1140年）七月二十日，宋高宗赵构连下十二道金牌急招刚刚大破金兀术、收复河南诸郡的岳飞南归，并派出杨沂中监管岳家军。金兀术得知岳飞撤军后，于第二年二月十五南渡黄河，先败杨沂中，再破张俊，一路猛攻至长江一带。赵构立刻起复岳飞，但因为对其过分畏惧，而不断用圣旨约束岳飞的行动。最终金兀术在大肆劫掠一番后，击破宋军包围圈，全身而退。

鲜花、掌声、欢呼、宴会。秦桧与宋高宗在临安城内大摆庆功酒，以犒赏将士们在这场战役中听话的表现；城内的百姓们欢呼雀跃，高声呼喊着他们英雄的名字。

张俊、王德、杨沂中高昂着头，沐浴在漫天的花瓣里，缓缓步入宣德门。他们身后，是沉默的韩世忠。

岳飞还没回来，虽然赵构的收兵令早就到了，但他还是等了整整十天，　直确认到金兀术是真的全军撤退回河北了，才班师回朝。

对于岳飞的举动，赵构在表面上没有任何的苛责。他在岳飞抵达临安的时候，立刻就召见了他，还有韩世忠和张俊。

赵构在朝堂之上，大大地表彰了这三大将光辉伟大的壮举，并提拔张俊为西府枢密使；岳飞和韩世忠为副枢密使。接着，赵构依次封赏了岳家军的各个统制官和幕僚们。他们有的被封为知州（李若虚为宣州知州；朱芾为镇江府知州），有的（张宪、王贵、牛皋）各自领军直接听命于枢密院。

在这一群耀眼的名字里面，有一位孤独的小人物，他悄悄地收拾好岳家军这些年来各种战报和记录，然后悄无声息地回到了西溪老家。他把这些来之不易的记录，全部传给了自己的儿子，要他好好研读。

这位小人物叫毕进。那不妨猜猜，这位毕进的儿子是谁？

回到朝廷之上：

"朕昨命虎臣，各当阃寄，虽相望列戍，已大畅于军声。……凡尔有众，朕亲统临。肆其偏裨，咸得专达。……简阅无废其旧，精锐有加于初。……高爵重禄，朕岂遐遗。尚掳忠义之诚，共赴功名之会。"

圣旨一令之下，岳家军全部以及韩世忠部、张俊部军，就此全体解散。曾经的幕僚们成了地方官，被严格监管起来，并禁止和岳飞、韩世忠还有张俊有任何书信往来；曾经的将领们，从此全部收归禁军，由当今皇上宋高宗赵构，亲自统领。

为表忠心，张俊立刻叩首谢恩，接受了枢密使一职。岳飞和韩世忠在一声轻微的叹息中，也领旨谢恩。

绍兴十一年（公元1141年）四月，张俊、岳飞、韩世忠三人开始手拉着手，褪下盔甲，穿上文官的长袍，进入枢密院办公。韩世忠没有带官帽，而是用了一个特殊的手法扎着头巾，称为一字巾。一时间，有不少文官笑他；也有不少人学着他扎，倒是引领了一阵宋廷的时尚风潮。

一切都很平静，金人也很消停。在接下来的三个月里，宋廷之上，宛如童话里的故事一般，温暖而美好。没一个人挑事儿，也没一句争吵。

七月，赵构忽然下旨，要副枢密使岳飞前往楚州去整编那里的军备。把现役的精锐士兵们带回临安禁军，其余闲杂人等就就地解散了吧。

楚州，那是韩世忠曾经的大本营，就像鄂州是岳飞的大本营一样。

岳飞领旨，正要启程。秦桧忽然来了。他伏在岳飞的耳边悄悄地说："鹏举，且备反侧。"

岳飞大惊失色，当场高声棒喝秦桧："世忠既归朝，则楚州之军，即朝廷之军也。若使飞捃摭同列之私，尤非所望于公相者！"

秦桧的脸唰地一下就黑了，他冷哼一声，就此离去。留下岳飞一人在原地气得发抖。

我来解释一下，这是怎么回事。所谓"且备反侧"，意思是小心韩世忠有谋反犯上之举；但秦桧有一个更深层的意思，那就是"我希望你岳飞能'查'出来，韩世忠有谋反的举动"。

这就是岳飞为什么会大惊失色，然后当场高声棒喝秦桧："秦首相，韩世忠已经回归朝廷。楚州的军队，即是朝廷的军队，你可想清楚，你败坏的是什么！如果我和你及你的同类一样，肆意伸手采摘（即'捃摭'）同僚们的成果，那秦首相就彻底看错我岳飞了！"

至此，秦桧和岳飞彻底决裂，再无任何事宜可谈。而岳飞为救韩世忠，一边即刻写信给韩世忠，警告他赶紧自救；一边自己慢慢地走，以给予韩世忠足够的时间。

韩世忠收到岳飞的警告信后，立刻跑去见赵构。可怜一世英雄的韩忠武，在面对金兀术数十万大军都不会皱一下眉头的铁血男儿，一进赵构的殿门，就立刻跪倒在地上号啕大哭。

韩世忠举起只剩下两根手指的左手向赵构哭诉、恳求、表达忠诚。

147

赵构微微一笑，他很享受这种感觉。一直以来，他都觉得自己是在被韩世忠胁迫，被他的威名和军势所胁迫。一直以来，都是韩世忠在数落他的不是，甚至背着他在宋金议和的时候暗杀金国信使。

如今，他凝望着韩世忠肝胆俱裂、狼狈不堪、魂飞魄散的样子，心里甚是满足。他站起来，伸出自己保养很好的双手，将韩世忠搀扶起来。

"韩将军这是作甚？朕对你的忠诚，一直是毫不怀疑的。朕已查明，所谓谋反者，只不过是一个叫耿著的。朕已将他刺配海南，一切与你无关。"

就这样岳飞保住了韩世忠，可他自己却……

绍兴十一年八月，金兀术忽然卷土重来，兵犯淮南。赵构急派张浚领三十万大军前往淮南中路的镇江府抗击。

然而这一次，金兀术却真的是小打小闹。由于这二十多年来，金国不停地打仗，南边和宋朝掐，北边和耶律大石的西辽掐，导致整个金国贫穷不堪。尤其是曾经富庶的燕云十六州，如今却是饥荒一片，啥也没有。

金兀术实在是因为穷疯了，外加没吃的，才想到跑来淮南东路抢点东西。他的女真骑兵一个个都是面色蜡黄，营养不良。所有人都相信，只要张俊把三十万大军沿淮河一字列阵，金兀术就肯定连快瓦片都抢不到。

可是，张俊就是不动。他把三十万大军全部压在镇江府，不许他们出战。任凭金兀术在淮南烧杀抢掠，扬长而去，他就是不管。

他本人还振振有词地说："宋金即将议和，此时多一事不如少一事。"

将这一切都看在眼里的岳飞，再次上书辞职，恳请他告老还乡，解甲归田。他的心真的冷了。

赵构很生气，他回信骂了岳飞一顿，说自己是多么的爱他，多么的信任他，甚至让他当上了军方首脑枢密院副使的位置。请问，你都有了枢密院副使的位置，还有什么理想不能实现呢？接着，赵构指出，岳飞一而再再而三地辞职是想干什么？藐视朝廷吗？（今卿授任甫及旬浃，乃求去位。……有其时，有其位，有其权，而谓不可以有为，人固弗之信也。）

在一旁冷眼观看的秦桧，却不这么认为。在他看来，岳飞是必须打倒的，只要岳飞不倒，那么他的头顶上就会永远悬着一把宝剑，即使睡觉也不得安稳。

岳飞，这是你意气用事，自找的！

秦桧联合三司三省御史台，所有的言官一齐弹劾岳飞。经过夜以继日地查抄法律条文和岳飞的人物生平，终于找到了三条：

一、日谋引去、以就安闲（总是辞职，想着自己过着舒坦不顾朝廷安危）。

二、坚拒明诏，不肯出师（不尊诏令，私自按兵不动，回避战斗）。

三、倡言楚州不可守（危言耸听，多次上书楚州无法固守）。

以上三条，笃定岳飞有罪，理应被搁置处理，罢免其枢密院副使一职，改为万寿观使，让其回家养老。

至此，岳飞终于是彻底地离开了临安城，孤傲地离去。秦桧目送着岳飞，阴冷地笑了笑，自言自语道：

"我看你下次回来的时候，还能不能这么骄傲！你自以为自己如霁月清风般高洁纯净，可你的部下却不一定能做到这样。至少肯定有人做不到！"

岳飞一走，秦桧立刻开始了大规模行动，他迅速地把岳家军十二统制官全部拆得支离破碎，然后天南地北地把他们分开软禁。接着，他又命张俊找来岳家军的三把手王贵谈心。

张俊笑盈盈地拉着王贵的手说："岳飞曾经打过你三十大板，还曾经想要杀过你，你想不想报仇？"

王贵摇摇头说："那次是因为我私自出战，不听号令，差点误了大事。这是我的错，与岳元帅无关。"

张俊不急，他往背后靠了靠，保持着微笑，缓缓地说："王将军，岳家军上下，怕不是那么干净吧？你看这广南东路和广南西路，可都是些瘴瘴林子，你们全家应该不喜欢那里吧？"

王贵沉默了，良久说不出一个字。

张俊收起了笑容，慢悠悠地接着说："我就和王将军挑明了吧，这是秦首相的意思。你告倒岳飞，我保你全家无事，不然？呵呵……"

九月初一，张俊的前手下大将王俊忽然状告张宪伙同岳云谋反，他二人准备起兵救出岳飞，然后踏平临安！

与此同时，张俊拍着胸脯向朝廷担保，除了王俊，他还找到了一个关键的证人。那就是岳家军的第三号人物、岳飞的师弟、前岳家军中军统制王贵！

此状一出，天下震惊！秦桧立刻命令张俊缉拿张宪和岳云。一阵滚滚雷声过后，没人搭理这俩人。

为什么？因为满朝文武都不信！他们不信岳云和张宪会反！满朝文武立刻向皇上申请，走正规的司法程序，由三法司和刑部来正式审理。

秦桧冷笑，张俊怒急。你们不是不愿意去抓人吗？那我张俊就亲自去抓！

九月中旬，张宪、岳云被关入枢密院下张俊的私人地牢，被严刑拷打。可是这二人就是闭口不言，一字不说！

他们证明给张俊和秦桧看，真正的岳家军，是不会像王贵那样，怕死、贪图富贵的。

张宪、岳云入狱后，秦桧即刻派出杨沂中，带着圣旨去请岳飞进京。按道理，此时，关于张宪和岳云的消息已经传得漫天皆是，岳飞不可能不知道。

他可以选择逃跑，他可以选择躲藏，他甚至可以选择造反。我相信，所有当时和后世的人都相信，只要他岳鹏举登高一呼，一定可以揭竿而起，反出大宋！

可是他没有，面对来势汹汹的杨沂中，岳飞什么都没做，就这样跟着他走了。临行前，他曾经的亲兵、他的家人还有沿途的老百姓们堵住他，哭着不让他走。

岳飞只是惨然一笑，叹道："使天有目，必不使忠臣陷不义；万一不幸，亦何所逃。"

我相信，他什么都知道，什么都清清楚楚、明明白白。

岳飞一入临安，就立刻被秦桧关进了大理寺的大牢。此时，张宪和岳云也被转移了进来。岳飞被从已经被打得血肉模糊的女婿、长子面前带过。

这是秦桧赤裸裸的恐吓，他以为这样就能吓倒岳飞。

主审是大理寺卿何铸，他仗着秦桧的威风怒骂岳飞，一通通地数落着岳飞的罪状。

然后他扒下岳飞的衣服，要杖打岳飞三十杀威棍。

就在岳飞的衣服被撕下的瞬间，何铸看见了深入肌肤的四个大字——精忠报国。

奇迹出现了，就好像黑夜里的人遇见了圣光，迷途的人看见了太阳，原本还恶狠狠的何铸忽然就哭了。他泣不成声，断断续续地念叨着："何至于此，何至于此。"

岳飞微微一笑，答道："皇天后土，可表此心。"

何铸派人将岳飞带下去好生安顿，然后他流着眼泪来到秦桧府上与秦桧争辩。

"岳飞无罪，相公何至害他于此？"

秦桧大怒，他不知道发生了什么，他只知道一个正常人类是奈何不了岳飞的。

那就，只能派个禽兽来了，万俟卨，你上！

于是，岳飞的苦难就此开始……可是，不论万俟卨再怎么禽兽，岳飞就是不诏。

韩世忠在得知岳飞被捕后，惊愕万分，他招来秦桧质问他岳飞何罪之有？

秦桧毫不在意，说出了那句被骂千古的话："莫须有。"

此时此事，南宋全境已是传得满国风雨，议论纷纷，就连远在天边的张浚都在怒骂秦桧，给岳飞求情。秦桧和赵构倍感"亚（压）历（力）山大"，再这样下去，难道要把岳飞父子和张宪就这样释放，判个流放了事吗？

就在此时，一个难得的，评书与真实历史吻合上的桥段出现了。秦桧的夫人王氏开启了泼妇模式。她唠唠叨叨地指责了秦桧一个晚上：

"你还是个朝廷首相呢，怎么连个牢狱中的人都不敢杀？我真是瞎了眼了嫁给你。当年我爹爹若不是看中你是个状元，我又怎么会看得起你？看来我真是倒了血霉跟了你这个窝囊废……"

我觉得，正常情况下，秦桧是不会在意王氏这些话的，但是这会儿却不一样了。

是啊？我为什么不敢杀岳飞？我做这一切，不就是要杀他吗？

绍兴十一年十二月二十九日，宋高宗赵构下旨赐死岳飞，腰斩张宪和岳云，由杨沂中监刑。

临刑前，岳飞在状供上留下八个字"天日昭昭，天日昭昭"。

终于，两宋三百一十九年十世十八帝，自太太祖皇帝开国立碑至陆秀夫丞相抱着末帝投海，唯一一位被杀的士大夫就此出现。

莫须有杀岳飞，史载：天下冤之。

好了，我的文章还没结束。在这里，我也恳请大家擦擦眼泪，准备好开展下面的工作。

岳飞已经被秦桧等人谋杀，现在，应该轮到我们来调查一下案发现场了。各位，披上我们的侦探风衣，拿起我们的放大镜，侦查开始了。

注明！以下皆是我个人根据各个史书的揣测和推论，只是我个人认为的真相。仅供大家参考，欢迎大家提出各自的结论和异议，并一同缅怀我们伟大的抗金英雄。

关于岳飞之死，最负盛名的解法，是说由于岳飞多次提出要迎徽、钦二宗还朝；赵构担心自己的爹爹和哥哥回来后抢了自己的皇位，以及秦桧其实暗地里已经投降了金国，最终才导致了岳飞冤死，惨案发生。

这个观点实在是太普遍了，普遍到每一个知道这段历史故事的人都毫无疑问地相信了这一点，就连热播剧《人民的名义》里，也有高育良书记用这段教育侯亮平的剧情。

而且这个观点的逻辑乍一看，很严谨，情理道理也都说得通通的，所以这就变成了大家最普遍的看法。

现在，我要告诉大家，这一条，我确定是存在疑义的。原因如下：

首先，所谓"迎徽、钦二宗还朝"这事儿，在徽、钦二宗还活着的时候，岳飞根本没有当着赵构的面提过这档子事儿。

其次，就算徽、钦二宗真的还朝了，就他们俩那丢人丢到史书里的德性，最多做个太上皇，还想当皇帝？不如洗洗睡了吧，梦里面啥都有。这话不开玩笑，历史上皇帝从来只认现任，只有太子监国一说，从没听说过代理皇帝。哦，对了，你们肯定会说明代宗是怎么回事啊？来来来，咱仔细翻翻书，明代宗即位的时候，是因为于谦已经把明英宗"升"为太上皇了，而后来明英宗北（释）狩（放）回来后，是依靠造反（夺门之变）才重新当回了皇帝的。要知道，明朝的皇帝，都是只有一个年号的，只有明英宗是俩，因为他继位了两次……

再次，秦桧投降金国，奉金兀术之命，要害死岳飞，不然就……不然咋地？来来来，你告诉我，秦桧要是不害岳飞，金兀术能咋地？他一没人质，二没文化，三没智，四打不过刘琦、岳飞、韩世忠、吴玠、吴璘的一个武将，他能把秦桧咋地？

还有，岳飞第四次北伐的时候，宋徽宗已经死了。而且，大家还记得不？当年就是因为宋徽宗死得凄惨不已，北宋皇陵被挖，赵构才痛下决心，请岳飞出山要"海扁"金国一顿的。如果按照以上的逻辑，那赵构在接到老爹死讯后，应该欢呼雀跃，手舞足蹈，还报个什么仇啊！

所以岳飞这个最有名的死因，显然是最不靠谱的。

那么，我来说说我认为的。

岳飞之死，是他求仁得仁，是他最终极的忠诚，就像宋太宗时代的潘美、曹彬一样，以自己的血肉之躯，捍卫国家的律法和尊严。

自北宋徽宗的时代以来，宋廷的国库不是被徽宗玩掉了，就是被金军榨干了，整个河南路和河北路几乎全部都是饿死的军民。那是真的一分钱也没有了。

靖康之后，南宋开国，国家需要钱。有钱才有军队，有钱才能有建设。可是北宋国库是连点砖头沫沫都没有了。在这样的情况，赵构要怎样才能快速地有钱呢？

只有一个办法，加大税收！于是江南一带和蜀川一带的税收真的是高得吓死人。我查阅了一下记录，江南西路和荆湖南路这三省的税收已经超过了八成！这代表着整个长江一带的老百姓们，根本是处于吃不饱穿不暖的环境下。

可是，赵构不能不收！因为不收，就没钱，没钱就不能打仗，不能打仗，就会亡国。所以他必须收，而且必须越收越多！

再看军方，十万岳家军，拥有所有襄阳六郡及其鄂州在内的所有税收，岳飞是不用上交朝廷，可以自己支配的；川陕吴家，吴玠、吴璘也不用交税，整个蜀川和陕州的税收都归吴家自己支配；楚州韩世忠、镇江的张俊也都是这样。

岳飞的襄阳六郡占据了淮南的税收；韩世忠和张俊占据了江南东路的税收；川陕双雄吴氏兄弟占据了四川和陕州的税收。请问，赵构还有哪里可以收到足够的税收，可以维持国家运营下去呢？

难道他真的要像汉武大帝那样，打了胜仗，却带着整个国家倾家荡产？！何况汉武帝还有文帝和景帝为他积攒了数不清的财富，可赵构什么都没有啊？！

所以，岳飞如果打下去会怎么样？河南路的税收，是算岳飞的还是算朝廷的？再往下，河北路怎么办？平州路怎么办？燕云十六州算谁的？

155

更何况，即便如此，岳家军等南宋主力部队的钱粮依然不够，他们除了自己的，还要从国库里调一部分出来，才能维持军队的正常运转。

请问，赵构从哪里还能拿得到钱？

再回过头来看大宋的律法，赵普定下国策，废除府兵制，这一点是坚决且彻底的，就连范仲淹出面都没得商量，可是岳飞却坏了规矩。他是第一个破了这道律法的，不管是不是皇帝授意，也不管情况多么紧急，客观上来讲，这违反了大宋的祖制。

好了，我们假设岳飞在绍兴十年不撤退，一路北上，号召老百姓们的援助，收复河北，收复平州路，打下了燕云十六州，灭掉了金国。

请问这片土地算谁的？算赵构的？那是岳家军打下来的哦，您得派人来接管，那么问题来了，谁敢接？有人敢，岳飞也情愿，那岳飞的手下情愿吗？大家可别忘了，岳家军的三把手、亲师弟王贵可以为了自己的荣华富贵，出卖岳飞，难道就没有人会因为领土的膨胀而自有打算吗？一个悲哀的问题，岳飞真的能制住所有的手下吗？就算岳家军个个都是忠诚良将，那岳家军的后代呢？你能保证岳家军的后代个个都是忠诚良将吗（很快吴璘的后人就会出来质疑我们）？还有，南宋有那么大的胃口，可以消化得了这么大的领土吗？

如果我们把这个问题延伸下去，就会发现，如果绍兴十年的北伐继续下去，会引发一系列巨大的问题，甚至会让南宋直接分崩离析，甚至重新回到五代十国那个军阀混战的时代都是有可能的！

所以，岳飞必须收手，不能再打下去了。可是，岳家军以及当时一系列军阀如张俊、韩世忠和吴璘的军威和土地已经成了一个很大的问题。按照南宋的国策，如果要继续生存下去，就必须把这些军阀全部收归中央，回到将兵制才行。

这里面，最大的障碍就是岳飞。不仅是因为他有最大的战功和最强的军队，更因为他对朝廷的百依百顺以及毫无保留的忠诚。

所以，岳家军若不散，则军阀不能解除。

而，只要岳飞一倒，这股军阀各自各地的风气就自然而然地散去了。因为最强最厉害的那个倒了，剩下的那些也不用蹦跶了。

综上所述，岳家军的解散是必然的。

那岳飞一定要死吗？我认为，这不是一定的。因为岳飞其实真的可以不死。赵构完全可以把他打一顿，全家老小贬到琼州，也是可以达到以上目的的。而如果，他再智慧一点，有自信一点，完全可以学习太祖皇帝的杯酒释兵权。

可是，赵构并没有那么智慧，也没有那么自信。他看重大宋的江山，更看重自己的皇位，所以他放任了秦桧杀掉岳飞。因为这样，对于赵构的利益来说，目前是最保险的办法。

而岳飞本人，对此其实是非常清楚的。"使天有目，必不使忠臣陷不义；万一不幸，亦何所逃。"这句话，是最好的证明。

"我知道，只有我的死去，才能让你安心。你无须害怕，因为我会亲自将我的身体送到你的皇座之下。"

虽然我拥有最强的军队、最肥沃的土地、最多的民心，但我依然不会反叛您，不会伤害您。即使您要取走我的生命，我也毫无怨言，心甘情愿。

而我所做的这一切，都是想告诉您——

我伟大的陛下啊，请您擦亮双眼鼓起勇气，这个世界远远没有您想象的那么可怕。

……

南宋高宗赵构卷：天日昭昭，天日昭昭！

最后，对于我本人，我最愿意相信的，是这个版本的解释。

一时，释迦牟尼在天宫讲经，十方众生皆来集会，甚是欢喜。这其中有一只黑色的大蝙蝠，他在释迦牟尼佛讲经的时候，不小心放了个屁。

大蝙蝠甚是惶恐，也就在这个时候，释迦牟尼身边护法的金鹏大鸟（就是大英博物馆里那张黄金神鸟的图）忽然飞起，一翅膀拍死了这只大蝙蝠。

释迦牟尼叹了口气，说："十方众生来此听经闻法，都是一心善念，祈求善知识的。你怎么可以因为它的一个失礼而轻易地杀生呢？"

金鹏大鸟高傲地伫立在一旁，不以为然。

释迦牟尼接着说："善因有善果，恶因有恶。如今你因傲慢而造了恶因，就必须去人间接受恶果。我也无能为力，愿你秉持善念，终生不忘。"

言罢，金鹏大鸟就开始从天宫中滑落，突进黄河水的时候，看见一条蛟龙在河水中翻江倒海，无数老百姓丧命其中。

金鹏大怒，一下子啄瞎了那蛟龙的眼睛。蛟龙愤怒不堪，发誓一定要报此仇……

北宋崇宁二年（公元1103年），河南汤阴县岳家村凌晨一早。村民岳和家的夫人生产了。伴随着婴儿的啼哭声，还有三声嘹亮的鸟鸣。当岳和起身出门观看的时候，恰见一只巨大的鸿雁飞上高空而去，一个老道人刚好路过他家门口。

"你的孩子，要生了吧？"

"是的，老人家，刚刚出生。"

"噢！"老道人望着大雁飞去的方向，沉思了一会儿，说，"天赐祥瑞，必有天人出世。我给你孩子取名为'飞'，字'鹏举'，愿他来日展翅高飞，匡扶社稷，兴复我中原汉室！"

"谢谢您，太谢谢您了！"岳和没什么文化，正愁着起名字呢。

老道若有所思地一笑，别过岳和离去了。就在老道即将消失在岳和的视线中时，岳和听见远方有一句若有若无的话。

"一月之后，蛟龙出世，黄河必将泛滥，你要你的夫人抱着飞儿坐在你门前的大瓦缸里，就一定能避过此劫。到时自有高人相救，切记！切记！"

十日后，黄河突然决堤泛滥，岳家村全村被淹，岳和只来得及把夫人姚氏和孩子装进瓦缸，自己却被冲走了。

也不知道漂了多少日，等到姚氏醒来的时候，看见自己躺在一个茅草房里面。一位满头银丝的白胡子老头在煮粥。

"夫人醒了？来趁热喝，好几日没吃了吧？"

"我在哪儿，您是？"

"我是在河边的一个瓦缸里面发现你们母子的。"老头把粥端给姚氏，抱起孩子仔细端详了起来。

"老朽周桐，识得几个字，舞得几下棍棒。夫人若不嫌弃，我愿收您的孩子为徒，教他练字习武，您看可好？"

"啊！那就麻烦老先生了，请受姚氏一拜！"

后来，我们都知道了，那只大蝙蝠，来时投胎就是秦桧；那条黄河里的蛟龙，就是金兀术；而那只护法的金鹏大鸟，就是岳飞。

159

南宋高宗赵构卷：

秦桧传

前情提要：绍兴十一年（公元1141年）三月，宋高宗赵构下旨招岳飞、韩世忠和张俊进京受赏。册封张俊为枢密使，岳飞和韩世忠为副枢密使并随即将这三大将的封地和军队收归中央，重新调度。七月，在宋高宗的默许下，秦桧欲加害于韩世忠，被岳飞识破。一番争斗之后，岳飞辞职，韩世忠平安。怀恨在心的秦桧通过威逼利诱岳家军前中军统制王贵，迫使其为诬陷岳家军做证。遂先以谋反之罪抓捕了岳云和张宪；又以"莫须有"之名抓捕加害于岳飞。十二月二十九日，岳飞被赐死；岳云、张宪被腰斩。史载：天下冤之。

"朕今三十五岁，而发大半白，盖劳心之所致也！"

赵构舒服地靠在宝座上，看着临安满城的花灯，略带哀伤、满是感慨地说道。

时绍兴十二年（公元1142年）正月十五上元佳节。此时岳飞已然过世，韩世忠告老还乡，临安城内一派歌舞升平，喜气洋洋。群臣不断地向赵构敬酒，满脸堆笑着说哪里哪里，皇上少年英才，这天下之事哪有难得住您的？哈哈哈哈哈……

在一旁的秦桧并没有开口附和。他感到时间仿佛在此凝固，伴随着赵构的这一声叹息，秦桧的思绪飘向了过去，飘向了曾经的远方……

北宋哲宗元祐五年（公元1090年），秦桧出生在黄州（今湖北黄冈）江上的一艘小船里。冥冥之中，这似乎预示了他的生命历程就像这江中的小船一样，飘摇不断。他的父亲秦敏学曾任湖州吉安县丞、信州玉山的县令以及静江府古县（今永福县）的县令，他所到之处，皆以清白仁爱为名。秦桧出生后，父亲悉心教导他读书写字和为人，和天下所有的父母一样，他希望秦桧有朝一日可以成为一位伟大的人。

由于秦敏学本人是个清官，加上他又不善于溜须拍马，所以一直在地方的基层做事，家里也十分清贫。这导致秦桧长大后，一边当着私塾先生，一边进京考功名的。

他曾意气风发，而又带着一丝怨气地写道："若得水田三百亩，这番不做猢狲王。"

或许是因为他天资聪敏，又或许是因为仁爱清明的父亲给他积攒了很大的福分。在宋徽宗政和五年（公元1115年）的时候，秦桧的祖坟算是冒青烟了。

他中了状元！点中秦桧的，正是风采绝伦、笔墨丹青、翎毛书画样样在行的宋徽宗赵佶。而那一年，他才仅仅二十五岁。

中了状元的秦桧，立刻一发而不可收，他先是立刻被任命为太学正（相当于今天的大学校长），接着马上就迎娶了郓国公、历仕英宗、神宗、哲宗三朝宰相王珪的孙女王氏。

凭借妻子几代的关系网和自己强大的处理事务能力，秦桧很快就坐到了御史中丞的位置。此时的秦桧绝对可以说是少年得志。可是，谁也没有想到，秦桧在金榜题名时，洞房花烛夜之后，迎来的却是一场巨大的灾难。

宣和（注意，上文是政和）七年（公元1125年），金兵南下，主上昏庸，斩平州路主将张觉以图讨好金人。秦桧不断上书，联合三十五位御史大臣反对宋徽宗，可惜没用。张觉死后，无信无义的金人对北宋不宣而战，先破平州路，过白沟河围困太原，再下中山府、大名府和保州。

位处前线的兵马大元帅广阳郡王童贯，被吓得不战而走，引得北宋最强的五路西军各个群龙无首，被金人逐个击退。种家、折家、姚家拼死奋战，最终全部战死。

宋徽宗赵佶本人为免责出逃，强立自己的长子赵桓为帝，即宋钦宗。软弱无能的宋钦宗，不仅没能坚定死守都城的信念，反而贬走了刚刚立下战功，保住了开封的李纲和种师道，并下令全国军队不许前来开封勤王。

悲愤无比的秦桧，在目睹了这一片生灵涂炭之后，大骂朝廷卑懦无能，遂准备上书辞职，就此了事。

他的辞职书刚刚才递上去，就收到了宋钦宗急切的召集令。被吓瘫了的宋钦宗急需一位够胆识和分量的大臣，携带一位皇子前去金营谈判。

可是，在那时的宋廷朝野之上，所有不怕金人的大臣，不是战死了就是被赶走了，没人愿意去做这个替死鬼。

本已经决定辞职归隐的秦桧，在得知这个消息以后，毅然决然地站出来，表示愿意带着肃王赵枢前往金营，与金人交涉。

在金营里，秦桧与完颜宗翰针锋相对，寸步不让，惹得完颜宗翰大怒，命金兀术把他毒打一顿关入大牢。

靖康之后，开封城破，徽、钦二宗被虏，文武百官死的死降的降。

金人欲立一位傀儡皇帝，欲以此控制宋朝。

秦桧再次站出来，联合十来位有骨气的大臣，坚决反对。他们和完颜宗翰不断地周旋、斗争，希望可以立一位赵氏子孙为帝，以保大宋血脉不断。

对此，宁死不屈的秦桧，无论面对怎么样的严刑毒打，他都不肯向金人妥协。

直至他拖着残破的肉体，坚持到了最后一个人。

因为一众投敌卖国、欺软怕硬的宋廷大臣们的威逼利诱，以及对完颜宗翰不断地献计。完颜宗翰终于找到了一个合适的怕死软骨头，即张邦昌。他威胁张邦昌，如果他不当皇帝，就血洗开封城。

张邦昌只得答应，就此即位，国号大楚，史称张楚。

在前往北边的囚牢里，秦桧看着、目送着、回忆着这一切为国为民的大臣们，是怎样将自己的鲜血，洒满了整条一路向北的大道。

而那些作威作福，高高在上的统治者们，却依旧不为所动，依旧自私自利，依旧想着怎样才可以安全地凌驾在芸芸众生之上。

回望这一切的一切，秦桧崩溃了，他的内心就此扭曲。从这一刻开始，他认为自己明白了。这天下是别人的天下；这江山是别人的江山；这天下的子民，只不过是别人的消耗品，唯有此时此刻的荣华富贵，享乐安逸，才是真实的。

从此，那个为民请命、忠肝义胆、满腔正义、碧血丹心的秦桧，死了。取而代之的，是一个不择手段的党棍、权奸、佞臣。

我理解他的思想，我同情他的遭遇，但我对此绝不会苟同，绝不会原谅，绝不会为他说情平反。

信仰和原则是伟大的、光明的、正义的。但同时，它也是严格的、

163

丝毫不近人情的，甚至说是残酷的。

小时侯，每当我们要用说谎来掩盖我们的错误的时候，道统告诉我们"所谓诚其意者，毋自欺也"。长大了，当我们一人独处，想要肆意妄为的时候，道统教导我们"君子必慎其独也，小人闲居为不善，无所不至"。当我们走向社会，面对各种各样的人，或心存嫌弃、或讨好谄媚的时候，道统要求我们对人要做到"好而知其恶，恶而知其美"，决不能因为一己之好，而对人有所"辟焉"。当我们拥有了事业，成为这个时代的支柱的时候，道统警告我们"一言偾事，一人定国"，要"帅天下以仁"。

最后，直到有一天，我们将面临巨大的困难，或是土地财产的流失，或是尊严被践踏，或是身体生命的病痛衰亡。道统提醒我们"德者，本也；财者，末也"，提醒我们，在这一刻是否还记得"克明德"。

范仲淹、王安石、宗泽、岳飞、文天祥、陆秀夫、于谦、杨涟、孙承宗、史可法们都记得，都做到了。所以，他们成了我们中华民族伟大的图腾，他们的事迹和功勋将被世代传唱。

而秦桧不仅仅是忘了，更是舍弃了。他彻底舍弃了道统，舍弃了信仰，为了追求一时身体上的舒适。

每到这时，我都会想起某部电视里的一句话："你说，我当时怎么就没咬咬牙，挺过去呢？"

秦桧的思绪又回到了当下，繁华而温暖的临安就在眼前，所有一切过去的，就让它过去吧！

"陛下！"秦桧举起酒杯，向赵构敬酒，"微臣有一个天大的好消息，要在这里好好地恭贺陛下。"

"哦？是什么好事呀？"

"启禀陛下，近日来，我与金国大元帅完颜宗弼（金兀术）相谈甚欢。而金国的皇帝也愿意与我们真正达成议和了。为了表示诚意，他们会把您的母亲，韦皇后送回来。"

"啊？！真的吗？"赵构"蹭"地一下就站起来了，他强压下激动的双手，红着眼睛盯着秦桧，"秦爱卿！你可是认真的？"

"陛下，老臣哪敢拿韦太后跟您开玩笑啊？这是千真万确！昨日韦太后已经启程了，不日就会平安地到达临安啦。"

"快快！快，秦爱卿，快去传朕的旨意。朕要亲自设大礼迎接！"

至此，我们迷了心智的赵构，终于为自己一系列昏庸的决策找到了一个神圣而不可争辩（至少他自己是这么认为）的理由——

"你们都给朕听好了哈！朕委曲求全，把头发都弄白了，那是为了什么？那还不是为了救回我亲爱的妈妈！你们这些天天都说我自私懦弱不要脸的，简直枉为人臣，枉为孔孟之徒！"

言罢，他就举起大旗，摆起豪宴，设下奢华到不可描述的迎接大典。然后，韦太后就当头给了赵构一记如来神掌。

"本宫在北方，常常听到韩世忠和岳飞的神威之名。皇儿啊，快带母亲去引荐引荐！"

赵构内心：……

在一旁的秦桧也傻眼了，他千算万算，没算明白这个韦太后是个棒槌。秦桧赶紧三步并作两步走上去，一顿忽悠加解释，总算是堵住了韦太后的嘴。

而这个韦太后也着实让人哭笑不得。当年她离开五国城（战俘营）的时候，各个被掳走的宋朝皇室子女东拼西凑地给韦太后凑足了路费。

走的时候，这些个可怜的皇室子女，纷纷上前拉住韦太后的车辕，要她平安到了临安以后，一定记得设法把他们从五国城里救出去。

韦太后走时声泪俱下，指天发誓，一定会把他们救出来的。倘若不成，要她双目失明不得好死。

至于后来怎么样了？我只知道这位韦太后瞎了。

回到宋廷这边，岳飞死了，韩世忠倒了，刘光世早就退休去养老了，就剩下了一个张俊。

此时的张俊可谓是风光满面，统领南北，真个儿是威风凛凛，神武潇洒。他坐镇军中，躺在功劳簿上胡吃海喝、贪污受贿，好不自在。

就在他达到人生顶点的时候，天塌了，把山峰之上的张俊砸了个正着。这个蠢货，竟然连兔死狗烹、鸟尽弓藏都不懂，还以为自己可以就此作威作福一辈子。

宋金议和已经达成，而权力的巅峰，掌控大宋芸芸众生的位置有且只有一个。而这个位置，注定是我秦桧的，难道还容得你张俊分一杯主管军权的羹？

秦桧二话不说，随便张罗了几个罪名，就把他拿下了，免去枢密使一职，调到清河去当土财主了。

只是这个人的结局真的让人难以接受。就在这一年的十一月，张俊被加封为郡王。他死于绍兴二十六年（公元1156年）七月二日，终年六十九岁，追封循王，谥号"忠烈"。

宗泽谥号"忠简"，韩世忠谥号"忠武"，吴玠谥号"武安"，而岳飞则是"武穆"。可是张俊却得到了"忠烈"，对此我也只能摆出一个矜持而不失优雅的微笑——呵呵。

至此秦桧终于神功大成，"功（恶）德（贯）圆（满）满（盈）"，从此他控制住了宋廷上下的一切军权和政权。而他的秦姓，也从此成了南宋第一大姓。南宋国境内，但凡姓秦的，都可以到地方上报去领个官职。而他本人的旁氏宗亲外加七大姑八大姨什么的，也都跟着一起鸡犬升天，享受人世间至极的荣华富贵。

别忙，秦桧是聪明的，他知道，把狗喂饱了喂肥了就会不搭理主人了。所以，秦桧会在暗地里偷偷地安排一班御史，瞅准机会使劲地弹劾这些官僚，迫使他们走人或者外调。

这样一来，很快御史台的言官就和这些权贵们结仇了，开始互相对喷。而其最终导致的结果就是，平均每三年，朝廷里面从御史言官到两府六部，除秦桧本人以外，都在不停走马观花地换换换。

没有任何人可以有能力、有时间形成自己的党派，并对秦桧造成威胁。

时间就这样一分一秒、一天一夜地过去了。临安城内一片风平浪静，老百姓们安然地生活着，朝廷内外，包括到金国，都没有发生什么幺蛾子的事儿。

就这样一直到了绍兴二十年（公元1150年）的正月夜，秦桧在观赏完花灯后，像往常一样坐着轿子打道回府。在途经众安桥的时候，一个黑影忽然从桥下跳了出来，袭向秦桧的坐轿。

在护卫们惊愕的目光中，这个刺客从袖子里抽出一把匕首，一下子刺向了秦桧的轿子。

只可惜，他的准头歪了点，匕首是刺进了轿子，却没能伤到秦桧。

惊魂未定的秦桧赶紧命人把他捆了起来，严刑拷打，问他为什么要行刺自己？还有没有同谋？

翻来覆去，这个刺客只有这样一句话："天下人都恨透了金人，要杀他们报仇雪恨。唯独你一人不肯，所以我一定要杀了你！（举天下皆欲杀虏人，汝独不肯，故我欲杀汝也！）"

秦桧气炸了，直接把这个刺客推到闹市斩首示众。然后从此，他出门一定带上五十个披坚执锐的保镖。

这个刺客，根据民间传说，就是岳飞的部将施全，关于他的来龙去脉与前世今生，《说岳全传》里已经说得很清楚了，我也就不凑这个热闹了。

我想说的是，这件事情的结束造成了两个很可怕的影响。

其一，此时的南宋，自朝廷到百姓，皆因秦桧的高压政策而丧失了血性。施全的行刺，可以说是民间尚存的一丝血性，而秦桧却把这残存的血性给无情地抹杀了。自此，南宋举国萎靡，放眼望去，皆是一片烟花巷陌，丹青屏障。

其二，这个结果是最可怕、最无耻的。施全的行为，让秦桧深刻地意识到，整死岳飞，废掉韩世忠，甚至搞垮军队是不够的。他需要的是，把这一切都彻底抹去，换成他的历史。

注意！是他秦桧编写的历史，而不是事实！于是，他篡改了史书，中兴之战变成了中兴十三战功；岳飞从抗金英雄变成了一个无知的屠夫；韩世忠从英勇的将军，变成了一个不知好歹的莽夫……

他抹去了岳飞所有的功绩，销毁了他的尸体，把他的画像、事迹全部消灭，把他的家人充军到北方。

这就是为什么，直到今天，我们对中兴之战这一段历史一直是模棱两可。对于那时发生的事件，一直都存在着巨大的争议。

做完这一切以后，秦桧觉得，自己终于可以高枕无忧了。呵呵，他错得太离谱了。岳飞与中兴诸将的伟大事迹隐藏在中华大地的每一个角落，被有志之士们顶礼膜拜。

就说岳飞的尸体，秦桧绝对想不到，那个他派去毁尸灭迹的小吏竟然敢背着自己去搞小动作。

那个小吏把岳飞的尸体恭恭敬敬地包裹好，藏在临安一处不起眼的墙角，上面种上了一株桂花树。然后他回去告诉自己的儿子，倘若还有天清月明的一天，一定要到桂花树下取出岳元帅的尸骨，将他郑重安葬。

而秦桧更没有想到，一双猩红色的、满是愤怒的眼睛，已经死死地盯住他了。此人已经开始了一系列暗地里的动作，就等着那个合适的时机可以让他站出来，站出来重整河山，让秦桧和其一党的人万劫不复！

但是他还需要隐忍，还需要丰满自己的羽毛。不过不需要等太久了，他拿着手下送来的信，嘴角露出了一丝笑意。

信上说：金国东海陵王完颜亮忽然发难，杀完颜宗弼（金兀术）与金熙宗，血洗金国，把与他完颜亮没有直系关系的所有宗亲全部杀了个干净，金国人心惶惶，乱作一团。

秦桧老了，自绍兴十一年以来至绍兴二十五年，十多年来的荣华富贵，终于拖垮了他的身体。

此时，曾有冠盖天下之才的秦桧，连话也说不出来了。宋高宗赵构亲自来看他，秦桧无法开口，无法行礼，只有时而看看皇帝，时而看看自己的儿子，然后默然流泪。

赵构懂了，几十年的老朋友了，他立刻就明白了秦桧是在担心自己的儿子在他死后受人欺负。他即刻册封秦熺为太师。至此，秦桧才露出一丝笑意，安然离去。

绍兴二十五年（公元1155年）十月二十一日，秦桧死，终年六十六岁，追赠申王，谥号"忠献"。

秦桧走了，赵构十分悲痛。不管别人怎么看这个权奸，对于赵构来说，秦桧是个好同志，是最了解他的人，是他赵构的知己。

现在，知己走了，赵构倍感寂寞。由于一系列不可描述的原因，赵构到现在还没有儿子。好在，他在绍兴二年的时候，把一个嗷嗷待哺的孩子牵到宫中，为的就是怕自己没孩子。

如今，这个嗷嗷待哺的孩子已经长大，这位皇子面色英俊，神行潇洒，对赵构又是十分体贴，百依百顺。

不仅如此，他还对秦桧特别好，秦桧在的时候，他从不顶秦首相，还一直虚心地向秦首相好好请教、学习。

秦桧别的不说，就学问和本事而言，那他绝对是中华上下五千年可以排上前二十的存在。

赵构看着这位他自己一手带大的孩子，他就仿佛看见了年轻时的自己，就好像这位皇子真的是他亲生的一样。

本来，赵构就很看重他，现在秦桧死了，这位皇子就是赵构最大的依靠，赵构开始更加努力且用心地培养他。

他会是我的继承人，他会是我的化身，他会是这个富饶国家的所有者，他……

"报！陛下，不得了了，不得了了，出大事了！"

"怎么了？别慌，怎么了？"

"陛下！金国皇帝完颜亮率领五百万大军杀过来了！现在已经全部击破我军在淮北的各个据点，我军根本无法抵抗啊！"

"什么，你说，金国皇帝是谁？"赵构蒙了，金国皇帝换人了？怎么回事？还有，他怎么会有五百万大军？

"报！陛下！不得了了！出大事了！金国皇帝完颜亮，率领五百万大军已经渡过淮河，重镇顺昌已经失守，我军损失惨重。"

"报！陛下，金军先锋已经兵临采石矶，我军无人可以触其锋芒，长江一带各个守备知府，请求指示！"

赵构瘫了，他知道，不会再有人来救他了。是他亲手杀了岳飞，逼死了韩世忠，废掉了刘光世，最终放任秦桧压抑了宋人的血性，助长了萎靡的风气。他的脑袋里开始不断闪现三十年前靖康二年的一幕幕。

"传朕的旨意，长江一带，全军撤退。朕即日起退位，传于建王，并命其务必死守临安！"

三十年前，当宋徽宗为了甩锅，传位于宋钦宗的时候，整个后宫哭天抢地，伴随着宋钦宗的哭闹和挣扎，北宋拉开了灭亡的序幕。

三十年后，金军再次南下，声势浩大，宋高宗无心恋战，只欲逃走而完全不顾江山社稷，并再次甩锅给自己的皇子，也就是建王。

只是，这一次没有哭闹，没有挣扎，没有折腾。有的只是一双愤怒到发红的双眼，以及一颗炽诚、决绝、坚强、勇敢的心。

绍兴三十一年，金海陵王完颜亮率领一百六十万大军，号称五百万南侵南宋。金国全民皆兵，自十六岁以上的男子皆披挂上阵。宋高宗深受震骇，立刻退位传位于宋太祖赵匡胤的七世孙——建王赵昚，史称宋孝宗。

"传朕的旨意，招刘琦、虞允文进京。无须慌张，朕必然端坐于此，寸步不移。江山社稷，祖上宗庙皆在于此，如何能逃？诸位，朕愿与众爱卿同生共死，死守临安！"

南宋孝宗赵昚卷：
隆兴北伐

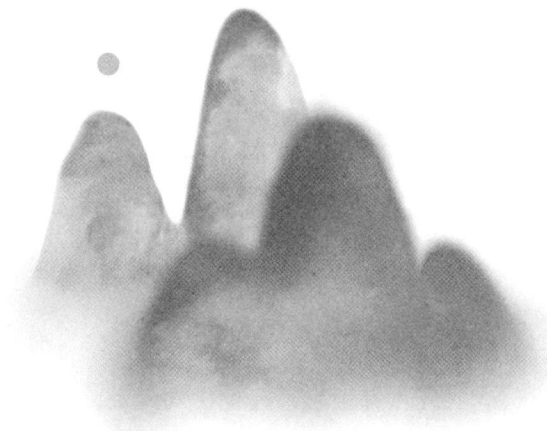

前情提要：绍兴十二年（公元1142年），为显示与宋廷议和的诚意，恭送宋高宗赵构的生母韦太后回开封。至此，在秦桧不择手段、以拆散南宋军队为代价，宋金终于达成议和，两国的关系至此进入了一段平稳期。绍兴十九年（公元1149年），二十七岁的金海陵王完颜亮杀完颜宗弼和金熙宗夺权称帝。绍兴二十五年（公元1155年），秦桧病逝，又六年后，金海陵王完颜亮领一百六十万大军，号称五百万南征南宋。宋高宗震骇，遂传位于建王赵昚，即宋孝宗。

万里车书一混同，江南岂有别疆封？

提兵百万西湖上，立马吴山第一峰！

金海陵王完颜亮，有人说，他是一代枭雄，因其翎毛书画、诗词吟咏的精美豪迈之情，可谓世上绝有；也有人说，他是个疯子、屠夫、色魔、战争狂人、种族主义者，甚至把他和法西斯连在一起说。

就连金国人自己都在史书里避讳完颜亮，把他视为深夜里最可怕、阴霾的噩梦。

但不论完颜亮是枭雄还是战争狂人或者法西斯什么的，赵构都受不了了，他不需要在深夜里做梦，大白天就能感受到完颜亮的马刀呼啸着砍在他身上的冰冷。

在痛定思痛沉思数日以后，赵构得出结论，自己死定了，还是赶紧找人给自己背锅吧！于是，赵构即刻招来了养子建王，传位于他，命其死守临安。

然后他自己立刻带着金银财宝和后宫佳丽们溜到了大船上，随时准备扬帆出海，再次进入太平洋去渴求太平。

这场景是不是很熟悉？三十年前的靖康之难就是这样，主上昏庸、懦弱、无能，臣子们乱成一团，后宫里哭天抢地，人人都只想着如何保全自己。

然而，南宋终究没有走上北宋灭亡的道路，因为这一次有一个人。

愤怒的赵昚！

当年他连皇子都还不是，只不过是赵构没有儿子的一个替代品时，他就暗暗发誓，有朝一日，他一定要终结这闹剧一样的朝廷；有朝一日，他要复兴大宋，让这个国家迎来真正的太平而不是一潭死水；有朝一日，他要渡过黄河，打过燕云十六州，直捣黄龙！

完颜亮，他们说，就连金国人都对你万分的恐惧；他们说你杀人不眨眼，短短两年把完颜宗翰、完颜宗望、完颜宗弼以及金太祖、金太宗、金熙宗的后人杀得一个不剩；他们说你横征暴敛，金国妇孺小儿皆忌惮你的名字，而只敢躲在黑黑的地窖里瑟瑟发抖。

可是我不怕！我的祖上曾经开创了一个伟大的王朝；我的祖上曾经提刀上马；我的祖上曾经真正地征服过你们！我为什么要怕？

完颜亮，我赵昚就在这里，我就在临安，我哪里也不会去，我倒要看看，你的百万雄兵到底能不能上得了吴山，过得了我临安的西湖！

光阴似箭，岁月如梭，转眼之间，离轰轰烈烈的顺昌之战，已然过去了二十一年。这二十一年，可以让一位光辉显耀的老人，成为传说；可以让一位嗷嗷待哺的孩子，长大成人；可以让一位满腔热血的青年，变得诚实而稳重。

二十一年过去了，刘锜也再不是曾经意气风发的那个刘锜了，而当年那六位跟随宗泽在磁州起兵，威震金营的少年们，如今有四位也已不在人世了。

满朝文武，举国子民，都可以害怕金人，可是刘锜不能怕，他代表着南宋仅存的最高战力，是还剩下的唯一一位与金国进行过大规模作战并在野战里击溃过他们的将军。

可是，他却病了，病得很重很重，重到每天只能喝得下一点点稀粥，常常一整天都只能卧躺在床上。

当宋朝皇帝的使者来到刘锜家里的时候，他的儿子哭倒在父亲的床前。

"父亲您曾为朝廷立下汗马功劳，可是他们却对您呼之则来挥之则去，更有秦桧小人一直在加害于您。如今，直到他们有难了，才想起您来！您已经六十五岁了，您已经为这个国家付出了够多了，求您不要再去领兵打仗了好吗？"

刘锜笑了，他轻声而温柔地，像是说给儿子听，又像是说给自己听：

"因为我受到了召唤。"

然后，他就像汉代的老将军卫青一样，强撑着、挣扎着从床上起来，向皇帝的圣旨跪拜行礼。

"臣刘锜接旨，即日领兵出征，迎战金海陵王完颜亮。"

……

十月，完颜亮本人已经渡过淮河，打到了扬州城下。他听说自己的对手是宋军的中兴名将，号称战功累累的刘琦。

对此，完颜亮心痒难耐，在他看来，战争是艺术，是男人之间血与肉的较量。他在扬州城外题词一首《念奴娇·天丁震怒》：

天丁震怒，掀翻银海，散乱珠箔。六出奇花飞滚滚，平填了山中丘壑。皓虎颠狂，素麟猖獗，掣断真珠索。玉龙酣战，鳞甲满天飘落。

谁念万里关山，征夫僵立，缟带沾旗脚。色映戈矛，光摇剑戟，杀气横戎幕。貔虎豪雄，偏裨英勇，共与谈兵略。须拼一醉，看取碧空寥廓。

然后，他拉开阵势，坐等刘琦前来，方与之为一战。

滑稽的一幕出现了，完颜亮的探子来报，说扬州城和周围的小乡村什么的都空了，别说宋军，连米粒子都没有一颗，看样子是刘琦撤了。

搞什么啊？刘琦，你不是英雄吗？怎么连和我一战的勇气都没有了？完颜亮有些憋气，他下令全军进驻扬州城。

等他进扬州城一看，全金军的人都彻底傻眼了，进而是全军出奇的惊恐和愤怒。尤其是完颜亮，他几乎气成了一头暴怒的公牛。

扬州满城的墙壁，大街小巷都贴写满了"完颜亮死于此"的咒语。

"好你个刘琦，我倒要看看你怎么让我死！高景山，你给我追，狠狠地追，我要那刘琦匹夫和他的宋军小儿们血流成河！"

金军前锋高景山，这是个猛人，十来天前，就是他攻破了宋朝在淮南的重镇顺昌。现在，伟大的完颜亮交给了他一个光荣的任务，追杀刘琦，把宋朝在中兴之战里最后的光芒抹杀掉。

高景山注意到，扬州城和周围的小村子都空了，这说明刘琦是带着老百姓们一起撤退的，这也预示着刘琦注定是走不快的，而且长江在前方瓜州渡口上，也不会有那么多船来接应他。

那么好，前有大江，后又我高景山，刘琦，你必死无疑！

很快，就如高景山所料，一路上他碰到了一股股逃兵，他们看见金军就宛如看见鬼魅一样，立刻落荒而逃。

高景山哈哈大笑，张弓搭箭还射死了几个溜号的宋军，然后他更加坚定且迅速地向长江的瓜州渡口冲去。

刘琦和他羸弱的宋兵，就在那里，他高景山的光荣就在那里。

只是高景山没有注意到，这些逃兵看似慌乱，但他们逃跑的方向却十分统一——那是一片树林，叫作皂角林（今江苏江都市以西）。

就这样，高景山率领他的金军先锋冲进了皂角林。在树林的正中央，他看见的不是诛杀刘琦的荣光，而是死亡。

一时间，皂角林里面万箭齐发。宋军将自己埋伏在树上面，用神臂弓对金军开始疯狂地扫射。高景山疯狂地怒吼，他想反击，但是金军的弓箭完全不能和神臂弓相提并论，而身穿重甲的金军铁骑更不能爬树。

慌乱之中，高景山下令撤退。但是神臂弓，那是拥有号称五百步射程的复合弓，金军根本来不及逃跑，就全部被神臂弓狙杀干净了。

高景山本人战死。

皂角林的失利给了完颜亮一个警告。他开始有些重视起了这个对手。在面对地图思考良久以后，他下令全军转西，进入采石矶，从那里进攻南宋。

在完颜亮看来，刘琦不过是利用了地理环境的因素才打败了高景山。而长江如此宽阔，我完颜亮为什么非要和你刘琦在窄胡同、小树林里面决战呢？

你别看采石矶这一段的长江水湍流汹涌，当年柴荣和曹彬不也从这里过来了吗？只要我大军一到，定能投鞭断流，跨过长江，直取临安！

只是，殊不知，完颜亮从此彻底进入了刘琦的陷阱，为他之后的败亡埋下了决定性的伏笔。

就在完颜亮刚刚到达采石矶的时候，他的东后方出事儿了。先是一个叫魏胜的四十一岁中年大叔忽然崛起，带着三百多个淮北义军打下了完颜亮后方的重镇涟水州，接着刘琦命宋军制海提督李宝带着一百多艘战船与魏胜一同突袭海州。

金军猝不及防，海州守将高文富战死。接着，李宝和魏胜一不做二不休，一路北上打下了淮北的胶州。

完颜亮震怒！涟水州和海州的失陷，不过只是让他的后方有了一些威胁，但是胶州的失陷却会让他渡江战役彻底化为美丽的肥皂泡。

因为胶州是完颜亮的"珍珠港"，他全部的水师都停在那里。李宝突袭了胶州，并在那里举办篝火晚会，就好像"二战"时期，日军突袭了美军的珍珠港一样。

李宝，何许人也？怎会在十日之内连破我金军两大重镇？

完颜亮，我这就告诉你，打败你的，不是制海提督这个名不见经传的小官，而是前岳家军横江军副统制李宝！

胶州的惨败，让完颜亮不得不放弃用战船渡江而改为建造浮桥。

这就又出现了另外一个问题。采石矶江面宽阔、水流湍急，请问完颜亮大人，您是有造浮桥的技术还是有造浮桥的材料呢？

我记得一百多年前，曹彬渡江的时候，是因为一个叫樊若水的人测出了采石矶这一段长江在特定季节、特定环境下会出现的一段浅水沟。

这些技术活儿，您有吗完颜亮？难不成您还真的把一百多万马鞭丢下去指望可以阻断一下长江水吗？

完颜亮没有，所以他只能慢慢地到附近去搜刮一下小船进行小规模改造，然后拿人命去堆。

可是，就在这当口上，完颜亮的大后方又出事儿了。他完颜亮的堂弟完颜雍造反成功，即位称帝，并下旨剿灭叛贼完颜亮。

对此我真的很奇怪，完颜亮夺权的时候大杀四方，怎么就把这个完颜雍给漏了呢？要么是因为完颜雍的苟活能力太强，要么就是完颜亮压根儿就是毫无头绪地乱杀一通，仅仅只是为了扬刀立威。

这一下直接把完颜亮逼上了绝路，要么他立刻渡过长江灭了南宋；要么他就必须撤兵和完颜雍决战夺回帝位。

强横的完颜亮是不会撤退的，不然就宣告了他是失败者，他一定要灭了南宋再找弟弟算账。

其实，如果他当时真的就这么冲过来的话，即使他只有些小破船，南宋在江南的防线还是岌岌可危的。

很不幸，继刘锜之后，南宋又来了个指挥行的高老头。这人比刘锜年轻不少，但也已经是五十一岁了。

他就是中书舍人兼兵部职方司虞允文。

话说那时长江防线一片惨淡，除了刘锜还躺在病榻上硬挺着以为，其他人基本上都跑了个精光，几乎属于不设防的状态。

在大家都撤退逃跑不抵抗的时候，虞允文来了。他召集起那些个残兵败将，先用岳飞韩世忠等人的光荣事迹鼓励了他们一番，再拿出一堆金银财宝做奖励，总算是聚集起了一支数万人的宋军。

可是这还不够，为了能唬住完颜亮，虞允文天天亲自带头指挥这些大兵们练习射箭。这里说一句，虞允文曾经出使过金国，当年因为他长得实在太高（六尺，接近两米），金人调笑他说："哟，高人，来射一箭。"

结果虞允文弓开一石七斗，连射三箭正中靶心。

只不过完颜亮这人也不是唬大的，很明显，他是唬别人的。所以他决定试一试虞允文。

十一月的冬天，长江采石矶一带十分寒冷，北风凛冽彻骨。完颜亮下令士兵们渡江冲锋。南宋这边也如往常一样，在江心一下子就被冲溃了。

虞允文急了，但他并没有站在将台上呼喝叱骂，而是举起神臂弓，以一介文官之身亲自冲了上去，迎战金军。

他的亲兵想拉住他，却被虞允文冷酷的怼了回去。

"危机社稷，吾将安避？"说完虞允文连盔甲都没穿，就冲了出去。将士们被感动了，他们争先恐后地追随在虞允文身后与金军血战。

事实证明，宋军只要敢拼，金军是没戏唱的，尤其还是在水上。两军激战一天，金军大败，溃退回江北。

完颜亮大怒，他把退回来的金军全部杀了，然后下令三军，连夜渡江强攻。

因为白日里金军的溃败，给了宋军极大的信心。又是一天过去了，完颜亮军死伤惨烈，却依然寸步不得前进。

这时一个消息传来，刘琦终于要撑不住了。完颜亮大喜，赶紧又从采石矶率军赶往瓜州渡口，准备趁着刘琦重病报仇雪恨。

眼看瓜州渡口危机万分，刘琦在弥留之际下达了最后一个指令。他命宋军全部的海鳅战船全部驶入江心，不干别的，就是晃来晃去，显示宋军的驾驶技术。

完颜亮冷笑，他当然自认为看懂了刘琦的战术，这不明摆着就是吓唬人的嘛？将士们，你们不要害怕，只当这些船是纸糊的就好！

这一下正中刘琦下怀，他想吓唬的不是完颜亮，而是金军！他一直在密切地关注金军士兵的士气和心思，他读完了采石矶所有的战报，所以他这一计完全是施给金国士兵的。

金军傻眼了，他们一个个用异样的眼神看着完颜亮，然后就是不肯动弹。

折腾了一天完颜亮实在是受不了了，他亲自下令，全军骑马渡河。如小兵不动，则小队长杀小兵；小队长不动百夫长杀小队长；百夫长不动，千夫长杀百夫长；千夫长不动，万夫长杀千夫长；如果你们都不动，我完颜亮杀你们全家！

不得已，金军只得冲锋，而他们的士气则更加低落。此时，虞允文也终于从采石矶赶了过来。

看到虞允文，刘琦激动得老泪纵横，不断地说："我一生征战数十载，朝廷养兵三十余年，最后竟然是靠您一介书生，才能奠定胜利啊！"

虞允文拉住刘琦的手，要老将军好生休息，他一定会死死地守住长江的。

金军渡江再次失败，完颜亮再次大发雷霆杀了很多人，金军士气持续低落，并且很多人都是愤愤不满。

是夜，完颜亮站在扬州城的一处高地上，心中苦闷万分。他不知道为什么，会出现这样多的意外。

他在思考，自己要不要就这样撤退吧，当安定了大后方，再来灭掉南宋。

他正想着呢，忽然一束火光冲天而起，完颜亮一下惊起，赶忙去查看。再然后无数的火光不断地出现，其中还夹杂着很大的喧闹声。

再然后，他看见他自己金国的将士们，睁着愤怒到发红的双眼对着他冲了过来。完颜亮长叹一声，他知道是士兵们哗变了。

自诩英雄的完颜亮，走到了终点，而他的死最终还是给他留下了一缕难以言表的英雄情怀。

在明知被一百多万大军包围的情况下，孤身一人的完颜亮没有屈服，他先是依靠他住所的屏障弯弓搭箭，不断抵抗。接着，他又抽出马刀拼死奋战，在身中数十箭以后，才力竭倒下。

可他还没死，直到有一个士兵用弓弦结束了他荒唐而英武的一生。

金海陵王完颜亮的忽然死亡，就像急刹车一样，立即终止了这场战役。绍兴三十二年（公元1162年）正月，金世宗完颜雍下令金军全军撤回国境。

赵构大喜，这回他也不下海了，而是亲自坐着船队来到建康（今南京），以此来表示自己的神勇。

好吧，就让他闹吧，反正老百姓们也不是第一天才见到了。而后，赵构正式昭告天下。这一次，我们赵构终于大胆地承认了和金国议和是个错误的决定，并就此正式宣布他退位去做太上皇了，南宋现在的皇帝是他的儿子赵昚。而这次用人得当并击退金军的功劳，正是他皇儿赵昚的！

至此，宋孝宗正式掌权。

在一片欢呼与庆祝的海洋里，刘琦终于安然地闭上了眼睛。

宋孝宗并没有在奢靡的欢乐中忘记这位老将军。在一片喜庆与歌舞声中，孝宗皇帝下令，举国祭奠抗金英雄刘琦。

追认刘琦为威武军节度使、太子太保太傅、吴王，谥号"忠武"。

孝宗皇帝的一系列举动，迅速振奋了整个大宋。远在四川的吴璘第一个响应了皇帝陛下的号召，这位做了哥哥吴玠一辈子的影子，后来在秦桧当政时夹着尾巴做人的将军，终于再次崛起了。

吴璘发威，果然不同凡响。短短四个月的时间内，他就收复了永兴、熙河以及秦凤三路十六州，一时间打得金军晕头转向，落荒而逃。

正在吴璘大发神威，准备一举攻下陕州的时候，平地里飞来好几道金牌让他赶紧撤退，不许再冒进了。

吴璘惊呆了，这是要干吗？他不敢违抗金牌，只得硬生生地选择撤退。

悲剧的事情发生了，吴玠在撤退的时候遭到了金军疯狂的反扑，六万川军死得只剩下了不到一万。

原来，这是孝宗皇帝的宰相，史浩干的。

史浩一听说吴璘在痛殴金人，立刻去找孝宗皇帝，好说歹说要吴璘撤军。孝宗皇帝肯定不答应呀，史浩一跺脚就去找了老上司——已经成为太上皇的赵构。

赵构一听，我了个天哪，这还了得？他用自己的余威，拟了一道旨，送了几个金牌给吴玠让他赶紧走开。

等到宋孝宗反应过来的时候，吴璘已经元气大伤，仅能堪堪自保。这可把宋孝宗给气坏了，他在朝堂上大发雷霆，怒骂道："史浩误我！史浩误我！"

然后，宋孝宗怒气冲冲地跑到他的父亲赵构那里去问，老爹啊，您想干啥？您能不能下旨的时候跟我商量一声？

其时，赵构正在他的超级大豪宅里安然地垂钓，看见孝宗来了，他是眼皮都不眨一下，慢悠悠地说："我这不也是为了你好吗？你刚刚继位，还不懂得军国大事，史浩很有才学，非常熟悉政务，也教过你读书写字，没事儿要多问问他，不要听信某些别有用心的妖惑之言。"

孝宗明白了，感情他虽然是皇帝，但是整个朝廷的人都还是他爹的。他要北伐，他爹不支持，他的臣子们仗着他爹的余威，也不会支持他。

但是，坚强而睿智的孝宗皇帝，并没有被这次惨败而击倒，相反，一个成熟且周密的计划在他的心中悄然诞生。

很快，朝廷忽然清洗了一大批官员，理由都是些贪污、受贿、冤假错案、强占民宅什么的；然后朝廷里又忽然任命了一批新的官员。

在大多数人看来，这些是老把戏了，新官上任必须三把火，况且孝宗皇帝只是动了那些中下层的人，而像史浩这样的老牌重臣，宋孝宗是礼遇有加，不敢怠慢的。

只是，绝大多数人，包括赵构都没有注意到，那些被赶走的，都曾经是秦桧的手下，负责帮秦桧打扫"案发现场""清扫赃物"的人。

而在被任命的队伍里面，有三个非常重要的人。

第一个就是虞允文，早在宋孝宗还是皇子的时候，就对他注意很久了。这次，凭借战功，宋孝宗当即把他提到了计相的位置。

第二个叫李显忠，这个人很好很猛很强大，他将是下面故事的主角，这里先按下不表。

第三个人，那就是我们的老朋友，在后台站了二十几年，终于又要再次轮到他上场了。

来吧！久等了，张大都督，哦不，您现在是军队的一把手，枢密使张浚大人！

二十多年了，多少战友就这样逝去；多少青春年少的岁月，就这样成了昨日的回忆，而唯独张浚那颗熊熊燃烧、如同烈火般的内心，从不曾熄灭。

宋孝宗需要战斗，他需要一个有业务经验且积极好战的人帮助他、支持他。放眼望去，中兴诸将，除了刚刚被打废了的吴璘就没剩下任何人了。

况且，就算是吴璘，他也只是哥哥吴玠的影子，不能操控得了大局。

所以，只能且必须是张浚了。

南宋孝宗赵昚卷：隆兴北伐

张浚上台，义武奋扬，他从第一天开始就和史浩激烈地争辩，简直是势同水火一般。

别看史浩书读得多，讲起话来一套一套的，但在张浚如凤凰涅槃时炽烈的火焰面前，只得被逼得后退下去。

接着，宋孝宗自己在皇宫外面开了一个练武场，每天练习骑马射箭，无一日间断。

这一系列举措，终于引起了赵构的警觉，他开始再次调动手下去阻挠宋孝宗。然而，此刻他才惊讶地发现，秦桧留给他的那些干脏活的人，大多数都被宋孝宗默默除掉了。

其实，赵构你不必震惊，宋孝宗本来就是秦桧的好学生，这些手腕，他比任何人都还要清楚得多。不同的是，他们俩一个代表着太阳，一个代表着深渊。

与此同时，皇帝亲自练武，张浚大人再次上台，虞允文被重用，李显忠在军队里四处活动。这一系列动作，终于再次唤醒了华夏子民骨子里不屈不挠的血性。

万事俱备，只欠东风。

东风很快就来了。原河北路义军首领耿京的一部将，忽然单枪匹马突入十万金营，手起刀落干掉了杀害很多义军首领、投敌叛国的叛徒张安国。然后他带着河北路义军全数投降了南宋。

这位河北路义军的英雄，就是辛弃疾。

公元1163年正月十五，宋孝宗身披铠甲上朝，改年号为隆兴元年，亲自点将张浚为天下兵马大元帅，北伐金国，势必收回两河以及燕云十六州！

史称：隆兴北伐！

南宋孝宗赵昚卷：
临安遗恨

前情提要：绍兴三十一年（公元1161年）十月，金海陵王完颜亮举全金国之兵一百六十万，号称五百万大军南侵南宋，直逼长江。宋高宗震骇，几欲逃走，让位于建王赵昚。万分危急之下，已经六十五岁且重病缠身的中兴名将刘锜，再次领兵出征，迎战完颜亮。同时，中书舍人兼兵部职方司虞允文也请命来到前线，组织防线，阻击金兵，而在完颜亮的大后方，金东京留守完颜雍忽然起兵攻占了金国皇宫，登基称帝。在宋军与完颜雍的夹击之下，完颜亮由于出离的愤怒和过于急躁的行动，导致远征的金军哗变，完颜亮被杀。绍兴三十二年正月，金国与南宋休战。宋孝宗赵昚登基，厉兵秣马，起复张浚为枢密使，并于第二年（公元1163年）改元为隆兴元年，对金国发动北伐。史称：隆兴北伐。

"张浚，这里只有你我君臣二人，你老实告诉我，我们手里到底确切的有多少士兵？"

"启禀陛下，在江淮之间，现在确有八万名士兵，其中最精锐的神劲军有一万，还有五万民夫。"

"只有八万？不是说有二十万的吗？"

"陛下莫急，我已经急招两淮、两浙、福建以及北方南下的流民驻军建康、镇江以及淮南，随时准备侧应。而我本人也会亲自上阵。"

"唉……这也不怪你，我再去想想办法吧。"

"陛下……"

"没关系，国事要紧，我自己受点委屈，不算什么。"

李显忠，这是张浚自起复以来，最大的一张牌，更是这次隆兴北伐的主将。其实他早在中兴之战的时候，就十分活跃了，只不过，这人的命比金兀术还苦，运气比金兀术还差，所以闹腾了十来年，直到现在才出场。

李显忠，原名李世辅，绥德清涧人。他的家世那可是乖乖不得了，他是正统唐朝的皇室宗亲，他的祖爷爷可是平定安史之乱、收复两京的唐代宗的次子，天下兵马大元帅昭靖王李邈。

由于他们家一直在陕州驻守边疆，即使唐朝亡了，到了五代十国大混乱的时期也没人敢动他们。后来赵匡胤登基，大宋开国，赵普为相，改革天下兵制的时候，也是对他们客客气气的，不敢怠慢。

就这样，他们从晚唐到北宋，荣华富贵了几百年。只可惜，平地里杀出一个完颜阿骨打，再加上宋朝出了个爱奇石不爱江山的宋徽宗，导致北宋直接崩盘，整个陕州沦陷。

同样沦陷的，还有世代住在陕州的李家。李世辅的父亲李永奇为了生计，投降了金国。而更加屈辱的是，在靖康之后，金兀术把李家又交给了卖国贼，伪齐皇帝刘豫。

李家也算是皇族之后，世代忠良，虽然没能慷慨就义，死在战场，但也绝不会对着自己人挥刀。在刘豫手底下的那几年，李永奇和李世辅父子是一言不发。

尤其是李世辅，这人简直就是宋金之交时期的马超，飞扬勇决，快意恩仇。他无时无刻不想着弄死金兀术，南渡淮水，归附宋朝。

机会很快就来了，刘豫倒台后，金兀术让李永奇回老家陕州养老，把儿子李世辅调到了同州（今渭南市大荔县），让他主管金军出入陕西的兵马调度。

那么，金国在陕西最大的官儿是谁呢？嘿嘿，那当然是我们那位经常被川陕双雄打得哇哇直叫的啼哭郎君撒离喝。李世辅咂咂嘴，没能搞倒金兀术，他表示很不爽，不过如果能把啼哭郎君给绑走，也不算太差了吧？毕竟，那可是金国在陕西的一把手，全金国军队的二把手哎！

于是，李世辅瞅准时机，趁着完颜撒离喝一个不注意，一把把他从马上拉下来绑成了粽子，扛在肩上掉头就跑。

一脸蒙圈的完颜撒里喝就这样被李世辅绑走了，整个金国都疯了。金兀术二话不说，抄起家伙就追了过来。

李世辅是他任命的，如果撒离喝出了什么乱子，他就只能去买块豆腐撞死得了。

我说了，李世辅是这个时代的马超，他一手举着撒离喝，一手抡着长枪，愣是把金兀术杀得"割须弃袍"变成了"曹操"。

当然"曹操"也不是好惹的，李世辅绑了撒离喝，算是捅破天了，金兀术几乎是不惜一切代价地来追杀他。

李世辅知道，看来这完颜撒离喝是绑不走了，情急之下，他逼撒离喝承诺不准血洗陕州、杀他李家的人，就放了他。

完颜撒离喝只得答应。于是李世辅就把完颜撒离喝从一处悬崖上推了下去，伴随着啼哭郎君一阵歇斯底里的哀号，金军赶忙冲上去抢救，李世辅就此逃出生天。

逃走的李世辅与父亲在延州会和，带着家人们准备南逃去宋朝。可惜先是联系好的渡船迟迟不来，逼得李家全家不得不一路向西。结果路上又碰见天降大雪，全家人都走不动了。

于是，金兀术来了，可怜李家三百多口，被杀的只剩下二十六人。

愤怒的李世辅一路逃到了西夏，几经辗转，获得了西夏皇帝的信任，答应借给他二十万西夏骑兵攻打金国。戏剧性的是，待到李世辅红着双眼，领着二十万大军找金兀术干架的时候，惊讶地发现，陕州一带上面插着的是宋军的旗帜。

川陕双雄早已大败金兀术和啼哭郎君撒离喝，光复了这里的千里江山。

李世辅痛哭流涕，只得作罢。他不干了，西夏人却不这么认为。要知道，做了二百多年"二五仔"的西夏人可谓是见利忘义，再说他们对宋朝也没啥好感，正准备趁火打劫一波。

李世辅虽然血仇难报，但也不至于昏头到带着西夏人去打宋人。于是，李世辅只得再次抢起他的长枪，带着几百个亲兵硬是杀散了二十万西夏大军，缴获了四万匹战马和数千顶帐篷。

说实话，我也是不太理解，李世辅怎么做到几百个人就把西夏的二十万精兵打成一团稀饭的，而且史书上说，西夏人死伤"万余"。

估计是自己把自己踩死的吧。

带着这四万匹战马，李世辅就在延州城下挂起大旗，只要来投军的，立刻送一批西夏战马。

于是，不过半年，他又有了一支四万人的全骑兵大队，一路呼啸着冲着完颜撒里喝而去。

忆往昔，完颜撒里喝想起来被李世辅扛在肩上，从悬崖扔下去的峥嵘岁月……他一个哆嗦跳起来直接跑路了。

他逃了，一边逃一边找金兀术求救。金兀术大怒，开始写信骂赵构，赵构大惊，问秦桧，哪儿来的疯子在这儿闹事儿？秦桧脑子是个大问号，跑去问吴玠，这人谁？你们家的吗？

哦，忘记说了，那时正值绍兴和议。

于是一环扣一环，吴玠赶紧亲自上阵，去阻止李世辅，好说歹说把他收编了，带回去见了赵构。

等说清楚来龙去脉以后，赵构算是明白了，哦，原来是自己人。那就把他丢给张俊去管吧！

于是，李世辅从此就跟了张俊，赵构因为他的忠勇，就把他改名为李显忠。而在张俊花天酒地不作为的掩护下，李世辅终于走了一次运，他没有像岳飞和韩世忠一样被肢解，总算是逃过了一劫。

这，就是隆兴北伐的主将。现在再说说他的副将，邵宏渊。这人是韩世忠的手下，在和金军的拉锯战中，曾在真州以一军千余之力独斗十万金军不肯撤退。

然后，他很悲惨地败了……手下基本全部死光。而这场明明是败仗的小战役，竟然进入了中兴十三战功，对此我也只能表示呵呵哒了。

当然，之所以我要把邵宏渊这档子事儿拿出来说一下，是想为接下来的事儿做个铺垫。

邵宏渊原是韩世忠的部下，进了中兴十三战功，是英雄，大英雄。李显忠先降金，又去了伪齐，然后反了金又降了西夏，还招兵买马带着四万私兵闹得陕州乱七八糟，最后才被南宋诏安，跟的还是张俊。

无论如何，轰轰烈烈的隆兴北伐，终于启程了！张浚本人也渡过

189

长江，坐镇鄂州，亲临前线。

金军的先锋官叫萧琦，这人还是小有名气的。当年把邵宏渊打得全军覆没的，就是他。此时，他又带着十万大军，直奔李显忠而来。

同样都是拼命，明显李显忠就猛多了，他这回不使枪了，改用双刀，照着萧琦就是一顿暴砍。可怜的萧琦，被李显忠一路从陡沟打到了金军在灵璧的本阵。然后，李显忠一鼓作气，身先士卒，冲入敌阵直接把灵璧城打了个对穿，萧琦本人损失惨重，逃回淮北。

另一边，邵宏渊部也攻到了虹县。一件很尴尬的事情发生了，虹县城矮兵微，守军只有几千人，以邵宏渊被南宋朝廷定性为中兴名将的存在，应该是踢两脚就可以打破的。

可是，邵宏渊就是可以做到，这么个唾手可得的小城，一连搞了十几天，用了数倍于敌人的兵力，就是攻不进去。

一边的李显忠看不下去了，在这里，他再次体现出了和三国时期的"马超"一样的公关能力。

他完全不顾邵宏渊的面子，随意派了几个金国的降卒去了虹县。第二日，虹县就被攻破了。

其实，这一着并不是说邵宏渊软到连几个降卒都不如，恰恰是李显忠看透了虹县的虚实——那就是死撑着一口气而已。这几个降卒就是告诉他们，虹县收不收也就那样了，连萧琦都败了，你们还是别折腾了。

可是这在邵宏渊看来，就不是这个意思了。他拼死拼活拿不下虹县也就算了，到头来还被李显忠几个金国降卒给搞定了。

中兴名将的老脸搁哪儿？

还没完，就在虹县告破的时候，一个虹县里的金兵降卒跑去跟李显忠告状，说邵宏渊的一个亲兵抢了他的一把刀。

李显忠大怒，亲自去找邵宏渊理论。邵宏渊还是很讲道理的，赶忙给这个金兵降卒赔不是，然后命那个亲兵把刀归还了。

哪知李显忠当场把那个亲兵给砍了……

砍……了……

哦我的天哪……这都是什么事儿啊！大敌当前，北伐大计，在这个紧要关头，李大将军还非要搞这么一出。

所以啊，我要在这里严重强调：冲动是魔鬼！冲动是魔鬼！冲动是魔鬼！

于是邵宏渊与李显忠就此闹翻，分道扬镳。自此以后，无论李显忠说什么，邵宏渊都沉默不语，并且绝不支持。

回到战场上来，李显忠依然是我行我素，勇武非凡。在拿下虹县和灵璧后，李显忠又立刻打下了符离，然后直接挺进到了宿州。

宿州，又称蕲城，位于今安徽省的东北部，襟连沿海，背倚中原，是安徽省的北大门。它有着无比重要的战略意义，更是金军威慑南宋的重要据点，是绝不会轻易拱手让给宋军的。

李显忠来了，他下令全军冲锋。他的本部人马士气正盛，毫不犹豫地冲了上去。可是邵宏渊却不动，他冷冷地按住手底下的人马，任凭李显忠的使者好说歹说，就是按兵不动。

于是，一个可笑的局面出现了，李显忠的人马汗流浃背地攻城；邵宏渊的人马摆起了茶台，摇着折扇看着李显忠攻城；宿州城里的金军拼死抵抗，先是死守城墙，再然后是巷战，直到全军覆没。

宿州光复，李显忠部损失很大。

愤怒的李显忠在拿下宿州后，大骂邵宏渊是个懦夫，而邵宏渊却不以为然，他恭恭敬敬地向李显忠鞠了一躬说："真关西将军也！"

191

李显忠又气又恨，却也只能作罢，传令三军，就地休整。

宿州的沦陷，终于给金世宗完颜雍敲响了警钟。完颜雍即刻调集全国之兵，进入淮河流域，迎击李显忠。

第一批金军到了，先锋纥石烈志宁率先带领一万骑兵赶到。没说的，李显忠一个冲锋就把他逼退了开来。

第二天，金军的中军统制等哼撒率领十万金军主力赶到，李显忠再次列阵于城外，与金军对冲。两边互砍了一整天十来个回合，勇猛的李显忠再次胜利，金军撤退。

第三天，金军中军统制等哼撒和先锋纥石烈志宁，双双出阵。李显忠再次出城，他将自己放在宋军大阵的正前方，第一个冲进交战的旋涡。双方激战一天，金军最终撤退。

第四天，金军的援兵赶到，又来城下挑战，李显忠不得不再次亲自上阵。双方互相对冲了上百个回合，最终在李显忠阵斩了己方两个逃将的前提下，击溃了金军。

第五天，金军继续向宿州挑战，李显忠终于要撑不住了！他不得不低声下气地去求邵宏渊，希望他可以出兵帮助自己，成掎角之势，共同迎击金军。（若使诸军相与掎角，自城外掩击，则敌兵可尽，金帅可擒，河南之地指日可复矣！）可是邵宏渊就是不答应，而且还不断地声称，金军人多势众，来势汹汹，我们应该选择撤退而不是迎战。气不过的李显忠再次暴跳如雷，怒骂了邵宏渊一顿，然后再次出战。这一次，他不得不命令自己的本部人马，背靠城墙，迎击金军。

这一仗从正午打到深夜，宋军死伤惨重，士气低落，但终究还是守住了宿州。

第六天，已经快要被吃干榨净的李显忠，在面对金人挑战的时候，

192

不得不命士兵退入宿州城墙，凭借巨大坚硬的高墙，来对抗金人的疯狂攻势。他身中十来处刀伤，依然战斗不止。此时城外金人也很惨烈，死去的金兵尸体，已经快要堆上了宿州的高墙。

第七天，李显忠还在坚持，他的本部人马虽然士气低落，但还在负隅顽抗。可是，宿州城内却崩溃了。安然地喝了一个星期茶的邵宏渊忽然跳了起来，带着自己的儿子和保存完好的军队大溃散而去。一时间，宿州城内人心惶惶，军心涣散。谁也没想到，用无上坚强的内心和血肉坚持了七天的宿州城，竟然被一群干干净净，没碰上一丝鲜血的懦夫们给搅坏了。

到了这一步，李显忠也只能仰天长叹："天未欲平中原耶？何阻挠如此！"

撤吧！

第七日夜，李显忠不得不放弃宿州，撤退到符离。金军一路掩杀过来，再没有奇迹了。别说李显忠是"马超"，他就算变成"吕布"都没用了。八万宋军，五万民夫，全部死伤殆尽。数十年以来的粮草辎重，毁于一旦！

消息传回临安，天塌了。从宿州大捷到符离惨败，不过才只有七日。七日之内，宋军从必胜之势一下子跌到了倾国之败，实在是让人难以接受。

尤其是宋廷之内那些还效忠于赵构和秦桧的主和派，他们纷纷跳出来闹事儿。总结归纳一下他们的话，就是："你爹（赵构）告诉你了不要去北伐，你偏不听，非要去打仗。你看，现在好了吧？亏惨了吧？叫你不听话，叫你肆意妄为……"

更有甚者，跳出来力挺邵宏渊，说李显忠飞扬跋扈，不听调令，置友军于不顾；张浚贪生怕死，临阵脱逃，这才导致此次北伐惨败。

而张浚本人则在第一时间提出辞职，经孝宗皇帝挽留两次后批准。

只是，还没等张浚收拾东西走人，金国皇帝完颜雍就派人来找孝宗皇帝和谈。要求宋朝割地唐、邓、海、泗、商、秦六州以及五十万岁币给金国，并向金国称臣。

孝宗皇帝怒了！他撤回了批准张浚的辞呈，并立刻下令张浚自即日起，于长江防线训练军士，建造军备，随时准备再次北伐！

这一次，无论谁说都没用了，孝宗皇帝以天子之怒，昭告全国百姓，以一寸山河一寸血的志向，绝不向金人低头。

隆兴元年十二月，宋孝宗把主和的宰相史浩和陈伯康全部罢出京城，然后任命汤思退为宰相，张浚为枢密使共议国事。

哪想，汤思退简直就是史浩的7.0典藏终极加强版，他一上台就疯狂地攻击张浚。史浩当年不满张浚，至少还会看看皇帝的脸色，多多少少还是保留了宰相的风度。

可是汤思退呢？他不仅公然和已经六十七岁的张浚开吵，还不断地在朝廷里安插自己的手下，企图夺张浚的军权。

在一片混乱中，宋孝宗第一个理清了思路。他一声棒喝阻止了朝堂上的闹剧，然后问汤思退，为什么一定要议和？

汤思退答："我们的军队无法与金国抗衡；我们的钱粮早就不够用了；我们的将领也没有能力与金人一战，所以我们唯有向他们俯首称臣才可以保存下来。"

孝宗皇帝又问张浚："那你为什么一定要反对议和呢？"

张浚的回答简单而有力量："金强则来，弱则止，不在和与不和。"

一语中的，直戳核心！就此，宋孝宗全力支持张浚操练军备，随时准备战斗。

事情到了这个地步，隆兴北伐虽然失败了，但目前还有挽回的机会。借着张浚无上的斗志，宋孝宗又再次起复了李显忠，让他全力配合张浚。

隆兴二年（公元1164年）三月，金人再次派遣使臣，希望与宋朝达成议和。这一次，金人把割让的六州减为四州；五十万岁币减掉了一半，只需五万贯钱和二十万绢布即刻，并且称宋孝宗为皇叔，还把"贡"字给去掉了。

这再一次证明了，与金人谈判强硬是多么正确的事情！可是，汤思退做了一件极端无耻、下流的事情。

他秘密写信给完颜雍，说南宋这里军备薄弱，你们应该立刻攻打过来，长江防线一定是守不住的。

然后汤思退又以宰相之权，安插了两个手下，钱端礼、王之望，到张浚的军营里面。这两人名字很好听，干得却是牲口的勾当，他们俩趁着一个黑夜，一把火烧掉了张浚好不容易建立起来的军备和战船！

万分悲痛的张浚，再次提出辞职，他留下了对皇帝、对宋王朝最美好的祝愿，就此撒手人寰。

张浚死了，他的一生，我很难给出一个中肯的评价。富平之败、淮西之变、隆兴之败全都是他的责任。他的污点远远多过他的亮点，要说他是个好人，我估计自己都会咬到舌头。

但是，他确实是大宋、是我们汉人、华夏儿女的脊梁。无论是面对金人还是秦桧，他的每一次选择都是直接面对，而不是回避。他永远慷慨激昂；他永远壮怀激烈；他永远心怀希望；他永远不会放弃，哪怕一次一次又一次地失败，他都会爬起来，去努力承担责任，然后尽力挽回。

"君臣之义，无所逃于天地之间。吾荷两朝厚恩，久尸重任，今虽

去国，犹日望上心感悟，苟有所见，安忍弗言。上如欲复用浚，浚当即日就道，不敢以老病为辞。"——张浚

隆兴二年（公元1164年）四月二十日，张浚病逝，复枢密使，累赠太师，魏国公，谥号"忠献"。

就这样吧！送别了张浚，汤思退的阴谋即刻就败露了。孝宗皇帝暴怒，他即日下旨，将汤思退、钱端礼和王之望发配到广西，贬为庶人！

可是，已经无济于事了……

张浚死后，前线战备大多已经被摧毁，没摧毁的也已经停止了下来。虽然孝宗皇帝第一时间派出了中兴宿将杨沂中杨沂中（或者杨沂忠），到长江去主持军务，并提拔虞允文为宰相，也来不及了。

七月，完颜雍再次南下，与宋朝交战。被众叛亲离的宋孝宗，望着名将凋零，城防破败的大宋，被迫答应议和。

隆兴二年十一月，宋金议和正式达成，史称：隆兴和议。

宋孝宗，一个人孤独地站在临安的望街亭上。有几个小孩子刚好经过，他们欢跳着向孝宗皇帝跑来，一边跑一边喊："是官家来咯，是官家来咯！"

悲从心起的宋孝宗终于控制不住了，他的眼眼泪哗哗地流了下来。孩子们睁大着眼睛，有些惊慌，又带着疑惑看他。孝宗知道自己吓到他们了，他慈爱地抱起一个孩子，努力地露出一丝微笑。

孩子们又欢快地跳着走了，今天晚上，一定又会有开心的故事和父母分享了。

"陛下。"

"虞相公，我错了吗？我真的错了吗？你告诉我，我真的错了吗？"

"陛下神武，您的志向唯有天地才能理解。老臣答应您，我一定在

有生之年，为您聚集起足够北伐用的财力和军队，请您一定相信老臣。我虞允文，即使肝脑涂地，也要报效陛下的志向！"

"虞相公……"

"陛下，送我去蜀川吧！只有在那里，我才能为您集结起足够的力量。倘若，朝中有不顺心的事，您托人带个话给我，老臣一定帮您解决。"

"好……好吧！委屈你了，虞相公，你虽入蜀川，但依旧是我大宋的首相。"

"谢陛下隆恩，请您一定耐心地等我归来。"

南宋孝宗赵眘卷：

孤独的守望者

前情提要：隆兴元年（公元1163年）正月，宋孝宗拜张浚为枢密使，对金国不宣而战，史称：隆兴北伐。宋军以西路军李显忠为主；东路军邵宏渊为辅，先败萧琦，再克宿州，一时间声势大喝。金世宗完颜雍遂即刻调全国主力来阻击宋军于宿州，发动七日血战。由于邵宏渊与李显忠不和，导致宋军整体分崩离析，于符离被金人彻底击溃，损失惨重。符离之败后，朝中高宗与秦桧的主和旧党声势大振，又因张浚病逝，致使南宋朝政一度尽落主和派手里。最终导致整个长江防线从内部被毁坏，宋孝宗被迫于隆兴二年与金人议和，史称：隆兴合议。

"允文姿雄伟，长六尺四寸，慷慨磊落有大志，而言动有则度，人望而知为任重之器。早以文学致身台阁，晚际时艰，出入将相垂二十年，孜孜忠勤无二焉。允文许国之忠，炳如丹青。金庶人亮之南侵，其锋甚锐，中外倚刘琦为长城，琦以病不克进师。允文儒臣，奋勇督战，一举而挫之，亮乃自毙。昔赤壁一胜而三国势成，淮淝一胜而南北势定。允文采石之功，宋事转危为安，实系乎此。及其罢相镇蜀，受命兴复，克期而往，志虽未就，其能慷慨任重，岂易得哉？"

198

——《宋史》元脱脱丞相

淳熙元年（公元1174年）七月，虞允文于四川去世，出师未捷身先死。而远在临安的宋孝宗却并没有对此表示很悲痛。他很困惑，虞允文自乾道三年（公元1167年）入川，至今七年。他在入川前曾经答应过宋孝宗，要为他的北伐筹集钱粮，做足准备。

可是，这七年，无论宋孝宗怎么催促虞允文北伐，虞允文就是以时机不成熟为理由，拒绝出征，甚至拒绝调集蜀川的钱粮给全国各地。

蜀川，这是个神奇的地方。这里有剑阁天险保护；这里的土地肥沃富饶；在这里，历代乱世都有凶恶之徒在此建立政权；而被派往这里的官员将军，则更容易腐败、堕落甚至起二心。

虞允文，他会吗？他会是这样的人吗？

心怀着深深的疑问，宋孝宗命人把四川这七年账目和奏文拿来看。然后，他又把川军调到临安来细细审阅。

在经过了四年的思考和审核后，宋孝宗才赫然发现，虞允文在这七年，到底做了多少事情。

他不是不想北伐，不是拖延，更不是贪污腐败到堕落，而是在符离之败后，这个国家有太多的亏损需要去补全了。

他没有富余的时间去解释，更没有富余的时间去浪费，唯有勤勤恳恳地工作。

明白了这一切的赵眘哭了。是他不够相信虞允文，而虞允文却始终以君子忠臣之心对他。

于是，在淳熙四年（公元1177年）的时候，追认虞允文为雍国公，太子太傅，谥号"忠肃"。

紧接着，为了向全天下人表示自己与之前的南宋统治者截然不同的

南宋孝宗赵眘卷：孤独的守望者

199

治国方针，在淳熙五年（1178年）的时候，宋孝宗做了一件轰动全国、把赵构震到养老的德寿宫的莲花池里面的事情。

宋孝宗为岳飞平反了！

他找到了隐藏在桂花树下的岳飞的遗骨，把它郑重地捧在手上，并亲自将我们伟大的英雄葬在西湖之上的栖霞岭。

他追认岳飞为武昌郡开国公，谥号"武穆"。"穆"，虽然其意为有壮志而未酬，但此刻并非是孝宗皇帝在贬低岳飞，相反，他是感叹岳飞壮志未酬身先死的命运。并无限追忆，要是让岳飞生在他的时代里该有多好。

然后，他剥夺了秦桧申王的爵位，把他"忠献"的谥号，改为"缪丑"。然后又把他们夫妻俩连同万俟卨和张俊（注意是"俊"不是"浚"）铸成铁像，让他们永远地跪在岳飞的墓前，上书"青山有幸埋忠骨，白铁无辜铸佞臣"。

赵构震怒！他的儿子，他亲手领进宫的孩子，他曾一步一步谆谆教导、扶上皇位的养子，竟然如此公然地扇他脸。

为了挽回自己的脸面，以及阻止孝宗皇帝的一系列"倒行逆施"（赵构的认知，不是本人的意思），赵构发动了自己残存在朝廷里的最后的势力，开始不断地和宋孝宗作对。

比如孝宗要调兵，赵构就出钱让下面的人拖拖拉拉地办事，各种使绊子，直到把事情搅黄。

比如孝宗皇帝要整顿军备，赵构就让御史言官们不断地弹劾支持孝宗皇帝的人，逼得他们不得不闭嘴。

再比如孝宗皇帝要轻徭薄赋、兴修水利，为的是给老百姓们减压，赵构就故意和他的吴太后装生气，意思是孝宗皇帝只顾自己做一个好皇帝的样子，其实连爹妈都不管。他俩还把自己关在门里面不吃不喝，弄得孝宗皇帝亲自携带大量钞票去德寿宫请罪。

顺便一说，宋孝宗每年账上就给赵构一百二十万缗钱。一缗钱就是一千钱等于一两银子，按照孝宗时期的米价推算一下差不多是一千八百元人民币。一百二十万缗钱，就相当于现在的二十一亿六千万元人民币。

真少，确实很少，赵构大可狂呼一声：比尔·盖茨一年赚的都比我这个当皇帝的多！

是的，赵构抓到了孝宗皇帝唯一且最大的弱点——那就是他没有足够的智慧，可以在做到"孝"的同时，还能处理好国家大事。

特此声明：我本人坚决且彻底地反对任何言论以"愚孝"之名指责宋孝宗。因为在这一点上，历史更加证明了他的了不起，在如此艰难的环境下，依然恪守自己的本分。这份德性，将如同灯塔、星炬一样指引着后人，而远比一个时代的兴盛衰亡还要重要。

是的，孝宗皇帝可以有各种各样的手段去对付自己的父亲，他不是不知道自己父亲的做法有多么错误，并把这个国家伤得有多么深。

但他依旧选择了孝顺，并尽最大的努力挽回损失。

官僚们，每天喝茶度日，毫无作为，宋孝宗就自己一个人看六部所有的奏折；下面行差的人磨磨叽叽，他就亲自跟着去督促他们；宰相和幕僚们对他冷嘲热讽，他就自己一个人读书、翻地图想办法；赵构要钱要酒要花烛香薰，他就自己省钱，衣服能补就不换，这导致他每天走路都不能走快了，因为破损的部位会掉出来被人耻笑。

满朝文武皆迷醉，唯有孝宗皇帝每日坚持在小校场练习骑马射箭，甚至因为有一日用力过猛拉断了弓，反弹回来的弦差点打瞎了他的一只眼。

他的每一日都是如此的勤恳、简朴、努力，他每一天都在热切地希望，有朝一日还可以看到大宋重展雄风，威震中原的时候。

南宋孝宗赵昚卷：孤独的守望者

无奈，自虞允文之后，天下人皆迷醉，唯有孝宗一人在苦苦支撑。而本来因为秦桧的白色恐怖，而被扼杀了血性的老百姓们，现在更因为绝大多数的时代风气，以及崇文抑武的政治体系，而迷失在了酒池肉林里。

边关的将士们也不操练了，他们开始和金人做生意。时隔数十年后，已经在边疆销声匿迹的榷场也重新回到了历史的舞台中。

淳熙十四年（公元1187年）十月八日，赵构死了。

其实，这四个字挺难打出来的……我呢，总想往中间塞点什么，比如"在经历了××××××××之后"，或者"赵构××××死了"，可是到最后，在写了删，删了写之后，我终究只是留下了这四个字。

我可以确定，在这本书里，赵构绝对是"活"得篇幅最长的一位，其次是刘光世。刘光世虽然登场次数很多，但他总是处于一个可打酱油可不打酱油的位置，基本属于一笔带过。当然，在我高度浓缩的文章里，可以每篇都出来露个脸也是很不容易了。

但是赵构却不一样，这人自从以英雄的身份亮相，单枪匹马入金营，到最后落得连个狗熊都不如，直到身心俱萎，黯然死去。从北宋卷到南宋卷，他几乎总在不断地影响历史的进程。

我曾经对友人唏嘘叹道："若后来的赵构，能像曾经的赵构一样，后来的秦桧，能像曾经的秦桧一样，历史就改写了。只可惜，他们都变了。"友人在若有所思了片刻后，说："秦桧是真的变了，但是赵构没变。变的，只是他的身份。曾经是皇子，现在是皇帝。"

这让我又想到，《琅琊榜》在最后，皇帝对梅长苏说的话："你觉得靖王贤德公正？你让他坐到这个位置上，坐到我的位置上来看看，你看看他还怎么贤德公正！"

梅长苏的回答，很像范仲淹对吕夷简的回答："在吕公心里，天下无一人不是小人，所以君子在您眼里也成了小人了。我看天下人都是君子，则在我眼里，天下人无一人不是君子。"

啰啰唆唆说了这么多，也实在是因为，赵构这个人太重要了，太复杂了。他的是非对错，在茶余饭后吐个槽，出口气，说说可以。可真要认真说来，却绝不可凭一时之气，武断决策。

他自毁长城，杀岳飞，废韩世忠，贬刘光世，压制吴璘，干扰宋孝宗执政甚至是放任秦桧旧党毁掉张浚的水师和长江防线，还将淮北诸郡拱手让给金人；他自私自利，任人唯亲，不讲道理，对内刚愎自用，对外卑躬屈膝，丢尽了南宋的尊严。但同时，我们不得不承认，他确实给长江以南地区的人民带来稳定、和平、富饶的生活。在他和秦桧执政的二十年里，直到隆兴北伐之前，南宋朝廷的账目从没有出现过一次赤字。

我知道大家对他都颇有微词，以前有，现在更有，以后还会有。所以这一次，我对他不做评论。我把历史的证词引领至此，留待后人评说。

说一下赵构死时的情景吧！在十月八日上午，赵构正在他的德寿宫大摆酒宴，宴请群臣胡吃海喝，席间群臣向赵构敬酒，赵构也不客气来酒就干。可能是年纪大了，加上有些旧疾，他到了下午的时候，就有些不舒服了。于是他就一口气吃了四十粒牵牛丸（治疗瘰疬的），哎哟，好了！然后他又开始吃吃喝喝，大口喝酒。直到晚上的时候，出事儿了。史书上说他吃药吃到"五脏不固，四肢不动"，脖子一直梗着，既不能进气也不能出气，就好像被锁在了—副活棺材里，就这样过世了。

赵构死后，宋孝宗痛哭流涕，他亲自为父亲去扛棺材。就这样，还被吴太后给骂了一顿，说他不孝。弄得宋孝宗又拿了七十万缗钱给吴太后。

之后，宋孝宗坚持要以天子之尊，为父亲守孝三年。在这三年里，他几乎只吃清淡的食物，穿麻布的衣服，并与皇后和众妃子分居，以表孝心。

三年后，也就是淳熙十六年（公元1189年），宋孝宗宣布退位，禅让于皇三子，也是当时的太子赵惇，自己则搬到德寿宫去做太上皇了。

满朝文武，天下百姓都震惊了，再然后是忘情地欢呼！陛下，您太伟大了，太了不起了，您的孝心天地可鉴，我大宋的祖宗一定会保佑您福寿安康，保佑这个国家永远平安富足的！

是的，无论是在当时的舆论，孝宗皇帝亲自下的退位诏书，还是后世历史学家的总结分析，都认为，那是因为宋孝宗太孝顺了。他认为，自己当皇帝的时间不可以比父亲长，届时又因为父亲走了，再加上他的皇位本来也是父亲禅让给自己的。所以，宋孝宗决定效仿父亲，禅让给自己的儿子。

我不反对这个结论，只是觉得，在此之上，还有一个非常重要的原因。宋孝宗是真的累了，寒心了。他在位二十七年，前二十四年的时间，都在不断地与金人斗，与天灾人祸斗，与朝中腐败的大臣们斗，在不断地与自己敬爱的父亲和国事之间拉拉扯扯。

可是，不管他怎么努力，这个国家都在他的眼皮底下，一点点地腐败，溃烂下去。尤其是自虞允文死后，就再也没有人能理解他的抱负，理解他的理想了。此刻所谓的南宋，表面上看起来还是一个光洁的鸡蛋壳，看上去圆润而完美，可是只要稍微用力一戳，就会碎掉。

造成这一现象的，还有金世宗完颜雍。他在历史上有一个响亮的绰号，叫"小尧舜"。这不仅仅是因为在他的治理下，金国终于开始走向了自给自足、繁荣昌盛的道路，而不再是一味地掠夺，更重要的是，他拿准了南宋朝廷全体上下的心理。

他不断地约束金国的子民，不断地向南宋朝廷示好，包括恢复榷场、严惩在边疆掳掠宋人的金国强盗、归还南宋在金国的盗贼以及停止在两国边疆修筑军寨城堡。

于是，南宋自朝廷到百姓，全体上下都在歌颂完颜雍的信用和气度，并认为交战数十年的宋金，真的迎来了和平，终于可以不用再打仗了！

只有极少数人站在宋孝宗这边，比如辛弃疾和陆游等人，他们没有忘记靖康之难，没有忘记金国对宋朝曾经惨无人道的霸凌和蹂躏；他们没有忘记五国城还有无数的宋室宗亲在被虐待；他们没有忘记千万将士们曾经为此付出的生命，只愿有朝一日可以北渡黄河，收复幽云，直捣黄龙！

宋孝宗虽是皇帝，一个坚韧强大的皇帝，却也拧不过天下大势。所有二十七年的抗争，最后只不过捞得一句"王师北定中原日，家祭无忘告乃翁"。

淳熙十六年（公元1189年）二月，宋孝宗退位，禅让于太子赵惇，即宋光宗。有意思的是，也就在这一年的这个时候，金世宗完颜雍也病逝了，传位于皇太孙完颜璟，即金章宗。

宋金两国在这一年同时换了皇帝，应该算是大事儿了吧？嘿嘿，很不巧，相比于这件事，宋金两国换皇帝的事儿就算绑在一起也压根儿不值一提。

公元1189年，在极北的草原之上，在经过了残酷而壮烈的十三翼战后，这片蛮荒苍凉的大地，终于迎来了久违的统一。

而完成这一伟大壮举的人，他的名字叫作——孛儿只斤·铁木真。

南宋光宗赵惇卷：

何苦生在帝王家

前情提要：隆兴二年（公元1164年），南宋隆兴北伐失败，宋孝宗被迫与金世宗签订隆兴和议。为了给宋孝宗重新积攒北伐用的钱粮并弥补北伐失败的损失，宰相虞允文进入蜀川执政，以图复兴。淳熙元年（公元1174年），虞允文在留下大批钱粮、物资和精兵后，因积劳成疾病逝。宋孝宗为表再次北伐及复兴之志，于淳熙五年（公元1178年）为岳飞平反，终招致太上皇赵构的恼怒，并百般阻挠宋孝宗。淳熙十四年（公元1187年），宋高宗赵构病逝。两年后，宋孝宗退位，传位于皇三子赵惇，即宋光宗。

宋孝宗在时，金军兵临城下，人心惶惶，朝廷几欲倾覆。在一片兵荒马乱中，宋孝宗临危继位，在鼓足了勇气和坚定决心的支持下，最终化险为夷，并为南宋带来了和平的年代。

结果，南宋在此之后却一天比一天萎靡，真个儿是像那泄了气的皮球一样。所谓国内外的大事，几乎就靠着孝宗皇帝这一口气撑着。

可是孝宗皇帝也是人啊，不是那个除了怕几块破石头就刀枪不入水火不侵，天天就爱拯救宇宙，每次出场还非要找个电话亭，把底裤穿在潜水服外面的超人。

于是，在一片歌功颂德的赞美声中，忙得白头发都要掉光了的孝宗皇帝宣布退位，禅让给自己的皇三子，也是此时的太子赵惇。

赵惇，欸……让我想想怎么说他呢……

这是个很传奇的人。而之所以说他传奇，是因为他有个比他还传奇的皇后，这个不凡的女人叫作李凤娘。

李凤娘，他爹是庆远军节度使李道，是个不大不小不上不下的武官。节度使这个头衔，北宋开国的时候还是很唬人的。可到了南宋，基本上有点儿军功都能在死的时候混上。

当然，李道的这个节度使不是死后追认的，而是靠女儿弄来的。不过，他还是有两下子的。据说，在李凤娘出生的那天，李道连蒙带骗和着忽悠再夹带点儿贿赂的，把赵构的御用算命先生皇甫坦给弄到家里来吃酒。刚好呢，就赶上了李凤娘的出生。

也是巧了，就在李凤娘出生的那一瞬间，忽然有一群黑色的"凤凰"从天而降，落在产房门口。皇甫坦大惊失色，立马告诉李道："李将军，您家有喜了！您家生下来的千金，是未来的皇后啊！"

欸……我不能说皇甫坦的预言错了，但他肯定没有好好看过《动物世界》。因为很明显嘛，哪有黑色的凤凰，那明明是一群乌鸦……

被惊吓到的皇甫坦一路紧跑慢跑地去见赵构。接着就是一顿天上地下的忽悠，什么天有祥瑞啦，什么百鸟（一群乌鸦）争鸣啊，等等等等。

千言万语一句话："陛下！老臣给您找了一个孙媳妇！"

"哈？"赵构一头雾水，这算什么事儿？这小女孩儿刚出生就玩这么一出。当时的赵构也算是在人间混得要成精了，他没那么容易被蛊惑。

可是皇甫坦非常坚定，于是赵构决定保留着看看，这个小姑娘到底有没有那么神奇。

十来年后，被皇甫坦整日叨叨的赵构，终于忍不了了。此时，正值孝宗皇帝的三子赵惇成年，到了婚嫁的年龄。于是，赵构终于同意亲自去看看这个李凤娘。

一看之下，赵构还蛮喜欢的。于是，大手一挥就把李凤娘许配给了赵惇。

其实，李道和李凤娘父女俩对此是颇有微词的。为啥咧？他姑娘可是命中注定的皇后啊，怎么嫁了个皇三子？这不明摆着忽悠人嘛？

别忙，皇甫坦虽然动物知识不丰富，但是他的专业技能还是很靠谱的。很快，就在李凤娘入宫的第二年，整个后宫的形势发生了天翻地覆的变化。

由于孝宗皇帝的长子早夭，他的次子赵恺就成了全后宫最大的希望。幸运的是，赵恺是健康的孩子，而且还早早地结了婚生了个儿子。

他将会是太子，他的儿子会是皇太孙，这是皇族的宗法，是无人可以撼动的。

既然人撼动不了，那就天来动。不久后，赵恺的儿子也夭折了。据说是因为当时的医疗水平不够，给开错了药。

这事儿就算放到现在都是要闹上法庭的，何况在封建时代。趁着大家都在吵吵嚷嚷的这个空当，李凤娘赶紧和皇三子赵惇加班加点地造人，终于赶在赵恺生下一胎之前，生了个儿子出来。

也就在生产之前，李凤娘到处和人说，她梦见天上落下了一个太阳，被她用手托住了。这个太阳，就是自己腹里的胎儿。

于是，满朝文武皆欢喜，赵构当即大手一挥，让赵惇做了皇储。改赵恺为魏国公，出判宁国府（今安徽宣城）。

赵恺很难过，他跑去找爷爷赵构诉苦："爷爷留我，却让三弟越位做了太子！"

而赵构竟然毫不要脸地说："儿道是官家好做？做时才烦恼哩！"

烦恼？那这么多年你都退休了还满怀激情地搞事情！

当然，也不是所有人都赞成这个决定的。那时，虞允文还健在，他就几次曾劝阻宋孝宗这么做。宋孝宗也努力了，可是实在是拗不过赵构，不得已只得这样。

最终，赵惇坐到了太子之位；而赵恺则在临行前去了虞允文家里，请求虞允文多加保全。他的结局还算不错，在虞允文的保护下，他这一生都极端低调。但太子之位始终是他的心病，于九年后死于抑郁。

时间就这样到了淳熙十六年（公元1189年），宋孝宗光荣退位后，而赵惇也自此开始了他惊心动魄的皇帝之旅。

赵惇恨他爹，非常恨。一来是他知道，孝宗皇帝并不想立他做太子；二来他恼恨父亲占着皇位这么久，让他只能干看着。最要命的是，他父亲不仅自己省吃俭用，生活拮据，还非要自己的儿子、媳妇跟着一起朴素。

爹啊，您说我一太子，国之储君，每个月也才几千缗钱，能够用吗？下面的王爷都比我混得好！

为此，赵惇不断地抗议，甚至好几次都跑到爷爷赵构那儿去告状。还把已经白了的胡须和头发给爷爷看，要爷爷催促爹赶紧把皇位让给他。

顺便一说，那时的赵惇还不到四十岁。

问题是，赵构还真帮着孙子来对付自己的儿子……什么叫作"坑爹"？我这算是彻彻底底清清楚楚地见识到了。

然而，你们觉得赵惇已经很"坑"了吧？NO!NO!NO!NO!NO! 那你们就太天真了！比起李凤娘，赵惇以上的所作所为最多算是矿坑。李凤娘，那是陨石坑级别的。

据说，在孝宗皇帝禅让的前夕，众臣皆说太子显德仁厚，不住说好。只有参知政事黄洽一人沉默不语。

孝宗问他何意，黄洽叹了口气说："李凤娘是个祸根，她根本不是什么母仪天下的皇后，她是灾星啊！"

孝宗皇帝有点不开心了，毕竟明天就是自己儿子的登基大典。说什么这个时候，都该讲点吉利的话吧？

黄洽没有多做解释，他向宋孝宗行礼辞职，并说："今天陛下您不听我的，来日您再想见我，却永远也没有机会了。（异日陛下思臣今日之言，欲复见臣，亦不可得矣。）"

赵惇继位后，黄洽的预言立刻就中了。李凤娘在当上皇后后，一改淑女本色，瞬间变身为皇家泼妇。她在宫里面见宋孝宗可以不行礼；她在后宫里面威风八面，对下人大打出手；宋孝宗的谢皇太后见了她直皱眉，规劝她有点皇家仪典，哪知李凤娘直接回了谢皇太后一句："你以为我是你，是从嫔妃升上来的？我可是当今皇上的发妻！发妻，你懂吗？你知道什么叫作发妻吗？"

宋孝宗得知后，怒不可赦，他要号召群臣，废了李凤娘这个恶毒的泼妇。可是，当年宋孝宗是皇帝的时候，两府三省六部就没啥人搭理他，现在他做了太上皇，就更没人管他了。

想来想去，孝宗皇帝只好找来自己的老师，三朝老臣史浩。此时的史浩都快九十岁了，他颤颤巍巍地进了宫对孝宗皇帝说："陛下啊！李凤娘这个女人确实恶毒、混账、该死，可是现在新君刚立，您就废了

210

皇后，是不是不合适啊？"

孝宗皇帝无奈，只得嘴上笑嘻嘻，心里……

而不知怎么的，李凤娘知道了这个事儿。她既没有惭愧，也没有惶恐，而是三步并作两步，一下子冲进了孝宗皇帝的重华宫，指着孝宗皇帝大骂道："枉你自称仁义之君，难道你恋权恋到连自己的儿子和媳妇都容不下吗？"这一次，李凤娘错了。她太小看宋孝宗了，当年金海陵王完颜亮带着一百六十万大军亲临长江，把刀架在了宋孝宗脖子上，他都没虚过，难道还怕了你一个泼妇？

没说的，宋孝宗直接让左右把李凤娘给轰了出去，并下令永生不许李凤娘进他的重华宫！

被轰出去的李凤娘发现，自己也确实是小看了公公。但是不要急，她有作为历代恶媳妇一模一样的王牌，那就是她握着宋孝宗的儿子和孙子。

是的，你们没有看错，宋光宗赵惇，他就是那种只会欺负自己爹妈的"气（妻）管严"。你别看他在老爸，甚至在爷爷面前都能叱咤风云，到了李凤娘面前，他不过是只乖巧的小绵羊。

于是，卑鄙的李凤娘又开始着手另一个阴谋。既然她对付不了孝宗皇帝，那就对付孝宗皇帝的儿子。只要能折磨赵惇，那就算折磨了孝宗。

公元1190年，也就是在赵惇登基后一年。赵惇改国号为绍熙元年，从这年起，他正式开始了自己的统治。

在这一年的三月，早春时分，孝宗皇帝邀请自己的儿子来重华宫吃一顿家庭聚餐。席间，孝宗皇帝为儿子准备了一味有效治疗心脏病的药（孝宗和光宗父子俩的心脏都不好）。对此，孝宗皇帝也是煞费苦心，他生怕药不好，非要自己先试过，觉得有效才推荐给自己的儿子。

211

这事儿给李凤娘知道了,她灵机一动,觉得这还是个摧残孝宗皇帝的好机会,遂立即跑到宋光宗赵惇那里哭诉道:"陛下!您的父亲当年就不想立你为太子,上次家宴,又不同意立您的长子嘉亲王,现在他又要给你吃药丸,这分明是要废了你,要你玩儿完呀!"

说完,李凤娘给周围早就买通好的太监宫女们使了个眼色。这些下人们心理神会,立刻纷纷跪下痛苦,指责孝宗卑鄙。

赵惇是真被吓着了。他开始回忆往昔父亲不肯让位于他的种种,他竟然真的以为孝宗皇帝要废了他,毒死他。

于是,他不去了。

可怜孝宗皇帝,如此精心准备的家宴就这样被毁掉了。

李凤娘一击得手,十分得意。但马上,她又发现自己面临一个新的威胁。虽说宋光宗赵惇是重度"气(妻)管炎",但他毕竟是皇帝,还是个喜欢玩儿的皇帝。那么后宫三千佳丽自然是不能少的。李凤娘年轻时虽有姿色,但毕竟老了,和那些小女孩儿比起来,自然是没有竞争力的。

这里,尤其以黄贵妃最为棘手。此女是宋高宗赵构在晚年赐给赵惇的,从名分上,李凤娘就很难下手。其次,这个黄贵妃不仅年轻漂亮可爱,还温柔顺从可人。对于赵惇这种长期被压制的重度"气(妻)管炎"患者有着超过核武器的杀伤力。

而黄贵妃也知道,仗着高宗皇帝的名分和当朝皇帝的宠爱,她根本就无视李皇后的白眼。

这一次,李凤娘却出人意料地选择了忍让和回避。在这一年里,她比往日收敛了不少,破天荒地由着赵惇去见他的父亲,和他的黄贵妃卿卿我我。

212

李凤娘，蛰伏了起来。

绍熙二年（公元1191年）十二月十四夜，这是宋朝皇帝为迎接新年的祭天大典的前一夜。赵惇必须携文武大臣和皇亲国戚们住到祭祀台下的斋宫。

是夜，李凤娘忽然发难，突袭后宫。她残忍地杀害了与光宗交好的张"婉仪"、武"才人"、潘"夫人"、符"夫人"、大张"夫人"、小张"夫人"以及黄"贵妃"。

她砍下了黄贵妃的手，并派人把"它们"送给在斋宫祈福的宋光宗赵惇。

赵惇惊愕！他怎么也没想到，白天还好端端美人们，晚上就在他离开的这一下，就这样惨遭毒手了。

他不敢告诉任何人，更不敢反抗李凤娘的压制。唯有一个人默默地在斋宫哭泣。

可是皇家的威仪容不得赵惇有过多的时间自顾悲戚。祭天地大典在十五日丑时七刻开始。当时夜色明朗、星月璀璨，天地一片祥和。赵惇身着庄严的冠冕，手执玉圭，走上了祭台。

可是就在赵惇登上祭台的那一瞬，忽然狂风大作，星夜无光。疯狂的飓风把皇家的帘帐吹得是东倒西歪，祭台上飘下一片火烛，只听得"嘶"的一声，这些华美的帘帐瞬间就被烛火点着了。然后风借火势、火助风威，被点着了的、燃烧成一段火云般的帘帐，骤然将赵惇裹在了里面。

也就在这时，天上忽降暴雨，奇怪的是，漫天的暴雨却不能扑灭那熊熊燃烧的火焰。继而是电闪雷鸣，轰隆巨响，再然后，是拳头大的冰雹倾盆而下，直接把祈福用的祭台砸了个稀巴烂。

站立在一旁的皇亲国戚和两府大臣们都惊呆了，他们一个个惶恐不已地对着天跪下，在狂风、烈焰、暴雨、雷鸣和冰雹里瑟瑟发抖。直到寅时苍天息怒，天空又恢复了宁静晴朗，他们才战战兢兢地爬起来，七手八脚地把皇帝赵惇从一堆灰烬破布里捞出来。

要说古时候的皇帝也真是天神下凡，经历了这么恐怖的折腾，赵惇竟然还没伤着，也算是真龙天子，百灵护身。

只不过，从此以后赵惇落下了个毛病——疯了。

此时的赵惇嘴角发笑，眼泛泪花，鼻涕口水流了一地。无论身边的人说什么问什么，他都只会"嘿嘿、嘿嘿"地笑。

这下大家都傻了，皇帝疯了，那还了得？等等，不怕，咱大宋还有个皇帝啊。

于是，大伙儿只能去找太上皇宋孝宗："您儿子疯了，现在啥都听不明白，这国家不能一日无君，老官家哟，您赶紧来主持下大局，告诉大家现在该干吗！"

听到这个消息后的谢皇后，当即痛哭流涕。虽然她不是赵惇的生母，但毕竟是看着赵惇长大的。然而宋孝宗却只是长叹了一口气，摆了摆手，准备整理好衣冠去替儿子收拾这个烂摊子。

就在众人都指望着孝宗皇帝回来重整大局的时候，李凤娘以令人"吃鲸（惊）"的速度"穿越"到了赵惇身边。

要说赵惇也是个把"坑爹"进行到底的人物，他应该是最痛恨李凤娘的。可是偏偏他见到了李凤娘以后，又恢复了一些神志。

尤其是当他听说自己爹要来看看他的时候，顿时吓得魂飞魄散。忆往昔父亲不肯退位把皇位给自己，父亲不那么支持自己为王储，还有不肯立自己的儿子为太子……种种经过李凤娘精心烹调以及他自个儿幻想出来的记忆，这时的赵惇说什么也不见自己的父亲。

可怜宋孝宗在自己儿子的房门口站了一夜，愣是没见着儿子。而按照大宋的律法，虽然孝宗皇帝是太上皇，但是此时此刻，他儿子才是正牌皇帝。尤其是他儿子赵惇偏偏这个时候又恢复了一些神智。

那就没办法了，皇帝的话在法律上就是圣旨。宋孝宗无奈，只得回重华宫。

而李凤娘，李皇后，她梦中期待了许久的局势终于出现了。皇帝现在变成了她的物件。群臣怕她，后宫无人敢得罪她，孝宗皇帝孤立无援。

她，一个无知无能、飞扬跋扈的泼妇，成了南宋的实际统治者。她阻止两府大臣见赵惇，她像个反贼一样拿着大宋的传国玉玺四处盖章发号施令，她甚至不断地阻拦孝宗皇帝和儿子赵惇见面。

南宋，自此进入了无比黑暗的两年。在这两年里，孝宗和赵惇一面都没能见到。

但，就像所有的神话传说一样，当黑暗笼罩全世界的时候，新生的火焰将再次燃起，驱散这一切的混沌。

嘉王赵扩，他是李凤娘和赵惇的二儿子。他一直没有忘记爷爷。虽然目前和父亲跟爷爷的关系一直很僵，但他没有忘记，这二十多年将近三十年来的太平盛世是谁缔造的。

父亲不能去看爷爷，他作为孙儿就代父亲去。而李凤娘，则一直以为，曾经宋孝宗拒绝支持立嘉王，所以现在嘉王肯定不会给宋孝宗好脸色的。

李凤娘这里错了。当然，在像她这样的混账们的心里面，天下人的关系，无一是清白的。

每当赵扩找借口来找爷爷的时候，宋孝宗都会默默地流泪，轻声说："我喊他不来，你却来了。"而每当这个时候，嘉王都会好好陪着爷爷，有时候喝茶，有时候下棋，有时候和爷爷一起搭个火炉，陪着爷爷在西湖边上说说话。

两年多后，也就是绍熙五年（公元1194年）六月，宋孝宗重病缠身，已到了临终之时。

他很想再见一面儿子，可是赵惇没来。

来的是孙子，赵扩。

宋孝宗既感伤又温暖。他向孙子伸出了手，就这样握着赵扩的手，平静地离开了人世。

后世，《宋史》的编著者、元朝的丞相、历史学家脱脱赞曰："孝宗卓然为南渡诸帝之称首。宋之庙号，若仁宗之为'仁'，孝宗之为'孝'，其无愧焉，其无愧焉！"

在我看来，若说北宋仁宗皇帝是父亲，是兄长，是温暖无私、燃烧自己的太阳，那么南宋孝宗皇帝就是一位尽职尽责的国之长子、一位黑夜里的守护者，如同那洁白浩荡的明月，为黑暗里的百姓，默默地扛下一切，并为他们指引方向。

他是一份对于南宋过于贵重的礼物。他用他宛若浩荡明月般锃亮的心，照亮了南宋昏暗的天空，为百姓带来了光。

宋孝宗病逝，李凤娘还在作威作福，她甚至不让赵惇出席宋孝宗的葬礼。

可是，当今的皇帝不来，孝宗如何下葬啊？可是李凤娘就是做得出，她那意思是，孝宗下不下葬跟她有什么关系？

既然客气话都说完了，那就别管孝宗的崇拜者们不客气了。原孝宗皇帝乾道二年（公元1166年）钦点的状元，宋太宗赵光义遗落在民间的赵元佐的八世孙赵汝愚，联合了早就预谋好的前魏王、有铁壁相公之称的韩琦五世孙、汝州防御使知合门事韩侂胄一同向吴太皇太后（宋高宗赵构的皇后）觐见，要让她来主持公道，让当今皇帝禅让给嘉王赵扩。

其实，赵汝愚和韩侂胄早已控制了禁军，加上吴太皇太后这些年来，在赵构死后也饱受李凤娘的欺负。

还有，赵惇这个不孝子，不管他是疯成什么样了，不出席父亲的葬礼，就是天大的不孝，必须废了他。

于是在赵汝愚、韩侂胄的半劝说、半施压下，吴太皇太后毫不犹豫地就答应了。

"皇帝心疾，未能执丧，曾有御笔，欲自退闲，皇子嘉王扩可即帝位。"这是太皇太后的懿旨。

李凤娘终于慌了，她赶紧推出自己的丈夫，企图阻止这场政变。可惜已经晚了，这么多年来的作威作福，她让宋廷上下所有人都恨透了她，没人愿意支持她。

无奈，她只好望向自己的儿子，嘉王赵扩。

赵扩犹豫了，一来他根本没有做好准备当皇帝；二来他更没想过要以这样的方式替代自己的父亲；三来他不知道此时此刻该如何面对太奶奶、奶奶、父亲、母亲以及文武百官们。

局势就此僵持住了。

赵汝愚看在眼里急在心里，却又无可奈何。关键时刻，估计是在天上的老韩相公（韩琦）发威了，他的五世孙韩侂胄忽然暴走，他一把把赵扩从人群里面拉到群臣的最前方。

然后他立刻匍匐在地上行礼，高声喝道："吾皇万岁，万岁，万万岁！"

群臣立刻清醒过来，也纷纷下跪行礼。就这样，赵扩成功登基成为皇帝，也就是宋宁宗。

李凤娘被迫退出。

也算是报应吧！这个恶毒的女人一从权力的巅峰跌落下来，就立刻惨遭众人的蹂躏和欺负。以前对她毕恭毕敬畏首畏尾的宫女太监们，现在都用白眼看她，连杯水都不给她倒，衣服也不给她洗。原来对她言听计从的、发了疯的赵惇，忽然对她大打出手，每天用锥子戳她。

李凤娘每天在房子里被戳得哭号奔走，没过几年就死了。死的时候，都没人给她收尸，尸体就烂在房间里面。

又过了很久很久，有一个宫里的太监因为一股不知名的恶臭才发现了她的尸体。由于实在是太臭了，最后不得不把那栋房子都拆了。

至于她的尸骨最后如何了，呵呵，我不知道。反正她是大宋唯一一个没名分没进太庙的皇后。

赵扩继位，拥护他的赵汝愚和韩侂胄分别做了中书省同平章事和枢密使军国事。按道理说，他们仨应该手拉手开启了幸福美满的童话人生。

可惜，中国人从不讲童话。很快赵汝愚和韩侂胄在执政上就出现了巨大的分歧。韩侂胄是韩琦的后人，那韩琦是什么人？铁壁相公的手腕和志向，是绝不会仅仅停在这一隅江南的。

南宋宁宗赵扩卷：

开禧北伐

前情提要：南宋淳熙十六年（公元1189年）二月，宋孝宗退位，传位于皇三子赵惇，即宋光宗。因宋光宗自私、不孝、懦弱，致使皇权旁落至皇后李凤娘手中。宋光宗本人也于绍熙二年（公元1191年）十二月被逼疯。一时间，朝野混乱、动荡不安。绍熙五年（公元1194年）六月，宋孝宗病逝。因李凤娘胁迫宋光宗赵惇不得参加孝宗葬礼，一时激起群臣愤怒，并以宁国事解读判官兼吏部尚书赵汝愚和汝州防御使知合门事韩侂胄为首，协同大内禁军，联合吴太皇太后逼迫宋光宗内禅于嘉王赵扩。史称绍熙内禅。

在一片混乱之中，不知所措的赵扩登基了，此时的他，还并没有做好做皇帝的准备。于是，赵扩请出了祖奶奶，原宋高宗赵构的皇后，吴太皇太后来垂帘听政。

然而吴太皇太后实在是太老了，仅一天，她就自个儿撤帘了，不过她倒是给赵扩推荐了一个人，此人历仕三朝，曾是虞允文的学生，并且深得孝宗和高宗的喜爱。吴太皇太后相信，这个人一定会好好辅佐赵扩，并把这个少不更事的小孙子给带上正确的道路的。

这个人，叫留正。话说，这位仁兄好歹也算是三朝老臣，两朝宰相了，咋之前一直没提到过他呢？

因为他实在是太低调、太沉稳、太没主见了。他作为大宋的宰相，每天的工作就是好好完成皇帝布置给他的任务。当然，这也是为啥三代皇帝都喜欢他的原因。

听话、不惹事儿、更不找事儿、绝对不没事儿在皇帝面前说这说那添堵加油且每天按时上班、晚些下班并积极配合领导及下属的工作。

这种臣子，估计丢到99%皇帝那儿，几乎都会是紧俏货。所以，与此同时的就是他没啥名气，也没啥作为。

可是，我们的宋宁宗赵扩，偏偏就是要做那个1%。

事情是这样的，留正在被吴太皇太后推荐出来以后，直接就大摇大摆地抢了赵汝愚的首相之位。这就已经让赵扩有点儿不开心了。

他搬出吴太皇太后来，是为了帮助自己整理事儿的。哪知祖奶奶是个甩手掌柜，给他赵扩找了个老总经理把他的亲信给挤走后，自己就跑回皇宫深处养生去了。

而这个留正，不是他赵扩嘉王府的人，不仅没有参与过绍熙禅让，而且还动用宰相之权反对韩侂胄进入枢密院。那意思是，韩侂胄算个什么？不过是一个没进过考场，只凭着恩荫才做到一个小小的知合门事的贵戚，也能当大宋的枢密使？

这一系列的原因，让赵扩每日都如坐针毡，可却又无计可施。

唉！可惜了留正一世小心谨慎、低头做人，难得抬一回头提了个意见，却得罪错了人。

韩侂胄，那是北宋文武双全、强横到丝毫不讲道理的铁壁相公韩琦的后人，就算这一代不如一代了，那份凶狠敢拼的劲儿，却一直流淌在他们韩家的血脉里面。

韩侂胄深切地感受到了留正对他的蔑视。虽然不服，但韩侂胄知道留正的实力和人脉。所以他并没有第一时间和留正撕破脸，而是去找了绍熙禅让的队友，次相参知政事赵汝愚。

按道理说，赵汝愚的成功，应该是离不开韩侂胄的帮助的。可是，谁曾想赵汝愚在赵扩登基得了好处后，就立刻过河拆桥了。

"我说韩大人，咱俩都是皇亲国戚，您说我们不为国操劳，谁还会呢？您看，这是我们的义务，何来找皇帝封赏之说？绍熙内禅，那更是归功于太上皇无上的德行，我们又有什么功劳呢？"

韩侂胄笑在脸上，气在心里。好你个赵汝愚，现在你和我说起这些忠贞爱国不要封赏的话来了，你是站着说话不腰疼是不？你咋不说你在当今皇上登基以后，就做了二人之下（赵扩和留正）万人之上的次相参知政事咧？

哪知还没等韩侂胄开口，赵汝愚就正襟危坐，端举茶杯，轻轻地抿了一口。

韩侂胄脸色大变，赶紧起立躬身行礼告退，其所谓端茶送客是也。

话说留正也注意到了赵扩很不喜欢他这件事情，所以他赶紧在一次早朝中向赵扩提出建议，让他封赏曾经嘉王府的内侍旧部们。

谁承想，这件事情到了赵扩的耳朵里面就变味了。在他看来，这个留正是想把他赵扩最后的嫡系也要收买掉。

而留正，自此，终于聪明反被聪明误，拍马屁拍到了马腿上。赵扩不等留正说完就拍着龙椅的扶手大喝道："我亲生父母都还在，就要先恩及下人了吗？"

留正傻眼了，这是怎么了？

当日，立在一边的韩侂胄悄悄走进了赵扩的皇宫，贴在赵扩的耳朵上说了这么一句话："陛下，您是皇帝，那留正虽是宰相，能耐你何？你若真要废了他，也不就废了吗？"

赵扩恍然大悟，即刻下诏，罢免留正的宰相之位，出判建康，即日离京，不得停留。

这里说一句，大家可能会觉得很奇怪，韩侂胄怎么可以这样轻易地出入皇帝的住处呢？嘿嘿，这又是一个留正失算了的地方。当今皇上赵扩的皇后，按辈分，是韩侂胄的侄女。他韩家和大宋皇帝，六代都是姻亲！

回过来看赵扩，他可真够狠的！皇帝罢免宰相，一般都需要走上一个多月的程序，会让宰相自己提出辞呈，经皇帝挽留三次以后才被罢相，并且至少可以在京城停留半年。要知道上一个像留正这样被皇帝这样直接圣旨提出京城且不得停留的宰相，是北宋时期的蔡京。

留正走了，赵汝愚来了，他是一个理想主义者，昭勋阁二十四功臣之一，更是被后世无数历史学家们大说特说痛心疾首地说的大宰相。

赵汝愚文武双全，曾是殿试第一的状元。他曾入陕进川，每到一地，都留下了清廉勤政的美名。他更有一个伟大的梦想，他要倾尽一生之力，把宋朝带回到北宋中叶时的盛况。他坚信人力终究可以感动上天，为大宋带来转机。对此，赵汝愚曾深怀感慨地说："国家自祖宗开创以来，盖历二百三十余年，如大厦焉，岁月深矣。栋挠梁折，曾风雨不庇矣。兴滞补弊，正有赖于今日。"

他要洗净大宋的污垢，重振破碎的河山。为此，他的第一个目标就是打击所有的贪污腐败和小人之言，比如……韩侂胄。

话说这韩侂胄也真是惨，也不知道他哪里得罪了这些士大夫，大家都喜欢踩他调笑他。其实我在史书里面翻来翻去，也没发现这人在早期有啥坏心眼。相反，他对大伙儿都很讲义气，出手也很宽裕。

可是赵汝愚就是要盯死韩侂胄，处处为难他，甚至把韩侂胄到手的节度使之位给降了一级，改为承宣使。

这事儿确实有点过分了，节度使在宋朝就是个虚职，除了和工资（俸禄）挂钩，其他也真没啥的，给了也就给了。可是理想主义者赵汝愚偏不。

这回，韩侂胄实在很愤怒了。上次留正的事儿赵汝愚奚落他也就算了，这次他赵汝愚竟然如此赶尽杀绝，那就别怪我韩侂胄不客气了。

赵汝愚，从此这宋廷之上，有你没我！

而赵汝愚本人却依旧沉浸在他无比华丽闪光的理想情怀里面。他每天都在积极地打击所有他觉得不正义、不道德、不君子、不廉洁的人；与此同时，他还不断地标榜他自己是多么的伟大、光明、正义。

一时间，赵汝愚树敌无数，却尤不自知！好了，炸药桶此时已经充填完毕，就差那一点火星了。

这点儿火星很快就燃起来了。原赵汝愚的直系下属，工部尚书赵彦逾因为为自己的家属多捞了点钱被赵汝愚发现了，而被直接放倒，调往蜀川当工头去了。

赵彦逾傻了，不就是捞了点钱？你至于把我个朝廷二品大员直接半流放到蜀川吗？

赵汝愚觉得很有必要，他无视赵彦逾痛哭流涕的恳求，然后潇洒地回到了堆满公务的办公桌上，连茶水都没给赵彦逾喝一口。

赵彦逾怒不可遏，他直接找到了皇帝陛下，大声怒骂赵汝愚专横跋扈、为所欲为。

火星到了，是时候引爆炸药桶了。得到消息的韩侂胄立刻冲进皇宫，求见赵扩。他浑身抽搐，双膝跪下，俯首贴地，用尽浑身之力向赵扩呼喊道："陛下！老臣死不足惜，但是，满朝皆是赵汝愚的党羽，他本人又是皇亲，这可如何了得？老臣真是为陛下担忧啊！"

赵扩猛然坐了起来。是啊，赵汝愚是皇亲！而且一年前，就是他带头率领群臣，逼父亲宋光宗退位禅让的！

不用犹豫了，赵扩立刻下诏，罢免赵汝愚，贬为宁元军节度副使，出任福州。

理想主义者赵汝愚，就这样轻而易举地倒了。或许直到罢相圣旨被送到他面前的那一刻，他都不知道自己为什么会被贬。

"看侂胄用意，必欲杀我。我死，君等方可无事。"这是赵汝愚对他曾经的支持者，此生唯一的知己，最后的一句话。也是他在那个时代里留下的最后一丝痕迹。

这个知己，就是朱熹。

庆元二年（公元1196年）正月二十日，赵汝愚于衡州突然死亡，死因不详。此时距离绍熙禅让不过一年半；距离赵汝愚官拜宰相不足十月……

赵汝愚死了，韩侂胄终于得到了他梦想得到的一切。宋宁宗赵扩拜韩侂胄为平章军国事，统领中书省和枢密院东西两府，总管军政大权。

接着，韩侂胄亲自整顿全国的军务和政务，重整军营里面腐败臃肿的萎靡之风，并亲自为韩世忠设庙拜祭，追封岳飞为鄂王、韩世忠为蕲王，并将这两位的伟大事迹在全国传颂。

九年之后，也就是公元1205年。韩侂胄怂恿宋宁宗赵扩改年号为开禧元年，并于当年四月十日，在岳飞的墓前夺去秦桧生前死后的一切封号，并削掉了秦桧子孙们所有的封荫。

然后，韩侂胄在岳王庙前跪拜行礼，并请出了和他一样慷慨激昂、一心奋战的礼部尚书李壁于岳王庙去写下《讨金檄文》：

"天道好还，盖中国有必伸之理；人心效顺，虽匹夫无不报之仇；……衣冠遗黎，虐视均于草芥；骨肉同姓，吞噬剧于豺狼；……兵出有名，师直为壮，况志士仁人挺身而竟节，而谋臣猛将投袂以立功。西北二百州之豪杰，怀旧而愿归，东南七十载之遗黎，久郁而思奋。……为人子，为人臣，当念愤。益砺执干之勇，式对在天之灵，庶几中黎旧业之再光，庸示永世宏纲之犹在。布告中外，明体至怀。"

次月，韩侂胄点兵十万，兵分东路、中路、西路三军，对金国不宣而战。史称：开禧北伐！

开战伊始，东路军首当其冲，先锋毕再遇仅率八十七人，仅一日就拿下了泗州。

毕再遇，我相信很多读者一定不会对这个名字陌生。是的，他就是武义大夫、前岳家军胜捷军副统治毕进的儿子。

东路军的勇猛一下子为南伐打开了一个巨大的缺口。紧接着中路军江州统制官许进克复了新息（今河南息县），进而又攻克内乡（今河南西峡），由金国归宋的孙成也收复了褒信（今河南新蔡南）。

形势一片大好，中路军主将皇甫斌再接再厉。他连夜起兵带着一千多号人直奔唐州而去。

此时此刻，命运忽然对南宋露出了一个可怕的鬼脸。皇甫斌的手下出现了叛徒，金人很快知道了皇甫斌的行军路线，他们先在支池河把桥挖断了，后来又在方城设伏，重创了皇甫斌，然后金人又截掉了中路军的粮道。中路军自此被迫回撤。

然而中路军的进攻受阻并没有让韩侂胄慌乱，他立刻从临安调集了三支增援部对给频传捷报的东路军，并升毕再遇为武信军节度使，让他再接再厉，勇克敌军。

得到了援军支持的东路军越发神勇，毕再遇以万夫不当之势一路北上，与东路军的另一位超级猛将田迈俊一起，连克徐州、虹县、灵璧、符离直至宿州城下。

此时毕再遇的名声如雷贯耳，他在宿州城下竖一大旗，上书"毕将军"三字。金人看见，如见恶鬼猛禽一般，两股战战、士气全无、几欲逃走。

此时，淮河一带的老百姓和义军们，纷纷揭竿而起，伙同毕再遇与田迈俊一起奋勇攻城。

就在宿州城即将被攻破、收复的时候。东路军主帅郭倬忽然到了，他眼睁睁地看着老百姓和宋军一起爬城立功，顿时心痒难耐。遂，即刻下令三军放箭——准头歪了点，对着老百姓和义军们射去。

开玩笑，我郭倬的功劳怎么可能给你们这些蝼蚁般的老百姓们抢走？

跟着宋军一同冲锋的老百姓和义军们蒙了。他们恍惚地看着身后，向他们自己射来的箭雨。在确定是南宋主帅的命令时，他们彻底寒心了。接着是暴怒，然后开始掉转头来，冲击宋军。

毕再遇也蒙了，什么情况？他完全不知道郭倬的到来。他就这样活生生地看着宋军败退崩溃下来，完全无能为力。

宿州城内的金军迅速把握住了战机，他们乘着宋军的溃败顺势杀出，将整个东路军包围在了符离。

郭倬慌了，他派人和金人谈判。金人要求郭倬把东路军的猛将田迈俊给送出来就放人。

混账的郭倬竟然不顾全军的阻拦，愣是把战功赫赫田迈俊给绑了送给了金军。金军一看田迈俊被俘，宋军士气全无，立刻合围。毕再遇左冲右突带领少数东路军杀出一条血路而走。郭倬本人则乔装打扮成普通小兵一路跌跌撞撞地逃掉了。

金军顺势追击至溱河。此时宋军的东路和中路两军已经败退到了一起。金人来势汹汹，在宋军半渡溱河的时候突然出击，宋军再次大败，死伤上万人。

关键时刻，就在宋军即将雪崩的时候，毕再遇将军再次提枪上马，带领二十余骑拼死抵抗。金军反复冲锋十多次，毕将军却是岿然不动。不得已，金军只得撤退。

屋漏偏逢连夜雨，此时此刻，最不应该出事的西路军也出事了。西路军主帅是程松，这是个没名气的小人物。但是西路军的主将却鼎鼎大名，他就是川陕双雄、信王吴璘的孙子，吴曦。

按道理，将门出虎子，忠臣有良后，可是这个吴曦却因为对爷爷的际遇愤愤不平而投降了金国！

他表面上作为西路军的主将出战，暗地里勾结金人，困住宋军的西路主力，并且故意丢掉粮道，还将蜀川的门户，阶、成、和、凤四州全数送给了金国。然后，吴曦自称蜀王，定都成都，宣布自此脱离南宋。

韩侂胄震惊！三路进军的开禧北伐，竟然三路全线崩坏。更坏的情况是，没等金人一鼓作气急欲南下，作为南宋钱袋子的蜀川竟然叛乱了。而叛乱的那个人，竟然还是他自己一手提拔起来的，南宋中兴名将的后人吴曦！

更可怕的是，吴氏三代经营蜀川，更有剑阁雄关天下。南宋此时兵

227

败如山倒，又有何力可以支撑朝廷平定叛乱呢？

吴曦本人也正是看准了这一点，他在成都大兴土木，建造宫殿，并极力打压所有忠于宋朝的人。

在吴曦看来，只要守住了剑阁大门，背后又有金人做靠山，那么南宋就对他毫无办法，只能听之任之。

他想的是对的，但他却低估了宋人的骨气。在他爷爷的时代，国家以私利取人，可他爷爷却绝不以势取国。吴璘一辈子忠心耿耿地镇守着南宋的西大门，他早已成为了全蜀川人民心中的神。

全蜀川的将士百姓们，是绝不会允许吴曦这样践踏他的祖先的！原蜀川的南宋官员们在吴曦称王后，自杀的自杀，辞官归隐的归隐，一下子就把吴曦弄成了一个空壳儿。

终于，开禧三年（公元1207）二月二十六日，一众密谋讨伐吴曦的勇士们，在这一天夜里集合到了一起。他们手持大斧，冲入了吴曦的寝宫，把吴曦砍成碎片，挫骨扬灰。

韩侂胄第一时间下达了惩处：斩首吴曦的妻子，虽然没有株连吴氏其他家属，但吴氏就此被贬出蜀川，全家为吴玠、吴璘去守墓。

蜀川的叛乱终于在演变成一场无法挽回的灾难前结束了。可是，这同样也宣告着，短暂的开禧北伐，彻底失败。

站在一堆瓦砾残片上的韩侂胄，神色严峻地思考着如何才能挽回这可怕的损失。殊不知，在他的背后，一场至暗的阴谋正在凝聚成形，将他死死地扼住。

"你们说，这金人怎么学起南人来筑墙了？"

"不对啊大汗，这南人现在都在学骑马射箭，他们也不筑墙了啊？"

"要我说啊，这金人，怕不是自己把自己圈养起来，吃个舒坦吧？

啊哈哈哈哈！"

"好了！无论如何，这女真人曾经也算是这草原上的霸主，我们决不可轻敌。别忘了，他们曾经奴役过我们的祖先。尤其是，我的爷爷就是被他们绑在磨坊的驴上给磨死的。"

"而今天，大汗，在您的光芒之下，在长生天的护佑下，我们将夺回曾经属于我们的一切！我们将向女真人复仇，去为我们惨死的妻儿父老们，报仇雪恨！"

"哲别！木华黎！赤佬温！速不台！术赤！察合台！托雷！窝阔太！博尔忽！曲出！阔阔出！"

"哗！"

"那就开始吧。"

野狐岭，金国的巨墙之上。慵懒的巡逻兵像往常一样，提着酒壶在巨墙上踱着步。

自西辽灭亡以来，金国在北部就很少打仗了。闲来无事，也就是去欺负欺负柔弱的蒙古人。

当然啦，女真也是怕被人报复的，所以就有了这道像长城般的巨墙。

只是今晚，这位在这里站了十年岗的小兵感觉这道巨墙在微微颤动。

独吉思忠，金国的枢密使大人，他来到这里狩猎，顺便在年底收收蒙古人的好东西，说不定还能碰上几个高挑美丽的蒙古姑娘。

是的，姑娘一直是女真人的最爱。

独吉思忠在宴会里喝得酩酊大醉。他脸颊潮红，和歌女一同打情骂俏，好不快活。

"报！将……将……将军，他们来了！已经逼……逼……逼……近墙了。"

"什么呀，谁啊！你说清楚，谁来了啊？皇帝还在和南人和谈呢！"

"他……他……他们……来了！您还是去看……看……看一下吧？"

此时，宣告敌人入侵的警报号角声忽然此起彼伏地哀号起来，整个金营一片骚乱，巨墙上灯火通明。

独吉思忠哼哼了一声，什么呀？野狐岭前面百里处还有重镇乌沙堡呢！无非不过是些西夏小人来抢东西了，干吗这么慌慌张张啊！

巨墙之上，独吉思忠眯着宿醉的眼睛往下看去。

那是一个背着弓箭的年轻将军，手里拽着一个人头，微笑着看着墙上。独吉思忠宿醉的双眼逐渐睁大，接着变成了惊恐，所有的酒精都在这一刻变成了背后的冷汗。

他认得这个人，认得这把弓，认得这一脸邪魅的微笑。

来者，正是哲别，那个被他把玩的脑袋正是乌沙堡的守将。

南宋宁宗赵扩卷:

圣人朱熹

"盖释格物、致知之义,而今亡矣。闲尝窃取程子之意,以补之曰:所谓致知在格物者,言欲致吾之知,在即物而穷其理也。盖人心之灵莫不有知,而天下之物莫不有理,惟于理有未穷,故其知有不尽也。是以《大学》始教,必使学者即凡天下之物,莫不因其已知之理而益穷之,以求至乎其极。至于用力之久,而一旦豁然贯通焉,则众物之表里精粗无不到,而吾心之全体大用无不明矣。此谓物格,此谓知之至也。"

"韩相公,您这说的是什么话?"

"《大学》。"

"韩相公,学生不明白了。我自幼寒窗苦读,这《大学》早就背得烂熟于心,可我却从来不记得,里面有这样一章。"

"史大人,您若连这《大学》'右传之五章'都没读过,又如何能在这纷纷攘攘的朝局中,洞悉事态的本质与变化呢?难道家父没教过你吗?"

"韩相公……这……我……"

"史大人不必再说了。回去告诉你的杨皇后,有些话不是后宫能说的。"说着,韩侂胄忽然转向史弥远,"有些事,也不是那些目光浑浊而短浅、不懂致知格物的人，可以决定的。"

"既然相公已经早有觉悟，那么学生，这就告退了。"

直到史弥远走出中书省，消失在了不能所见的地方，韩侂胄都没有回头看一看。

他自顾自地望着手里的书卷，喃喃说道："我虽与先生立场不同，政见不合，心性甚远，可我对先生的高洁的德行无比敬仰。只是可惜，您可曾知道，您的'理'，不仅严苛高妙到让天下人知其难而止步，更无法在此时此刻将大宋从泥潭里面拔出来。"

"但，无论如何，我永远，都会称您一声'文公先生'。"

文公先生，即朱熹。

一百五十七年前，北宋仁宗皇祐五年（公元1053年），郴州桂阳。

"大学之道，在明明德，在亲民，在止于至善。知止而后有定，定而后能静，静而后能安，安而后能虑，虑而后能得。物有本末，事有终始。知所先后，则近道矣。"

……

"古之欲明明德于天下者，先治其国。欲治其国者，先齐其家。欲齐其家者，先修其身。欲修其身者，先正其心。欲正其心者，先诚其意。欲诚其意者，先致其知。致知在格物。物格而后知至，知至而后意诚，意诚而后心正，心正而后身修，身修而后家齐，家齐而后国治，国治而后天下平。"

……

"自天子以至于庶人，一是皆以修身为本。其本乱而末治者否矣。其所厚者薄，而其所薄者厚，未之有也。此谓知本，此谓知之至也。"

……

"所谓诚其意者，毋……"

"程颢、程颐。今日读书，你们兄弟俩怎么都心不在焉啊？"

"先生，我们……"

周敦颐摆了摆手，示意程氏兄弟不用解释，他稳健而轻盈地走到两位爱徒的面前。两只空空的衣袖随风温柔地从书本上轻轻地擦过，没有发出一点儿动静。

"师父问你们，什么是'诚意'？"

"所谓诚其意者，毋自欺也。"

周敦颐满意地笑了笑："所以，师父刚才不让你们解释。"

程氏兄弟的脸红了，低下头，不说话。周敦颐眼神清亮，似乎是看着学生，又似乎是穿过墙，看着远方。

"你们跟了我多久？"

"回先生，家父是在庆历四年（公元1044年）春季，于南安（今江西省大余县南安镇）将我们托付给先生您的。而后，我们就跟着您来到了桂阳。想来，已有七年了。"程颢恭敬地说。

"而也就是在这一年之后，范夫子他……他就因政敌旧党在朝中作梗而被罢相。致使他流落四方，最终于皇祐元年（公元1049年）去世。"程颐忿忿不平地补充道。

周敦颐点点头："范夫子一生清廉刚正，当年无论是在西北军中，还是京城的朝堂之上，都能做到'诚心诚意'，无愧于天地之间。其圣相之名，绝非夸夸其词！"他昂起头，双眼如明灯，直视自己的两位学生，斩钉截铁地说，"孩子，记住。治国，绝非靠的是经术谋论，更不是兵法玄学，而在于'絜矩之道'。"

程颢程颐笑了："师父这是考我们呢！所谓'絜矩之道'，就是要

233

做到'所恶于上,毋以使下,所恶于下,毋以事上;所恶于前,毋以先后;所恶于后,毋以从前;所恶于右,毋以交于左;所恶于左,毋以交于右'。"

周敦颐也笑了,一边笑一边摇头说:"你们把这个'理'学得很好,记得很牢。可你们却并不懂该如何按照这样去行事、去处世、去做。"

言罢,周敦颐摆摆手,要程颢程颐不要开口,然后他自顾自地,似乎是说给学生听,又似乎是说给自己听:"世上很多人,并非不知'理',而是被'欲'蒙蔽了双眼。倘若能去掉心中的'欲',那么埋藏在本心的'理'就自然会出来了。"

"即'存天理,去人欲'!"

程颢、程颐重重地点了点头,把这六个字深深地刻在了心里。此时周敦颐也回过了神来,说:"我已经接到了朝廷的调令,不久后就要前往南昌。而你们,马上也要开始准备进京赶考了。来日朝堂之上,切勿忘本心!"

嘉祐四年(公元1059年),开封府太学院内。

"程颐!程颐!"

"胡学士。"

"你真的不准备继续再考了?你今年才二十六岁,还年轻得很,不过是说话过于锋芒让圣上不悦,才导致你殿试落第。你是我胡瑗在太学院见到的最有为的年轻人,只要你能收敛一些,处世再圆滑些,来年你的名字必将高挂金榜。"

"谢谢胡学士的好意,我意已决,不会再科考了。"

"唉,那好吧!这样,你父亲、祖父、曾祖父都曾为官,按历,你可以在地方得到荫庇的官职。我这就去禀报吏部。"

"胡学士!想必您也知道,这荫庇的位置,一族之内,是有限额的。我想，还是把这些宝贵的名额，让给我其他需要帮助的兄弟们。"

"程颐，你……"

"若说官爵功名，我哥哥程颢已是帝师，对我一族而言，这已经足够了。我只想胡学士给我去吏部求一个处士的名祎，让我可以在地方开设学堂，教书传道，研习经典。"

"唉，好吧！你们兄弟俩，真是。"

"君子之学，必先明诸心，知所养，然而力行求至，所谓自明而诚也，故学必尽其心。尽其心，则知其性，反而诚之，圣人也。胡学士这就是我的初心，无论何时何地何处境，我都绝不会将其抛弃。"

"罗从彦，陈瓘执意去见那章相公了？"

"回师父，陈先生去了。已至江边。"

"章相刚愎自用，雄才大略，更有兄长章楶在西军中坐镇。他是荆公的信徒，又素来与司马光和太后交恶。陈瓘这又如何劝得动他？"

"师父，陈先生说了，章相虽然执拗火爆，但他却并非不明事理的人。届时，陈先生会告诉章相，司马光错在把货物放在船的左侧，如果章相执意反攻倒算，就相当于把左边的货物全部搬到了右侧。这样，船还是会翻。"

程颐没有立刻说话，他轻轻地摇了摇头。

"师父，无论章相公想怎样做，他到底还是想为国家好。"

"可他却给朝廷开了个不好的先例。现在朝堂之上只有两种人，一种是站在他章相荆公这边的人，另一种是不站在他这边的人。或许章相并未有私心，但难保此例一开，后人便不会依此法来为自己谋取私利。不管怎么说，逼着朝廷里的众臣去站位，始终是个不合'理'的做法。"

"师父教训的是。"

235

"从彦啊！你要记住，治国所凭依的，绝不是某个方法，而是遵循'天理'，才能豁然开朗，通晓万物，才会不至于给后人留下伤疤。即'默坐澄心，体认天理，格物致知'，方能有所大成。"

"文公，您说，我朝自开国至今，文化如何？科学如何？军事如何？比之辽朝、金人如何？"

"回赵相公，我朝文化昌盛，朝政开明，政令朝发夕至无人敢违；大小发明革新有上千种，更有《梦溪笔谈》这样的巨作。所有的这一切，都是辽朝、金人和党项人不可比拟的。"

"可是，我朝若是真如文公所说的'政令开明，文化昌盛'，为何今日会落得个如此凄凉破碎的下场？"

"赵相公，我十九岁中进士。师从豫章先生罗从彦的传人，延平先生李侗。师父当年，就在我中进士的时候，反复地告诫过我。治国、平天下，靠的不是经术手腕，军政大权，而是'仁人之心''絜矩之道'，此为'天理'。若要得通'天理'，就必须'格物致知'，方能'无贻后人'。可如今您看，朝堂上党争恒心，军队里争强好胜，与别国和谈，我们可曾真的守过信用吗？这就是我大宋必然衰落的原因！"

"文公，今日轮到我主政。从即日起，我一定答应您，若要振兴我大宋的国运，必先振兴我大宋的德行。我恭请您从即日起为当今皇上主讲'经筵'，并重修经典，为我等大臣们指路，为当今陛下指路，为天下人指路！"

韩侂胄从梦中醒来，手里依然拿着朱熹编修过的《四书章句集注》。门外细雨连绵。

他想起了赵汝愚，想起了朱熹，皇帝赵扩对朱熹啰里啰唆的指教的怒吼：

"朱熹！你唆使赵汝愚不听圣命独断专行，在经筵上大谈迂腐之言。你罔为圣人门徒！"

韩侂胄轻轻地叹了口气，随即在嘴角弯出一个似笑非笑的表情。他站起身来，走向庭院，望向如烟的星月。雨水滴答滴答地从屋檐上流到韩侂胄的脚下。

"文公先生所言，皆是圣人之说，必当流传千古，我韩侂胄唯有恭敬，不敢僭越。但，这圣人之说却对朝廷上下无济于事，对于复兴国家并实现我的政治抱负并没有更多的帮助。您看，孔夫子，不是也一事无成吗？"

连绵细雨，还在滴滴答答，韩侂胄心中却是千军万马。

"禀报韩大人，金人的信使就快到了。"

"又要求和？"

"这……是皇上的意思。"

"我看不见得，这是史大人您的意思吧？"

韩侂胄目光如刀，盯死史弥远。

"难道还有杨皇后的意思？"

"韩大人！"

"我大宋与金人世仇，何况他们还是一群唯利是图背信弃义的人。我韩侂胄是绝对不会允许宋金再次和议的！"

言罢，韩侂胄在烟雨中走出了中书省，消失在了一片苍茫的夜色中。

南宋宁宗赵扩卷:

开禧和议

前情提要：南宋光宗绍熙五年（公元1194年）六月，经绍熙内禅，嘉王赵扩在知合门事韩侂胄和吏部尚书赵汝愚的簇拥下登基称帝，史称宋宁宗。宁宗登基后第二年，因政见不合，赵汝愚与韩侂胄决裂。最终韩侂胄胜出，赵汝愚被罢相，不久后死于衡州。韩侂胄遂清洗朝廷，把持朝政并于开禧二年（公元1206年）对金国不宣而战，史称：开禧北伐。因韩侂胄操之过急、用人不当，宋军先胜后败损失惨重。同时，蜀川吴璘之孙，吴曦造反，先投降金国，将阶、成、和、凤四州全数送出，再自立为蜀王。虽然及时被扑灭，但整个南宋因此朝廷动荡，国力元气大伤。

"臣户部侍郎，杨辅请奏。陛下，虽然韩大人一再声称前线危急，但是，户部的钱粮已经空了，就连保卫京城的储备也都送了出去。陛下，我们真的不能再打了。当此时，我们应该快速与金廷达成议和，停止战争，休养生息才是啊！"

"臣淮南防御使丘密请奏。陛下，微臣以为，户部杨大人所言十分在理。更何况宿州、溱河一役我军损失惨重；西方蜀川又有吴曦作乱，

238

若是此刻还不能停止战时，再这样下去的话，我朝必定元气大伤。韩大人贵为魏王之后，也是皇亲贵胄，不可能不明白这之间的道理吧？还请韩大人高抬贵手，合议之事就交由我们来妥善处置。"

"丘大人！你虽为文官，但你更是代表朝廷出征将帅，更是前线数万，乃至数十万，数百万士兵百姓们的长官。你怎么可以说出这样丧权辱国的话？陛下，前线失利，实属微臣之过。但古来征战，胜负乃兵家常事，更何况，金人虽胜却也实力大损，我们虽不可大意为之，但，更不应妄自菲薄！"

"韩大人！为了你口口声声中这场正义的战争，为了你所谓的光辉伟业，别说户部空了。就连当今太后都拿出了一万缗钱贴到了军费，付出了这样的代价，您难道还嫌不够吗！"

"诸位大人，你们给我听着，别说太后拿出了一万缗钱，就是韩某自己，也把祖上传下的，列位先帝赏赐的金银器，一共六千二百两黄金贴进了军队。丘密你又有何话好说？"

"陛下！微臣丘密以为，若是要与金人和谈，则必须让韩大人回避。毕竟，这场战争是他挑起来的，只有不让韩大人参与进来，才能让和谈得以顺利进行，才能让金人看到我们的诚意！"

"陛下！微臣韩侂胄以为，即使此事一定要和谈，那也断不能一上来就事事让着、顺着、惯着金人。陛下您要明白，国与国之间只有利益没有情义，如果我们就这样一味地忍让，就只会让金人对我们更加漫天要价，更加肆意欺凌！至于刚刚丘大人的那番话，微臣以为，他有投敌叛国之意！"

"韩大人！你好糊涂，这都到什么时候了，你心心念念想着的，怎么还可以只是你个人的荣华富贵和权力之道呢？"

239

"丘大人！你因为自己的私利胆怯而只想着让陛下对金人卑躬屈膝，那让我大宋养兵何用，让我大宋的国威何在！陛下！丘密小人昏聩险苛，无以为甚，理当立刻撤职查办！"

"韩侂胄！你好糊涂！！！"

"丘密！你好阴险！！！"

……

赵扩痛苦地摇了摇头，无奈地叹了口气，宣布退朝。已经三个月了。整整三个月，整个朝堂之上就像个大菜市场。什么时候，庄严儒雅的大宋官僚们，变成了这样一个浅薄丑陋的德性？

赵扩悲哀地发现，虽然他贵为皇帝，贵为南宋拥有至尊皇权的男人，却依然在这个为难的关头无能为力。

甚至连他的大臣们，每天想着的，都是从这缸"至尊皇权"中，分到尽可能最大的"一杯羹"。

拖着脱发疼痛到快要龟裂的大脑，赵扩不知不觉下意识地走回了后宫，走到了他美丽温柔、百依百顺的皇后床边。

欸，不好意思，此皇后这时已非彼皇后。韩侂胄的侄孙女，原来的恭淑皇后已经病逝六年了。

现在的皇后姓杨，名字、年龄、出生年月、家世一概不祥。史书上唯一记载她入宫前的信息是说，她是皇宫戏班子里的一个少女。

一次，在上元佳节的国宴里，只一面，赵扩就立刻被这个美丽灵巧的姑娘给深深地吸引住了。

而杨姑娘的这种吸引力，还真是那么的与众不同。在皇宫里，一般的姑娘看见皇帝都是颤抖的手、激动的心，恨不得马上就被陛下带走然后抢先怀孕。所以大多数宫里的姑娘都会极尽妖媚地打扮自己。

240

然而杨姑娘却不这样，她虽是戏子出身，但却好像生来就会在皇宫里面生存。她冷静稳重不做作；她聪明机智不多事；她美丽温柔端庄，且从不说任何人的坏话。

当年韩皇后在的时候，杨姑娘虽已是得尽宠爱的贵妃，可她却依然对韩皇后礼遇有加，而且把关系尺度把握得分毫不差。

她在后宫，既不拉帮结派，也不疏远他人，更不谄媚乱献殷勤。

她只是端正地做好一个妻子的样子。而她的地位也从杨婕妤，变成了杨婉仪，然后到了杨贵妃。

不久，韩皇后病逝，赵扩即刻就想立杨贵妃为皇后。按常理来说，立杨贵妃为皇后，应该是不会有人反对的，毕竟她可是出了名的里外不得罪人。

可是还是有一个人跳了出来强烈反对。令人称奇的是，他若反对再立一个皇后，人民还是可以理解的，可是这个人反对的不是再立一个皇后，而是反对立杨贵妃。他要立的是另一个人——曹妃。

这个人就是韩侂胄。或许是因为祖传留下的政治家基因，在韩侂胄看来，看上去人畜无害的杨贵妃其实极有手腕。为了保住自己作为最重要的皇亲国戚的位置，他希望后宫永远受到他的控制。

所以韩侂胄选择了曹妃，一个漂亮而平庸的女人。

杨贵妃不以为意，她只是轻轻地在赵扩的枕边吹了吹风，赵扩就欣然地把皇后的凤冠给了她。

杨贵妃就此变成了杨皇后。可是谁也没想到，差点坏了杨皇后大事的韩侂胄，却并没有被钉针对。相反，杨皇后还经常在背后对韩侂胄赞誉有加。

嗯，表面上，是这样的。

此时，被韩侂胄和一干大臣弄得头疼欲裂的赵扩终于可以躺下歇歇了。在后宫，赵扩与杨皇后就是夫妻，所以赵扩也就想当然地把白天朝堂上的吵闹讲给了杨皇后听。

然后，赵扩就像万千世间的普通丈夫一般，抱着脑袋随口问了杨皇后一句："你说这可怎么办啊？"

杨皇后先是没说话，在等待了片刻后，小心轻声地说："陛下，臣妾常听兄长说过，这京城里有一位不为荣华富贵、功名利禄所动的名门之后，陛下可以去问问他看看？"

"哦？有这么一个人？是谁？"

"三朝老宰相史浩之子，史弥远。"

停！等等，先让我说一下这个杨皇后的兄长。这个兄长应该不是她的亲哥哥，因为她之前的记录实在是一片空白。而这位所谓的兄长，是她在册封婉仪以后认的。

他叫杨次山，是个武状元。此人长得特别帅，在皇宫的御营里做大统领。由于他沉默寡言，不与大臣们（文官集团）为伍，所以赵扩特别信任他。

当年，一个无依无靠、全靠考试高中的武人，和一个无权无势无背景却备受得宠的婉仪，就这样结成了兄妹，暗地里共谋富贵。

就这样赵扩招来了杨次山，杨次山联系到了史弥远。

史弥远，史浩之孙。他父亲是个两面三刀的和稀泥大师，而他本人则更加青出于蓝而胜于蓝。

他是个阴谋大师。

而史弥远，早就和杨氏兄妹结成了同盟，以谋推翻韩侂胄的独裁，并将权力的核心，紧紧握在自己的手里。

也就是这次会面，史弥远给宁宗皇帝赵扩出了个主意。他让宁宗皇帝去找一个地方小县丞去和金人和谈，则和谈必成，韩侂胄和一干主和大臣们肯定都不会再闹下去了。

这是为什么呢？赵扩不解。史弥远解释道，因为是地方小小官，所以绝对不敢得罪京城朝局里面的任何一方势力，自然也就不会乱讲话。他唯一敢做，也是唯一能做的，就是坚决执行陛下的命令。

于是，关系到宋金两国根本大计的和谈，竟然就由小小的萧山县丞方言儒来全权代理宋廷发言。

只可惜，不论是赵扩，还是史弥远，甚至是韩侂胄都没想到。方言儒虽然官小低微，却绝不是个卖国求荣的孬种！

就这样，在几乎没有任何资源的情况下，方言儒进入了金营。金国这边，负责应对方言儒的叫宗浩。他为了吓唬方言儒，一上来就把方言儒毫无道理地关到金国的天牢里面吃了几天牢饭。

谈判难度就此可想而知。而宗浩本人，更是完颜璟培养出来的新一代知识人才，他的汉文化程度一点不比江南那边低。几天后，当他把方言儒从天牢里提溜出来的以后，紧接着就是一连串的指责，然后提出了一个新要求。"南使，我们联句吧，你对得上来，我们才继续。"他出上联，"仪秦虽舌辩，陇蜀已唇亡。"意思是，哪怕你像张仪、苏秦那样能讲，蜀川和江南也都会完蛋的。方信儒对："天已分南北，时难比敬唐。"这时候再不是石敬瑭卖国的时候了，长江是天堑，试过多少次了，你们金国哪次成功了？

宗浩一看，哎哟，咱文化迳是个不如人家啊！只好进入条件时间：一、割地，南宋割让两淮；二、增岁币；三、称臣；四、索犒师银，索逃亡人；五、缚送首谋者。

243

对此，方言儒的应对是：割地、称臣是绝不答应，至于缚送首谋者。宋廷早就想到了这一条，他们推出了三个替罪羊，分别是苏师旦、邓友龙、皇甫斌。至于岁币，只能增加到绍兴议和时的二十五万两，除此之外，再没可能。

宗浩听后大怒："你们失信，战争是你们挑起来的！"

对此方言儒只是轻飘飘地呛了宗浩一句："不答应了？不开心了？那有本事咱再打一场。"

滑稽的一幕出现了，宗浩连同金国所有的大臣们都忽然陷入了沉默。方言儒得胜归来。

方言儒归来后，韩侂胄紧紧追问方言儒都有哪些条件。方言儒就说了前四个，怎么也不肯说第五个。

韩侂胄急了，以天子之剑逼方言儒说。

方言儒冷笑了一声，淡淡地说道："不过是要太师的人头罢了。"

韩侂胄暴怒！他把方言儒官降三级，直接降成了没有品级，然后把他扔到了一个不知什么的地方去蹲着了。

满朝哗然，恐惧，然后是愤怒！对韩侂胄飞扬跋扈和无尽压榨的愤怒！

可是，韩侂胄根本毫不介意。为了能控制住和谈，他派出了自己的绝对亲信来负责此事。

只可惜，这位亲信在接到命令后不久，就因为积劳成疾病逝了。不过这也是好事，省的这位伟大的抗金英雄就此弄脏了翅膀。

他就是辛弃疾。

机会来了，史弥远告诉杨次山，其实要推翻韩侂胄，并不困难，现在机会来了，你杨次山统管御营，而我们要做的，只是做掉他就好了。

杨次山不解。

史弥远阴冷地一笑，字面意思。

开禧三年（公元1207年）十一月二十四日，韩侂胄在府上为三夫人庆生。南宋朝堂之上的各路官员皆来拜会恭贺。

然而此时，韩侂胄的死党们察觉到了一些不对劲。他们发现这些来吃酒的大臣好像有故意绊住韩侂胄的意思。

此时，一位韩侂胄安插在宫里的眼线，悄悄摸摸地急急跑出来告诉韩侂胄。宫里似有御笔传出，对韩侂胄极为不利。

然而韩侂胄却不以为然，只是随口说了句"誓死报国"就接着去喝酒了。

宴会持续到了五更，人们才逐渐散去。韩侂胄擦了擦眼睛，就回房换上了朝服，准备去上朝汇报工作去了。

当韩侂胄的轿子行至太庙的时候，忽然冲出来三十几个御营士兵。他们绕过了韩侂胄的护卫，直接围住了韩侂胄本人，然后把他强行拖到了御津园的夹墙内乱棍打死。

紧接着，在后宫深处，得到信息的杨皇后立刻展开绵柔攻势，又是悄声细语地哭，又是苦苦哀愁地求，愣是把惊愕到不知所措的赵扩给制住了。

然后她拿出了早已用御笔写好并盖上章的文书，送到中书省：

"已降御笔付三省，韩侂胄已与在外宫观，日下出国门。仰殿前司差兵士三十人防护，不许疏失。"

韩侂胄就这样完蛋了，他的尸体和头颅被送给了金人。而开禧和议，终于就这样达成了。宋朝赔款金国三百八十万两白银，岁币每年增加三十万两。金人归还川陕关隘，撤退至淮北。

史弥远一跃而起，接替了韩侂胄的位置，成了南宋宁宗朝后期的第一权臣。在他的不懈努力下，宋朝自天子以至庶民，从上至下再一次恢复成了当年秦桧的时代。

大家一起种田、从商、闷声发大财，全国上下一片糜烂，宛如一潭死水。

七年后……

"启禀陛下！前方战报，金国以西北地区，出现一支极强的胡人。金国在他们的攻击下全线崩溃，五京已失其四。金廷目前只得龟缩在河南，我朝旧都开封一带。"

南宋宁宗赵扩卷：

兵动则哀生

前情提要：南宋开禧三年（公元1207年），开禧北伐失败，蜀川动荡。南宋全国上下钱粮财物损失极其惨重。宋廷之上，以韩侂胄为首的主战派和与史弥远为首的主和派，在围绕着是否应与金人议和以及如何与金人议和上，展开了激烈的争论与冲突。最终，此事以韩侂胄被史弥远设计刺杀而宣布主和派彻底的胜利。宋金签订开禧和议，每年增岁币三十万白银，并赔偿白银三百八十万。史称：开禧和议。

开禧和议后，就在史弥远和和杨次山为扳倒抹黑韩侂胄而弹冠相庆的时候，遥远而寒冷的北方，出现了翻天覆地的变化。

公元1211年，人类历史上最可怕且铁血的军神，孛儿只斤·铁木真，如今的成吉思汗，率领十万蒙古铁骑，兵临金国北境的巨墙之下。

金国北境巨墙，这是个什么玩意儿？

嗯，这要从金国人，哦不，准确地说是女真人令人发指的秉性说起来。很多读者都知道，女真的起家全靠人莽正面刚，外加大辽天祚帝体贴温柔地在内部助攻，才让金国迅速地把辽国吃了个正饱，然后像暴发户一样膨胀起来。

说白了不过就是仨词：铁血、莽夫、运气好。

所以按照金国起家的经验，当他们一扫天下，自成一统以后，最担心的就是当他们变成大胖子吃肥的时候，来个莽夫2.0再把他们推翻了成为金国2.0。

而正因为这个吃饱了撑着的对外族策略，以及早期金国人集体打猎抢劫资产的不读书国情，导致了蒙古人为时一百年的悲剧。

金国所有的皇帝与执政者，在直到完颜雍以前，对待蒙古人都是一个"三光政策"（烧光杀光抢光）。他们总是没有来由、没有任何预示、没有任何借口地冲到蒙古人世代居住的草原上，大肆凌辱虐杀蒙古人，抢夺他们的马匹牲口，践踏他们的尊严。

成吉思汗的爷爷，俺巴孩汗就是在朝贡金人的路上，无缘无故地被金人钉在木驴上活生生拖死的。

到了完颜雍，也就是金世宗的年代。冷静睿智的完颜雍觉得这事儿实在是金国干得太不地道了。于是，他就严令金国驻北境的军队不得再骚扰蒙古人休养生息。

可是，金国人的秉性也就那样了，更何况都欺负了一百年了，也没见这蒙古人跳起来咬他们呀？而金世宗虽然睿智，但也毕竟是金国人，总不能因为杀了几个蒙古人，就把金国世代驻北境的军队大整一顿吧？

结果就是，上面虽然有令，下面也有自己的对策，然后这事儿就这么了了，完颜雍也没有继续查下去。

于是金国的北境就此越来越乱，这时恰逢还是铁木真的成吉思汗刚刚打完十三翼战，一统蒙古部落。

完颜雍一看，也有点小惊讶，蒙古人原来这么能打？他那睿智而衰老的女真脑袋开始不断地运转，一下子回忆到了曾经女真人起家的时候。

那就是够莽、够狠、够铁血然后外加点运气。现在，蒙古人似乎已经逐渐做到了前三条，就差点运气了。

于是，完颜雍在临死前下令，在金国北境以北的大草原上修了一道笔直延伸七百里的山寨版的长城，即金国北境巨墙。

插一句，之所以说是山寨长城，是因为汉人的长城是建在崇山峻岭之上，尤其是北京响水湖磨石口关那一段，简直就是建在山脊上的，有些地段，甚至有些地方建在了接近九十度的山崖峭壁之上。城墙内部还有夹层可供士兵驻扎休息。

而这个金人的"长城"，我之所以称其为巨墙，那是不仅因为它是建立在平地之上，而且没有关口城市以及山脉进行多重保护。墙体也是单层的一面墙，仅仅在几个关键部位有一个堡垒。

不过也可以理解，毕竟金人的科技和文化大多都是偷学宋人的，能把这么大的墙砌出来就已经很不错了。

巨墙修好了，完颜雍可以安心地走了。在他的世界里面，曾经，一千多年近两千年以来，汉人就是凭借着这样一道无坚不摧的屏障挡住了多少代游牧民族的政权染指中原。

只是，他们没有想到，一来他们的巨墙和汉人的长城根本没法比；二来以农耕为主的汉人一向就习惯了以巨墙堡垒为屏障作战。所有汉人的战术和武器装备都是根据城墙堡垒设定。

而女真人，自始至终都是重骑兵冲锋！他们根本没有任何这样依靠城墙作战的策略、习惯和历史案例。

这里还有一个细节就是，汉人的墙，无论是城防用还是长城，都是蜿蜒曲折的，因为蜿蜒的墙，虽然长得不如笔直的墙好看，但它更能在攻守战中抵御敌人的冲击力，从而更加难以被击破。

面对成吉思汗倾巢攻势，金卫绍王（此时的金国皇帝，后来被废了改为卫绍王，和金海陵王完颜亮一个样）非常担忧。他即刻命令金国的中书省平章事独吉思忠率领四十五万大军前往巨墙的核心，乌沙堡防守。

独吉思忠火速赶往前线，他本人坐镇军北境军事要塞野狐岭，然后将四十五万大军平均分配到了七百里的城墙上。

他甚至精确到了每里用多少士兵防守。这让我不禁怀疑，金卫绍王陛下派来的应该是个数学家而不是将军。

成吉思汗一看就笑了，他令哲别、术赤还有窝阔台为箭头，自己坐镇中军，直击金军巨墙的核心乌沙堡。

四十五万金军虽多，但是一旦平均分配到了七百里巨墙的每一个角落，就反而在每一段的人数上吃了大亏。

号称可以抵御五十年强攻的金北境巨墙，号称永不沦陷的重镇乌沙堡，仅半日就被成吉思汗攻破。

战报传到金国皇都，金卫绍王被吓坏了。他根本没有想到，耗费两代皇帝的努力及巨资造就的巨墙，竟然半日就被攻破了。

被吓坏了的金卫绍王立刻临阵换人，他把独吉思忠换成了御史中丞完颜承裕。

然而完颜承裕比独吉思忠更不靠谱。独吉思忠虽然战略错误，但是他自始至终都在和蒙古人硬刚。金军虽然开战被打了个措手不及，但是毕竟人多。照独吉思忠这样拼下去，就算成吉思汗亲自上阵，并且再来三个哲别也是不够打的。

此时的蒙古军，虽强，但穷，根本输不起！

可是完颜承裕做了什么？他一上任就被蒙古人的勇猛给吓呆了。他为了保护自己，直接放弃了独吉思忠苦苦坚守与蒙古人寸步不让缠斗的桓州、昌州、抚州三镇，并将四十万大军全部囤积在野狐岭。

桓州、昌州、抚州，这是金国在北境经营最早、最久、最用心的三处要塞。这三州的坚固度和防御力，根本是远超巨墙的存在。

更何况，这三州还是金国最重要的军马场！这三州一丢，金国的军马从此立刻成了一个无法弥补的黑洞。

看着惊慌失措的完颜承裕，成吉思汗大喜，他风卷残云般地把三州的军马钱粮搜刮一空，然后集结军队兵临野狐岭城下。

面对气势汹汹的蒙古军，着急忙慌的完颜承裕犯下了和独吉思忠一模一样的错误。他把手下四十五万金军全部平均分摊在野狐岭的每一里地上。

服了，什么时候金国出了这么多数学家？

这一次，成吉思汗麾下的第一智将木华黎请战。他向成吉思汗提出了一个可以全歼这四十万金军的策略。

就这样，面对连营数百里的金军，木华黎身先士卒，直奔中军大帐里的完颜承裕而去。

完颜承裕被吓蔫了，他根本没有丝毫抵抗的勇气。在蒙古人还没有冲到面前的时候，就光着脚，鞋都没穿地跑路了。

金军瞬间崩溃。

木华黎立刻大张旗鼓地紧追不舍，然而在这期间，他玩了个小花招。

木华黎没有对金军赶尽杀绝，而只是做出了一个赶尽杀绝的样子。然后他就让这四十万金军与主帅完颜承裕成功地在浍河堡会合。

欧洲史上最强军神，法国唯一的皇帝，王权神授的终结者，法典的

251

撰写者，伟大的军事家政治家拿破仑陛下曾经说过这样一句话：

"一群狮子率领的绵羊可以打败一群绵羊率领的狮子。"

我想木华黎肯定没见过拿破仑，但他深切地明白这个道理。那就是，一定要抢在金军重新选出一个强大的统帅来指挥前，全歼这支四十万的主力。

就这样，木华黎用十万蒙古军将四十五万金军与完颜承裕死死地围在了浍河堡，动弹不得，且通信全无。

可是直到如此，蒙古军还没有发动总攻。狡诈的木华黎，用十天时间，不断地击鼓、射箭等一系列示威的行动，彻底击垮了所有金军的斗志。

第十一日夜，木华黎再一次身先士卒，全力攻城。城内四十万金军乱作一团，全军覆没。金国全军主力，就这样被彻底地歼灭了。

完颜承裕没死，不过他失踪了。

就这样，蒙古军冲到了金国北境的最后一个据点——长城防线的重镇居庸关。

这时，一路风头正劲的蒙古军终于遇上了石头，而这一战再一次证明了，汉人的城墙从来都是最好用的。

十万蒙古大军，以歼灭全部金国主力之势，猛攻居庸关。可居庸关依然巍而不动。

战局就此僵住，就在成吉思汗苦思冥想要怎样撬开这个花岗岩罐头的时候，蒙古第一猛将，永远的先锋哲别忽然率领一直骑兵突袭居庸关。

猝不及防的金人慌忙应战，瞬时落入了下风。

可是居庸关太硬了，哲别的长弓虽劲，可他拿的终究不是 AWP 和巴雷特，不能轰开城门。反应过来的金人，立刻拿出了从汉人那里学来的大炮（投石机，那种高科技火炮南宋还在努力研究中），搬起石头对着哲别一阵猛砸。

哲别暴怒！史称他忽然从马背上原地起跳，双脚踩在攻城的云梯上，一边登城一边射箭，愣是把操控大炮的金军全部射死，然后一跃上墙，金军惶恐，纷纷四散而逃。

居庸关就此告破！成吉思汗兵临金国的首都，燕云十六州的核心，大兴府城下（今北京）。

居庸关的坚挺实实在在给成吉思汗上了一课，虽然最后因为哲别的奋勇，顺利撬开了这个花岗岩"罐头"，但是金国幅员辽阔，燕云十六州坚城重镇无数。如果每一城都要这么打的话，哲别就是有十条命都不够用的。

于是，成吉思汗并没有特别决绝地一定要拿下大兴府，他转而命令手下各营各将四散开来，进入金军的腹地，随意烧杀抢虐。

金国最悲惨的时刻到来了，蒙古铁骑所过之处，男人全部杀死，女人尽充为奴，资财粮草全部劫掠殆尽，农田牧场全部焚烧为白地。

以此扬刀立威，尽灭金国威风。

直到当年十一月，等到所有蒙古的马车全部装满了战利品和奴隶，才扬长而去。

金国元气大伤，军力全灭，人心惶惶，百姓流离失所，全国土地除河南一代，尽皆沦为焦土。

金卫绍王完颜永济即刻出面，哀求成吉思汗请和，并愿送出金国公主与蒙古人和亲议和。

成吉思汗冷笑："和亲？议和？等我打下了大兴府，所有金国的女人都是我的！谁还稀罕你的一个公主？"说完，成吉思汗往颤颤巍巍的金使脸上吐了口口水，就此而去，不再理会。

不过，蔑视归蔑视，成吉思汗心里还是知道的。蒙古军虽然远强过金军，但是他们的短板——攻城，实在是太短了。在这一次血腥大屠杀中，成吉思汗留下了不少汉人的工匠，为他打造攻城器械，以便他再次远征灭金。

三年后，养精蓄锐，整顿完毕，成吉思汗再次率领十万大军进攻金国。

一路上，蒙古军势如破竹，如入无人之境。仅二十天就杀到了居庸关下。

这一次，再没有了曾经无法攻城的尴尬，蒙古军利用缴获金国的汉人工匠制造的攻城器械，瞬间就踏平了这个坚固的堡垒，兵临大兴府城下。

此时金卫绍王完颜永济已经于一年前因政变被废，继位者是完颜雍的庶长孙，金宣宗完颜珣。

不过，此时不管是完颜永济还是完颜珣，到了这个时候都没得戏唱了。早已经损失殆尽的金军，根本无心恋战。皇帝完颜珣和太子纷纷学起当年北宋的徽、钦二宗，南渡出逃至开封龟缩起来瑟瑟发抖。

至此，金国全国上下彻底崩盘，黄河以北全数沦陷。

蒙金之战的战报，就此完整且详细地传回了南宋朝廷，传到了宋宁宗的手上。

来，各位读者朋友猜一猜，自我标榜仁义道德的宋廷之上，是个什么反应咧？

幸！灾！乐！祸！

尤其是宋宁宗赵扩，他激动地从皇座上跳了起来大呼："天亡此仇！"

第一权臣史弥远也马上溜了出来，带领文武百官一起"恭喜陛下""贺喜陛下""感恩天降福泽"云云。

然后，史弥远借此跳出来跟宋宁宗说，你看咱宋金世仇，要不要借此机会和金国人干一架？趁火打劫，一边讨好蒙古人，一边报仇雪恨，一边趁机夺回淮北、河南一代，以及旧都开封。

宋宁宗大喜，一拍座椅就答应了。他立刻调兵遣将北伐金国，然后写信给成吉思汗表达诚意。

然而，不知是因为南宋实在没有猛人了，还是因为金人已经被逼入了绝境导致战力在这个时候发生了小宇宙大爆发。

宋金这一仗一连打了五年，一直打到了嘉定十四年（公元1221年），打得那叫一个劳民伤财还磨磨唧唧的。

最终竟然不了了之了。

唉！历史总是这样惊人的相似，遥想当年金国起家的时候，宋徽宗背盟弃约趁火打劫，想灭了辽巧取豪夺燕云十六州。可哪晓得，即便是拖出了北宋最高战力，五路西军一起上，拼了老命还没拿下。最终还暴露了自己的实力，让金人一举将北宋最高战力，五路西军全数歼灭。

一百多年后，赵扩眼看金国大限将至，也想背盟弃约趁火打劫，虽然对于金国来说，南宋也算是师出有名，报仇雪恨。但是，和北宋一样，在成吉思汗面前暴露了南宋的实力。

而更可悲的是，此时的南宋，就连西军这种强力的集团军都没有。他们打山去的就是一团软软的棉花拳。

所以这一场磨磨唧唧、傻不拉几、损人不利己的五年"大战"我懒得说了，估计各位也懒得看。

255

公元1222年，就在宋金两国都消停的时候。成吉思汗接见了一个他苦苦请求，最终如愿见到的人。

放心，这个人不是郭靖，但他的名字却和郭靖一样让人熟悉。

他就是全真教教主，全真七子之首丘处机。关于全真教的前世今生，以及他们到底是个什么，做了些啥，后来又怎么样了，金庸先生已经写得很明白了，甚至还脑补文艺了很多经典桥段，虽然不一定真实，但茶余饭后调侃吐槽一番，也是挺有趣的，这里我就不赘述了。

而之所以，我要说一下成吉思汗见丘处机，那是因为，这是一个历史性的时刻，甚至说，这一时刻推动了成吉思汗，推动了大蒙古帝国，改变了金、夏、宋各国人民的命运。

成吉思汗面见丘处机，是因为他要问丘处机一个古老的问题。

怎样才可以获得永生？

丘处机不答，只是安静地摇了摇满是白发的头颅。

成吉思汗不甘心又问。

那如何才能延长寿命？

丘处机还是不答。

一百年？五十年？二十年？不！！！我只需要十年！再要十年，我就可以让大蒙古帝国的疆土，拓展到世界的每一个角落！

此时的成吉思汗，坐在七层羊毛垫上咆哮着！

而回应他的，只有丘处机淡定却又似乎是响彻在云边的回答。

"敬天爱民为本，清心寡欲为要。此为长寿的要诀。"

言罢，丘处机向成吉思汗行礼、告退。

在一片尴尬而充满火药味的沉默中，成吉思汗明白了。他其实并不像大多数人心中想象的是个屠夫、杀人狂。相反，他惊才绝艳，深通历史，才智过人。

他明白了丘处机的话。于是，他亲自遣人将已经七十五岁高龄的丘处机送回南方，然后就此定全真教为国教，丘处机为仙人。

然后，在掐掉金国最后一口气前，成吉思汗远征西夏，并于公元1227年灭掉了西夏。将西夏的皇陵、文字、事迹全部毁灭干净。

同时也在这一年，铁木真本人的生命也走到了尽头。

是的，是铁木真的生命而不是成吉思汗。因为成吉思汗的名字，将永远成为一个可怖、令人生畏的名字，铭记在人类的历史之上。

也就在铁木真殒命前三年，宋宁赵扩驾崩。由史弥远拥立的宋太祖赵匡胤之子赵德昭九世孙赵昀继位，史称宋理宗。

最为矛盾却又无可奈何的时代，终于到来了。

南宋理宗赵昀卷：

联蒙灭金

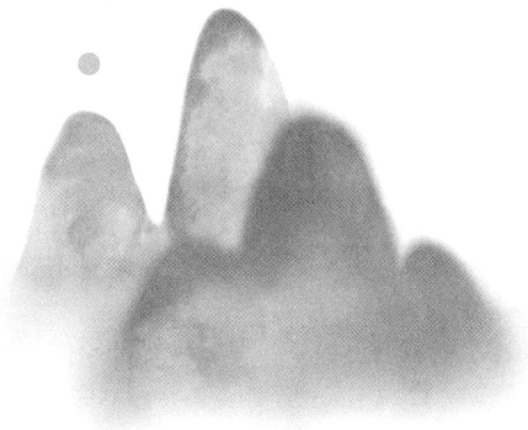

前情提要：公元1211年（南宋宁宗嘉定四年），已经统一蒙古的成吉思汗，孛儿只斤·铁木真挥军金国北境巨墙之下。金卫绍王急忙调集四十五万大军前去阻挡。一番激战，成吉思汗先后击败前来迎战的金国平章事独吉思忠和御史中丞完颜承裕，并全歼金国四十五万大军。金国北境就此全数沦陷。三年后成吉思汗再次攻伐金国，金廷之上，早已是惊弓之鸟。成吉思汗连破金国四京，金廷一路难逃至南京开封苟延残喘。宋廷得知后大喜过望，于公元1217年（南宋宁宗嘉定十年）对金国用兵。此战持续了五年未果，宋金双方最终不得不都停止战争。公元1227年，成吉思汗西征西夏，西夏灭国。同年底，成吉思汗病逝。

上回说到，横扫四海的成吉思汗终于在灭亡西夏以后，魂归长生天。大蒙古帝国的战士们满是悲痛和不舍地送走了他们的大汗。成吉思汗的三儿子窝阔台自此继承了父亲的意志。他将化悲痛为力量，送金国最后一程。

且慢，为啥是三子继位呢？这出故事，我还是要啰唆一下的。在人类浩浩上下五千年的历史中，涌现过很多头衔带着"最"的国王。其中，以战争成名，且获得征服最辽阔国土面积的王有两个。一个是成吉思汗没跑了，另一个很巧，我写过他的故事，那就是马其顿的征服王亚历山大（又称伊斯坎达尔）。

他们俩很有趣，一个是从东亚打到了欧洲；一个是从欧洲打到了东亚。而这两位战争之王还有一个最相同的特征，那就是国家短命，没几年就四分五裂了。

亚历山大在远征印度得胜归来后的第三年就暴病而亡，他的马其顿王国瞬间分崩离析；成吉思汗更惨，他还活着的时候儿子们就开始分家了。

这个最先开始分家的，就是大王子术赤。时间向前推到成吉思汗还是铁木真，还是小孩子的时候。他的爷爷俺巴孩汗在朝贡金人的路上被金人残忍地杀害，导致铁木真这一支部落发生了大混乱。

此时，一旁一直与铁木真这支部落敌对的蔑儿乞惕部，顺势趁火打劫。少年铁木真与叔父奋力抵抗，终于击退了蔑儿乞惕部的人。可是，他的新婚（也有说是未婚）妻子孛儿贴却被蔑儿乞惕部族的人掳走了。

愤怒的铁木真疯狂报复，一番激战，孛儿贴终于是被抢了回来。可是，铁木真却郁闷地发现，孛儿贴怀孕了。

这就很难讲了，那时的蒙古还远不是后来文明发达的元朝，基本都属于原始人，也没啥仁义道德、君子之为。要说蔑儿乞惕部的人对美丽的孛儿贴做了点什么，这是完全有可能的。

于是，铁木真长子的血统问题，就成了一个无解的、萦绕在他心头的魔咒，直到他成了成吉思汗，直到他死，再到他的儿子，他儿子的儿子都没能解开。

这就是大王子术赤的由来，而术赤兄名字的意思，也是充满了鄙夷

259

和猜忌的味道。"术赤"，蒙古语的意思是"客人"。

只不过，早期的术赤并没有因为这件事情而自卑。他战功赫赫，身先士卒，十三翼战每一战都有他活跃的身影。

他力大无穷，能左右开弓，一口气可以射出一百多支箭且百发百中。当年铁木真与泰赤乌部决战的时候，就是他术赤一箭将哲别射落马下，折服了这位无双名将，成就了成吉思汗威震寰宇的盛名。

可是，尽管如此，成吉思汗还是不信任他，二弟察合台和三弟窝阔台都讨厌他，觉得他就是全部落耻辱的源头。尤其是察合台，从来都没有给过术赤好脸色，每每见面都要羞辱术赤。

人心终究是会冷的，冰冻三尺非一日之寒。

终于，在成吉思汗全剿花刺子模国的战役中，术赤一路追击花刺子模最后的王子，直到今天的西亚。

公元1219年，就在成吉思汗生日大典上，术赤宣布与部族（很难说那时候的蒙古算不算一个由完整建制的国家）脱离。他遣人把数以万计的野兽赶到了成吉思汗的帐前，又供上了数不清的金银财宝。然后术赤与成吉思汗彻底分家。他本人就此一路西行，挥军攻打欧洲，一直打到了今天奥地利的首都维也纳，并跨过了蓝色多瑙河进入了欧洲深处。

二王子察合台得知后，暴跳如雷，他向成吉思汗请兵向西，发誓一定会剿灭术赤，并让他的部族为背叛付出代价。

成吉思汗沉默了，他没有马上答应，也没有马上拒绝。他是愤怒的，更是难过的。

因为即使术赤真的是仇人的儿子，可确实是他一手带大，他像他，他爱他。

也就这个时候，全真教主丘处机来了。老道人的一番话点醒了成吉思汗很多事儿。即使他还是什么都没放下，但至少可以放自己的儿子远走高飞。

成吉思汗接受了术赤的礼物，赠予术赤金色的帐篷并允许他独自称汗，这就是金帐汗国的来历。然后，他传令全族，术赤永远是他的大儿子，金帐汗国永远是蒙古的一部分。

接着，成吉思汗又把中亚地区，原花剌子模与印度的土地赐给二儿子察合台，让他也独自称汗，永远与金帐汗国的术赤一同发展，保卫蒙古本部。

察合台建立的国家就是钦察汗国。

大王子和二王子相继分离出去后，蒙古本部的大汗之位，在成吉思汗死后，就顺利地落在了三王子窝阔台的身上。

可是三王子也有三王子的问题。他的处境很尴尬，前面说了，蒙古起家最艰难的战争是他大哥术赤打下来的，而蒙古的迅速壮大，以及对金国和花剌子模的用兵，都与二哥察合台的努力紧紧相连，密不可分。

也就是说，他窝阔台从来都是大哥二哥身后的小跟班，根本就没被当作王储来培养过。

简而言之就是，他窝阔台没有自己的亲信、没有自己的班底更没有任何战功得来的威望。可是这战功威望，却又是少数民族政权里无比重要的存在。

虽然他名为窝阔台合罕，但是这会儿压根没谁搭理他。所以窝阔台本人决定一定要树立一个光辉伟大不朽的形象！

他要灭金立威！

公元1228年（南宋理宗绍定元年），窝阔台下令蒙古全军再次伐金，这一次一定要把金国连根拔起、彻底歼灭。

窝阔台合罕意气风发、慷慨激昂，可是蒙古军却不为所动。

他们都在等一个人。

他就是《射雕英雄传》里，知名度仅次于哲别的四皇子拖雷。

说起来窝阔台也真是惨，争不过大哥，那是因为大哥参加"劳动"早，这也算是一种优势；争不过二哥，那是因为二哥是名正言顺的继承人，作为老三没法比。

可是争不过老四那就真的是只能怪自己没能力了。

就像我上面说的，此时的蒙古远远没有一个成熟的国家建制。他们还停留在谁最能找吃、谁最能抢、谁最能打仗就听谁的部落制。

而在术赤和察合台之后，蒙古最能打的王子就是拖雷。有资料显示，此时的拖雷，手里握有九成以上的蒙古军队。

然而拖雷怎么会为难他的三哥呢？要知道拖雷在历史上的形象简直比《射雕英雄传》里的郭靖还要完美。

他当然知道三哥是想扬刀立威，巩固政权。但他却不愿意加以阻拦，他很清楚，无论他拖雷多能打，名义上窝阔台才是真的蒙古大汗。这军队和威压，本就应该要还给三哥的。

还有，此时的蒙古才刚刚长成。若是一旦军队内乱，很可能成吉思汗和大哥二哥的努力，就彻底白费了。

更何况，拖雷早就看过了宋金于公元1216年至1221年的那场纠结五年、最终不了了之的战报。在他看来，金国和南宋都是不堪一击的。

蒙古以雷霆万钧之势攻伐金国，一定会如摧枯拉朽一般将金国彻底撕碎，让南宋动弹不得。

于是拖雷什么话也没说，就把军队的指挥权给了窝阔台，表示绝对支持三哥的。您指哪儿打哪儿，我不说话。

窝阔台客气了三次，知道老四也是真心的，就不再推辞，令蒙古四杰第二，时任怯薛军之首，十大功臣之一，世袭"答剌罕"称号，享有九罪不罚特权的赤老温挥兵南下，直指开封。

插一句，蒙古四杰之首就是第一智将木华黎，可惜他已经于公元1223年病逝了。

金国猝不及防，仓促应战，一下子就被蒙古人打过了黄河，兵临开封城下。

赤老温大喜，立刻命令全军冲锋，即日拿下开封城。

此时在混乱不堪的金营中，忽然杀出了一支四百人的服色混乱、旗帜不明、人种各异的军队。就连为首的金国将领，都是一副没吃饱面露菜色的难民样子。

对此，赤老温满脸一副嗤之以鼻的样子。他压根儿就没把他们放在眼里，他只是简单下达了一个冲锋的命令，就准备回去洗洗睡了。

只是赤老温没想到，他是回去了，准确地说，是被金人"胖揍"一顿，损兵折将，狼狈地逃回了河北。

就连他自己的八千最精锐的怯薛军也被击溃了。

大家少安毋躁，不用激动，击败赤老温的不是啥名将，却确确实实是个忠孝义三合一的超级猛男。

此人叫完颜陈和尚。他的父亲、爷爷、哥哥、弟弟都是金国的军人。爷爷在宋金之战中战死，父亲在蒙金之战中战死。就剩下他和弟弟俩，在败军之中，他愣是一把扛起母亲，一手牵着弟弟，一路奔逃，渡过了黄河。

这份坚定而决不放弃的武勇，让他在这次战斗中创造了历史。那就是，蒙古人在亚洲大陆上第一次被正面击溃。

此时的金国皇帝是金宣宗完颜珣的儿子，金哀宗完颜守绪。完颜陈和尚的大胜，让完颜守绪大喜过望，他亲自赐完颜陈和尚军为忠孝军。

然后他就像被蒙上了眼睛的动物一样，忘却了蒙古人的可怕，开始继续饮酒作乐，声色犬马地享受。

这下窝阔台和拖雷都傻眼了。前者是给郁闷的，扬刀立威没立成，还成了蒙古第一个吃了败仗的。后者也没想到，一向软弱如棉花的金国，其实在里面还有一根锋利坚硬的钢针。

啥也不说了，窝阔台和拖雷立刻统一意见，决定听老爹成吉思汗的。

是的，成吉思汗在临走前最后一天，留下了一个锦囊妙计，里面说的就是如何快速有效地攻灭金国。

只不过拖雷和窝阔台都觉得，凭借蒙古军锋利的牙齿和坚强的胃，肯定可以一口生吃了金国，无须烹调。

嗯，这个故事告诉我们，不管咱多厉害，爹妈的话还是要听啊！

言归正传，成吉思汗临走前说："金精兵据潼关，南据连山，北限大河，难以遽破。若假道于宋，宋、金世仇，必能许我，则下兵唐、邓，直捣大梁。金急，必征兵潼关。然以数万之众，千里赴援，人马疲弊，虽至，弗能战，破之必矣。"

不愧是战神！锤子在最关键的时候砸到了最关键的部位。

两年多后，好好休整完毕的蒙古军再次出动，这一次，窝阔台和拖雷完全执行了老爹留下的战术策略。由大蒙古的首领，窝阔台合罕御驾亲征，走正面不声不响地潜伏在潼关。拖雷率大军于南宋西疆的饶风关，与宋廷交涉。

在这一次交锋中，拖雷诠释了什么是"狡猾"两个字。他不声不响忽然连续突袭南宋西疆的四处重镇，吓得南宋守军瑟瑟发抖，然后再向宋理宗提出借道的事。

宋廷之上，文武百官被吓得肝胆俱裂，不过一听蒙古人是冲着金人去的，立时就松了口气。

兄弟您早说啊，怪吓人的！打女真人是吧？走，咱组个队一起去，钱粮都算我们的，不灭了他们咱谁也不许散伙！

于是，宋军果断给拖雷让出了一条路。不仅如此，他们还详细地把金人在宋金边疆的布防习惯策略全部倾囊相送。然后又调集了巨量的粮草财物，与拖雷一同从宋朝这边突袭金国。

终于，在公元1232年（南宋理宗绍定五年）冬，宋蒙联军完成了对攻伐金国的部署。二十万宋蒙联军忽然冲过淮河，一路势如破竹兵临开封城下。

金哀宗完颜守绪慌了，他手忙脚乱，不顾一切地要把最精锐的部队调到开封来保护自己。

最精锐的部队，完颜陈和尚的忠孝军，他们在哪儿？潼关！

于是得到命令的完颜陈和尚想都没想，拉着全部十三万金军主力就是一顿狂奔。完颜陈和尚是真急了，他要火速去救他的皇帝陛下。

天险潼关，就此成了一座空城。

潜伏在关外的窝阔台顺势杀出，潼关失守！

完颜陈和尚大惊失色，但在这个紧要的关头，他也顾不上什么潼关了。他一定要尽快，抢先在蒙古人之前赶到开封。

必须要快，要快，快！皇帝陛下您撑住，我陈和尚马上就到！

当一路狂飙的完颜陈和尚跑到邓州附近的三峰山的时候，拖雷忽然出现在此，挡住了完颜陈和尚的去路。

同时，之前看上去不急不忙的窝阔台本部也从完颜陈和尚的背后杀出。

完颜陈和尚，带着金国最后的主力军，在顶着彻骨寒风，在连夜奔波、忍着饥饿、不断的奔袭后，一头扎进了拖雷编织的陷阱里面。

原来拖雷根本不是要快速攻破开封，而是要全歼金国最后的主力军。

金国军队最后的落日来临了。十三万金军，乱作一团，各自为战。蒙古军在黑夜里四处游走，万箭齐发，全歼了这支金国最后的主力。

完颜陈和尚拼死力战，在亲卫全部死伤殆尽后，被拖雷抓住。

拖雷敬他是条汉子，希望他能投降，但是完颜陈和尚刚毅不屈，朗声道："我乃大金忠孝军统领完颜陈和尚，大昌原、卫州、倒回谷之胜皆我为之！我如死乱军中，人将谓我负国家，今日明白来死，天下必有知我者！"

蒙古士兵大怒，将他酷刑毒打，他仍刚毅不屈。拖雷佩服万分，向他敬酒行礼，高呼："好男儿！他日再生，当令我得知！"

完颜陈和尚被缢死，厚葬。

然而，谁也没想到的是，这场奠定了决定性胜利的战斗之后，却是一个令人悲哀的结局。

窝阔台在三峰山战役后忽然生病，不能起立，不能见人。蒙古大军心急如焚，却又无计可施。不得已，他们请来了一个巫师。

巫师说，窝阔台生病，是因为蒙古人战争不断，杀人太多，长生天看不下去了，要惩罚蒙古人。此时，必须有一个人来承接这份罪过，代全蒙古人受罪，方能救得了窝阔台合罕。

而这个人，必须是成吉思汗的嫡子！

成吉思汗的嫡子只有四个，老大术赤（有争议），老二察合台（此时已不在东亚蒙古），老三窝阔台，老四拖雷。

那只能是拖雷了。

我不是不敬神灵，更不是不信因果轮回，但是我依旧认为，这是一个哥哥嫉妒弟弟，且要夺权的阴谋。

可是拖雷却欣然接受了。他主动喝下了巫师口中洗涤哥哥及全蒙古人罪业的水。带着所有的疑问、阴谋、嫉妒、野心与罪恶，平静地死去了。

年仅四十岁。

拖雷死后，窝阔台"万分悲痛"，在厚葬了弟弟整合完军队以后，于公元1233年围住了开封。

金国版的开封保卫战打响，蒙古军全军冲锋，猛攻开封的每一个城门。被逼入了绝境的金军在此刻爆发出了惊人的战斗力，窝阔台连攻一个月损兵折将，却毫无任何机会。

此时蒙古另一大将速不台提出一招，和金人和谈。他想效仿当年金灭北宋时的那一套。

于是金蒙和谈开始。可是还没谈得怎么样，开封城内部，连带着周围金国的据点全乱了。

原来，因为金哀宗完颜守绪为了巩固开封的防御，把金国周围所有的大户们洗劫一空，以填充金国皇宫的粮仓。

那时，完颜守绪为了犒劳将军和金国贵族们，杀了一百五十匹战马为他们庆功。而普通士兵和老百姓们却只能眼睁睁地看着。

窝阔台听闻后大喜，顺势攻城，开封告破。

金哀宗一路奔逃，可惜他名声太烂，途中有近十数城池都不让他进去。就这样，一路直到蔡州，金哀宗才站稳脚跟。

就这样，半年无话，时间到达了公元1234年，也就是南宋理宗的端平元年。

由于开封争夺战，窝阔台损失太大，且战线过长，他决定就地扎营，养精蓄锐，再图灭金大业。

与此同时，窝阔台还写信给宋廷，说好了一起打金人，怎么就我们蒙古人出力，你们南人就看着？

宋廷一听，哟，该我们出手了？好啊，乡亲们咱们上！报仇雪恨的机会来了！

要说攻城技术，那还是宋人厉害。没几天，宋军就用磨盘大的石头把蔡州的城墙砸了个稀巴烂。与此同时，宋朝的新式武器，震天雷（火炮）也被搭了起来，对着蔡州就是一顿猛轰。

蒙古人也够意思，紧跟着宋军也上了，并主动承担了肉盾的作用，为宋朝的一系列远程武器提供保护和时间。

这其中有一个值得一提的小插曲。蒙古军中有一位叫张柔的小将，在攻城的时候冲得太猛，被乱箭重伤。宋军一看不好，友军被集火了，赶紧七手八脚地把张柔抢救回来。

这张柔，在四年后生一个儿子，取名张弘范。

这个张弘范有一位宿敌，并且他还是这位宿敌的命中克星。这位宿敌叫作张世杰。

在宋蒙联军的猛攻之下，终于城破，宋军蜂拥而入。完颜守绪悲愤不已，为避责，传位于大元帅完颜承麟，即金末帝，后自杀。

完颜承麟继位后，欲将完颜守绪的尸体火化。可是宋人怎么可能让金人得逞。蜂拥而至、杀红了眼、被百年仇恨而扭曲至疯狂的宋军，将完颜承麟乱刀砍成肉泥。然后把他的尸体连同金国所有的贵族一同丢进火里，挫骨扬灰！

历时一百二十年，传位十帝的金国，就此灭亡。

窝阔台静静地看着宋军在报仇雪恨之后，尽情地狂欢。这一战，让他彻底摸清了宋军的实力，以及宋廷对战争的态度。

在他看来，南宋是一个比金国要弱小、贪婪、胆怯、懦弱百倍的国家。他只需三年，就能灭宋。

只是他远远没有想到，蒙古人差点就栽在了这件事情上。

当然，前提是没有那个人横空出世。

南宋理宗赵昀卷：
端平入洛

前情提要：公元1228年（南宋理宗绍定元年），蒙古大汗窝阔台合罕拜赤老温为帅，下令伐金。蒙金在淮河一带展开激战。因赤老温的轻敌，以及金国忠孝军主将完颜陈和尚的勇猛，蒙古军首尝败仗，只得撤退。两年后，大汗窝阔台合罕与四弟拖雷再次出兵，并完全执行了成吉思汗临终前的灭金政策，借道宋朝并与之联合。终于，公元1234年，宋蒙联军攻破了金国皇帝所在的最后一城蔡州。城破时，金哀宗传位于金元帅完颜承麟，后自尽。完颜承麟登基后不足一个时辰，也被宋军乱刀砍死，挫骨扬灰。金，灭国。

蔡州城破，金国已灭。宋蒙联军非常友好地平分了金国的财产。其间，蒙古人非常友好地把金哀宗完颜守绪和金末帝完颜承麟的尸骨，让给了宋军。让他们带着这件特殊的战利品，回到了临安。

消息传出，南宋举国欢腾！宋理宗赵昀亲自下诏，开城迎接胜利归来的宋军，并重赏了宋军主帅孟珙。

金哀宗完颜守绪和金末帝完颜承麟的尸骨，被装在特殊的容器里，被供奉在临安太庙，宋徽宗和宋钦宗的灵位面前，也算是报仇雪恨了。

话说到了这里，已经是宋理宗的第二卷了，他继位也已经是第十年了。可是这个皇帝的存在感真的是超级低，甚至有读者会想着：

"你是不是已经写得憋屈得不行开始插播蒙古历史了？也好也好，蒙古历史可热血、可带劲、可英雄了，咱也换换口味，就是记得把题目改改。"

欸……我再次郑重声明，我真的写的是《南宋理宗赵昀卷》啊！可是这个宋理宗赵昀的存在感真的是已经低到了连搜狗输入法都不能直接识别这个名字了，你要我怎么办？！

而造成这一尴尬状态的人，就是两宋历史上的绝顶官僚史弥远。这里，很有意思，若是评两宋三百一十九年的绝顶政治家，排在第一第二的，肯定是王安石和赵普了（谁先谁后自己去想）；但是若是评两宋的绝顶官僚，这两位大宰相一定会名落孙山。甚至连我们"家（遗）喻（臭）户（万）晓（年）"的秦大人，对他都要合手作揖，大呼"佩服"。

这个两宋三百一十九年有且只有一个的绝顶官僚，就是史！弥！远！

你说他做了什么吧？他真的什么都没做，当了二十六年宰相，一条实质性的政策都找不出来；你说他什么都没做吧，南宋上下风平浪静，潜心研究儒学，啥乱子也没有。

这人活了六十九岁，你还不能说他死早了，他简直绝了，刚好死在联蒙灭金的前一年，你想强行扯个锅给他扣上都不行。因为联蒙灭金时他已经死了，是皇帝自己下的诏。

他真的做到了，当宰相时，全体朝臣们一起升官发财，夜夜笙歌，日日享乐；老百姓们努力生活，温暖吉祥；边防战士们努力种田，积极经商。南宋全体人民的小日子过得那叫个"不亦乐乎"。

史弥远还大肆宣传儒道，把朱熹捧在了群星之上。他不断地赞美朱熹，赞叹朱熹，就差恨不得给朱熹跪下做牛做马了。然后，他告诉百姓们，只要你们按照朱圣人的指示去做，我史弥远的今天就是你们的明天。

大家就都有钱花，都有米吃，都有乐子！

于是乎，最儒学最鼎盛的时代就此到来了，各州各府各县的学堂里人满为患。老百姓们疯狂地读书，只为求得一朝可以考得功名，从此衣食无忧。

其所谓：朝为田舍郎，暮登天子堂是也。

看着很美好吧？是不是就是觉得有点不对头？有种畸形的感觉？是的，从此再也没有人思考曾经的国破家亡；再也没有思考曾经的山河破碎；再也没人有去留意日渐强大，已经几乎一统亚洲的蒙古人；再也没人去祭奠往昔护国英雄们的英灵。

所有人，都渐渐地忘却了，此时大宋的京城叫"临安"。

无人犹忆亡国恨，错把临安做长安。

这就是史弥远当政二十六年最终的结果。你可以去恨秦桧，你可以骂他嘲讽他调戏他唾弃他，可你却拿史弥远无能为力。甚至连元朝的脱脱丞相都没法把他放进奸臣传里面，只得留下了一句"弥远当决配八千里"的骂名。

他似乎没有做任何邪恶的事情，可他却确实毁掉了南宋的精气神，毁掉了南宋的希望。

后来，史弥远的谥号被定义为"忠肃"，与秦桧曾经的谥号一样，不知是不是有什么寓意，却又无可奈何呢？

无论如何，史弥远死了，金国被灭了，自认手握不世功勋的宋理宗，终于在登基十年后，可以亲自执政了。

此时，正是南宋端平元年（公元1234年）六月。距离联蒙灭金，已过半年之久。

摆在宋理宗面前的，是一个有咸有甜、香酥可口、又脆又嫩的馅饼。联蒙灭金之后，蒙古人全数撤退回河北，将金国末期国土，全部吐了出来，孤零零地摆在宋蒙两国之间。

其中，包括东京开封、西京洛阳和南京商丘。

是宋朝的机会？是蒙古的陷阱？还是窝阔台的仗义？抑或是蒙古自己的西疆出现问题导致无法分兵援助？抑或者，以上都是？

宋理宗赵昀没有十足的把握，但他却越来越按捺不住激动的双手和颤抖的心。一个连岳飞韩世忠都没能完成的旷世奇功，就这样，毫无遮拦地暴露在他的面前。

当然，除了这份功勋的分量，还有一个让人可以理解宋理宗此时激动内心的原因，这个原因，用兵法来讲，就是"势"。

翻开地图看看，其实这个时候，宋理宗最想要的，可以给南宋直接带来最实际的意义的，不是开封，而是西京洛阳。

早在很前面的时候，我就不断地强调过，开封四周平坦，水路纵横，作为首都必然易攻难守。而好处则是商业必然发达繁华。

可是如今，因为几经战乱，且疏于建设。此时的开封早已经没剩下多少战略上的意义了。此时收复它，更多的是一种名义和荣誉。

真正重要的，是位处黄河中下游，易守难攻的重镇洛阳。它是整个河南地区的支点。只要能收复它，守住它，别说光复开封，重掌河南。就是要夺回河北，重现当年北宋的疆土，都不会是一句玩笑话。

反之，如果蒙古人得到了它，那么他们就可以稳稳地在河南站稳脚跟，并且可以随时对南宋发兵，并把南宋的势力死死地压制在淮河一带，动弹不得。

如此重要的一个战略位置，对于尤其以军事起家的蒙古人来说，不可能不知道。尤其此时的金国已灭，宋蒙决战，已是无可避免的结局。

然而他们依旧把洛阳放了出去，撤退回了河北，给宋廷留下了一个心痒难耐的选择题。

就在宋理宗和一干宋朝大臣们绞尽脑汁地思考着如何吞下这盘佳肴的时候，一个重要的信息传到了临安的朝堂之上。

远在东北边的高丽国和蒙古决裂了，不仅如此，他们还攻入了蒙古境内，而大汗窝阔台对此的反应则是收缩兵力防守，并向西用兵。

高丽国的战斗力，中原大地上的人民那都是知道的，在历史上任何一个朝代里，他们的军队从来就没禁得住打过。

现在就连高丽国都可以对蒙古人龇牙挑衅，却没有遭到报复，这说明蒙古肯定内部出现问题了。

而这最后一条军情，"向西用兵"正是坐实了"蒙古并非不想要洛阳及河南之地，而是无力吞并"这条猜想，并否决了"这有可能是蒙古引诱宋军走出城墙并围歼宋军主力的陷阱"这个可能性。

于是，就在端平元年的六月二十日，宋理宗下旨，点全子才为先锋，赵葵为主帅，自庐州出发，领七万禁军渡过淮河，光复开封，巩固洛阳，并伺机夺回河北。

史称：端平入洛。

一路无话，异常顺利。

端平元年七月初五，全子才没有受到任何阻挠，顺利抵达了开封。

七月十五，负责运粮的赵葵也率领大队人马抵达了开封与全子才回合。

端平入洛的第一个计划，光复开封，顺利完成。现在执行第二步，收复洛阳。而目前为止，一路上宋军并未碰到任何蒙古士兵。

七月二十一日，全子才带领一万五千宋军，携带好充足的粮食，自开封启程，向洛阳挺进。

这一走，全子才发现，有点不对劲了。从开封出来以后，他发现整个黄河沿岸地区，全是一片泥泞。

很明显，蒙古人在与金国人交战的时候，为了能快速攻破这里，不惜把黄河的堤坝给破坏掉了。

不得已，全子才只得放慢速度，一边修路一边艰难地前往洛阳。

坐镇开封的赵葵急了，他开始不断地下令威胁全子才，让他抛下辎重在后，全速抵达进入洛阳并开始重修洛阳城防。

只要能恢复洛阳的城防，一切就都好说了。

全子才很为难，理智告诉他，这么做一定会有危险，但是军令如山，他不敢违抗。

更何况，此时此地，也确实没有任何蒙古人的踪迹。让辎重慢慢走，也并无不可。

于是，全子才带领一万士兵，把五天的口粮分为八分，分发下去。然后他抛下辎重，先行一步，全速向洛阳挺进。

七月二十五日，全子才在洛阳东部的龙门镇发现小股蒙古的哨兵。他立刻紧张了起来。不过，没有多久，后方的赵葵就传信来告诉他，被延后的粮草辎重，已由第二队主将杨义接手，领一万五十宋军，增援全子才，巩固洛阳。一切安好，全子才需立刻按计划，急速进入洛阳城。

然而全子才还是觉得有些焦躁不安，他命大将张迪带两百人先行一步，快速进城，并立刻开始修成布防。

七月二十六日，先行的张迪没有再碰到蒙古的哨兵，他顺利进入了洛阳城。洛阳残存的百姓们开城迎接，欢呼宋军入城。

七月二十七日傍晚，全子才率一万主力进城，到此一切顺利，端平入洛第二步计划顺利完成。此时，情报显示，河北一带的蒙古军静默，毫无动静。

七月二十九日早晨，在泥潭里面挣扎了好几日的杨义，终于带着全子才的粮草和辎重，抵达了龙门阵。筋疲力尽的宋军就地扎营，准备在此休整一日后，再启程进入洛阳。

当日午时，就在宋军准备埋锅造饭的时候，龙门镇四周忽然出现了多个黄色的大伞盖。伴随着蒙古的独有的军号声，无数蒙古骑兵忽然杀出。

以弓弩手为主力的宋军猝不及防，被蒙古骑兵一冲之下搅了个稀巴烂。安逸生活了二十六年的宋军，在面对蒙古骑兵的伏击时，瞬间雪崩。杨义拼死突围，连夜率领四百多残部进入洛阳城。

所有辎重，全部落入了蒙古军手里。

我想，在很多人的印象里面，蒙古人都是身高八尺，腰围也是八尺，肱二头肌比比利・海灵顿还要粗壮的彪形壮汉。他们打仗全靠毫不讲道理的蛮力，只要张嘴一吹，就能把同样尚武且五大三粗的中东人和欧洲人弄得东倒西歪，毫无招架之力。

然而实际上，并不是。我想，看过前文的读者们，肯定已经发现了，蒙古军队其实十分讲究战术和谋略。除了哲别这种纯粹的猛汉以外，更多的，是如木华黎、拖雷这样的智将。

连成吉思汗本人都是，能挖坑打埋伏，耍手段，就绝不蛮干。

所以，这一次，窝阔台也没有硬来。他其实早从联蒙灭金的时候，就开始策划这一切了。

为了可以歼灭宋军为数众多的有生力量，并给予宋人强力的精神打击，唾手可得的河南诸郡，他让了；高丽国趁此攻入蒙古内部，他忍了；西部边疆与钦察汗国和金帐罕国出现摩擦，他表面上选择向西集结军队，实则按兵不动，做出了一副大规模向西用兵的假象。

他让一万蒙古骑兵，化整为零，换上衣服，在广袤的河南大地上潜伏起来。

他又不声不响地掘开黄河堤坝，让道路泥泞，四下勾引宋军失了智的急切行军，终至漏洞百出，让蒙古军在这一刻，完成伏击。

这一击，环环相扣，而急功近利、利欲熏心的宋理宗，则完全陷了进去。

龙门的惨败，一下子就把洛阳和开封彻底切断了开来。八月初一，潜伏在河南半年的蒙古主将刘亨安，率军兵临洛阳城下扣关。此时，自七月二十二日，全子才丢下辎重，携带五天口粮急行军进入洛阳，刚好过了八天。

上面说了，全子才把五天的口粮又分成了八份。端平元年八月初一，洛阳的宋军，刚好断粮。

万般无奈的全子才，只得把刚刚到手的洛阳放弃，自南门突围，欲回到开封，与赵葵本部回合，攻抗蒙古军。

八月初二，宋军突围开始，狡诈的刘亨安并没有围死宋军，而是派出骑射手，如跗骨之疽般，尾随宋军，不停地射箭。

说起射箭，按道理来说，没有任何国家的弓箭比得过宋军的神臂弓。那五百米的射程，足以在冷兵器时代让敌人绝望。

可是，神臂弓最大的弱点，却在此时被无限放大了，那就是力气。神臂弓，弓弦有三石之重，士兵们通常需要用脚，配合上一些机关，才能顺利拉开。可以拿着神臂弓举起就射的，只有岳飞和韩世忠。

然而，此时的宋军早已断粮，各个面露菜色，此时纵然有神兵在手，却也发挥不出半点功效。

反而由于道路泥泞，又是以步兵为主，导致宋军损失极其惨重，摸爬滚打九日，才回到了开封。

从八月初二到八月十一，整整九日。这给足了窝阔台调集大军渡过黄河的时间。何况，他早有准备。

望着越来越多的蒙古军，开封城里的赵葵知道大势已去。他即刻下令全军撤出开封，原路返回淮河。

如果，赵葵能处理妥当，还剩下的这六万主力，都能平安地回去。因为此时蒙古军在河南的主力还并没有多到给宋军造成足够的威胁。

可是这个赵葵，却偏偏不告诉手下的士兵，这是撤退。而是说，全军向西，增援洛阳。

走了没几个时辰，士兵们发现，他们的方向是南边而不是西边。一下子就慌乱起来，再加上之前打了败仗的洛阳残兵夸张地宣扬了一下蒙古军的威猛之势。宋军瞬间就垮掉了。

多年的安逸生活在这一瞬间彻底摧毁了本应是战士的坚毅神经。他们四散奔逃，各自奔命。刘亨安顺势杀来，以劣势的兵力重创宋军。

所有带来的辎重就这样被蒙古人抢走；所有在这次军事行动力收复的土地再次全部沦陷；七万宋军主力，死伤逃散至不足三万，狼狈颤抖地回到了临安。

十月，蒙古大汗窝阔台合罕以宋理宗背弃盟约为由，向南宋正式宣战。

南宋理宗赵昀卷：

血战

前情提要：南宋理宗端平元年（公元1234年）正月，宋蒙联军攻破金最后的据点蔡州，金哀宗自杀，金末帝战死，金灭国。蒙古军就此撤出河南一代。宋理宗赵昀斟酌再三后，于当年六月调集大军，欲进入洛阳，巩固开封防御并试图恢复河北。史称：端平入洛。不想，正中蒙古大汗窝阔台的埋伏，宋军损失军队辎重无数。洛阳与河南诸郡得而复失。十月，蒙古以宋理宗背盟为由，向宋朝宣战。

端平入洛，宋朝这边大败亏输，蒙古大汗窝阔台抢到了先手，可是他在宣战后，却并没有立刻对宋朝发动，而是一棒子砸在了高丽的头上。

自以为是、夜郎自大的高丽，终于为自己大肆进攻蒙古的狂妄的行为付出了惨痛的代价。高丽王号称可以坚守五十年的防线，仅五十天就被蒙古壮汉们撕得粉碎，一连被攻破四十四城。高丽王实在没办法了，只好把太子送给窝阔台当质子，才终于留得一条性命。

话说，高丽自古都是中原干朝的"兄（附）弟（属）国"。高丽挨打，中原王朝是要去帮着兄弟打架的。只可惜今时不同往日，南宋这边自己都自顾不暇，也就真的拉不了兄弟一把了。

279

收拾完高丽后，窝阔台调集大军，于南宋端平二年（公元1235年）正式开始进攻南宋。开阵伊始，窝阔台为了展现蒙古军征伐世界鲜有一败的恢宏气魄，兵出三路，由二皇子阔瑞攻打四川；三皇子阔出攻打荆襄九郡；大元帅阿术鲁攻打两淮。

大蒙古帝国窝阔台合罕发出誓言，三年，必灭南宋！

先是四川战场。蒙古人是做好了准备而来的。认真读过中原历史的成吉思汗，不仅留下了如何攻灭金国的锦囊；还留下了如何灭宋的伏笔，"欲取江南，必先取四川，之后便能顺流而下，宋军无所阻挡"。窝阔台合罕的二皇子阔端负责这一战区。攻川必先取蜀口，两军都直奔要害，在蜀口、沔州一带展开激战，四川战区最高长官制置使赵彦呐被击败，兵困青野原。

到了这里，大家一定很晕。这里可是四川呐！三关九州十八寨，步步为营，更有剑阁天险。遥想东汉末年，诸葛亮的亲徒弟姜维，就带着几个小兵往墙上一杵，邓艾的十万横扫天下的魏国铁骑把脑门子磕碎了都冲不进来。

PS：看到这里如果还有人在哪里说"因为宋军的战斗力历史最弱呀！"的话，赶紧去看看历史教材补补课。

那么为什么，蒙古人这么轻易就攻进来了呢？嗯，大家记不记得联蒙灭金的时候，蒙古人是怎么做到对金国声东击西，南北齐下的呀？

"若假道于宋，宋、金世仇，必能许我，则下兵唐、邓，直捣大梁。"没错！可怕的成吉思汗，他就算死了，还能制订出完美的灭金国计划，顺道儿就把宋朝也"坑"一波。

当年联蒙灭金的时候，宋军曾让拖雷率领蒙古军从四川进入宋朝内部！智慧的拖雷，早就在这次来之不易的行军中，悄悄记下了宋军在四川的地理、布放、关隘以及各种小道！

四川最大的地理优势，就这样被弱化了。

危急关头，宋军都统官曹友闻率部死战，冲破重围，终解青野原之围，把蒙古军挡在阳平关、鸡冠隘一线。情势暂时得到了一些缓解。

但，这根本是微不足道的……

第二年的秋季，阔端再次出击，他已经探明了四川的虚实，知道了决胜点在哪里，那就是曹友闻。曹友闻全军覆没于大安军，赵彦呐带头逃跑，蜀口守军立即一哄而散。四川门户大开，蒙古军长驱直入。川北重镇剑州、利州、潼州、阆中、顺庆相继陷落。成都的受难日到了。蒙古军化装成宋军混进了成都，成都失陷。残忍的阔端下令血洗锦官城，城池被烧毁了，民众被屠杀，有记载一共死亡了一百四十万人。

就这样，南宋西边的堡垒，中原王朝的庇护所被砸了个稀巴烂。同时，在中路的京湖战区。宋军也同样是被打得一塌糊涂。三皇子阔出自河南南下，唐州、邓州、均州相继大开城门，不战而降。枣阳、光化、德安全民皆兵，拼死奋战，但因寡不敌众而先后被攻陷。可怜这些州县除了道士、儒生等极少数人之外，全被屠杀。次年二月，蒙古兵临荆湖区域最重要的据点襄阳，守在这里的，是两淮制置使赵范和他的弟弟襄阳知府赵葵。

对，就是上周那个端平入洛的赵葵……

大敌当前，赵氏兄弟的本质暴露。号称"护国柱石"的名将和端平入洛的"功臣"，竟然连内部问题也处理不好。襄阳度手底下的主力——"北军"出事了。

这个"北军"，指的是金国灭亡之后投降南宋的女真军队，他们与蒙古人有灭国之恨，会真心为南宋出力。可这赵范居然在各种小问题上

南宋理宗赵昀卷：血战

硌硬女真，搞得女真人不得已只好反过来硌硬赵范。

大战在即，北军"叛变"了。襄阳，就此失守。

襄阳失守，这可乖乖不得了。在这里，有着自岳飞开始就一直积攒的战械、粮草，这些数十年如一日的积累。如今，全部都毁了。同时，襄阳又是南宋的另一个"势"，是南宋在长江以北最重要的防线。而襄阳的失守，也标志着南宋在荆湖一代的防线彻底崩溃。

长江一代，巩固临安最后的堡垒，建康府，孤零零地暴露在蒙古人面前。

三皇子阔出至此一不做二不休，率领蒙古军直线突破了随州，荆门、郢州等城相继失陷，江陵（今湖北沙市）近在咫尺，最后一道防线长江也已触手可及。四川陷落，荆湖崩溃，三大战区只有两淮一线由于长年备战，防御体系完善，尚能与蒙古军抗衡。此时的南宋，已经是命悬一线。其情形可比当年建炎南渡时的"搜山检海捉赵构"。

宋廷上下真的慌了，他们找不出任何可以挽救危机的办法。当年金兀术再嚣张，尚有岳飞和韩世忠能力挽狂澜，可如今呢？

没有办法了，只好把那个人请出来了。就算他做不了岳王和韩王，至少能客串下刘琦，守住长江防线。

久等了，孟老将军，该您上场了。孟珙，字璞玉，号无庵居士，随州枣阳（今湖北枣阳）人。他的祖父，就是曾经打遍天下无敌手，威震东亚，未尝败绩的岳家军左军统制牛皋的副将孟林。

他的人生经历和开禧北伐的毕再遇将军很像。家里祖上都是岳家军，都是听着故事、看着战报长大的孩子。不一样的是，毕再遇将军的父亲，跟随的是正面猛男赵秉渊，他和他的胜捷军战力，是仅次于杨再兴的背嵬军的。

282

而孟林跟随着的，是左军牛皋。

牛皋，我们都知道，这人胆大心细点子多。是一个智力加强版的程咬金。那在评书里，金兀术都是天天要被他调戏，最终活生生被牛将军给气死。

而，我想，孟珙小时一定是听爷爷讲牛将军的智慧故事长大的。他学会的，不是蛮力和冲锋，而是战争的智慧。孟珙到荆湖战区一看，就立马意识到，事儿坏大了。宋军这边不仅缺兵，还少船；而号称不善水战的蒙古军，却兵强船多！

孟珙粗略地估算了一下，在这种情况下，就算把他手底下的这点人全部换成杨再兴也是不够打的。

怎么办？不得已，孟珙只好使出了一招草木皆兵，风声鹤唳。他即刻下令，封锁长江江面，并在江面上铺满舢板，上面列烛照江数十里。在这煌煌灿烂的烛光之下，宋军军队来往频繁调度，鼓声如雷，旌旗服色各自不同。江岸上尘土飞扬，号角雷鸣。远远看去，像是有巨大的兵力在迅速集结。

这一下，还真把对岸的三皇子阔出给唬住了。现在已经到了长江，宋人估计是真要拼命了。更何况，蒙古军确实是不善水战，所谓大量的战船林立，其实也是阔出吓唬宋军的计策。

这一搞，蒙古军就停止了行动，就地扎营。

阔出消停了，可孟珙却爆发了。是夜，孟珙突然不顾一切地发动了夜袭。他亲自领兵冲到对岸把蒙古军的战船一把火都烧了，彻底断绝了蒙古人渡江的可能。荆湖的危机暂时降低。

此时，若是换作其他宋人，或许会得过且过，只要能守住就很知足了。然而，此时此地，这里的主帅是孟珙，他在得到补给、休整三日后，迅速渡江。打了阔出一个措手不及，顺势夺回了襄阳九郡。

阔出被迫撤回淮北。

战略要地打回来了，可里边的物资战械却全还是损毁的状态，面对超级大烂摊子，孟珙要做的事实在是太多了。此时，宋理宗看待孟珙，就好像看见了救命稻草。他就像当年宋高宗对待岳飞一样，把整个襄阳九郡完全交给了他。就这一个意思，在这一块区域没有重建之前，孟珙不派他用，而且也此地所有资源，孟珙可以私自任意调动。

荆湖保住了，长江的危险终于解除了。可是四川那头，却还是一块烧焦的煎饼。

更何况，窝阔台并没有因为在荆襄的失败，而放弃对宋朝的攻势。在他看来，灭亡宋朝的"钥匙"，正是四川的沦陷，而不是荆襄。

被逼的没脾气的宋理宗，只好求着孟珙赶紧入川。不然四川就真的全完了。孟珙，二话不说，扛起长矛就冲进了蜀关。他带着七万残兵（其中骑兵仅仅不到五千）与窝阔台的二皇子号称八十万的蒙古军死死纠缠。

开战之初，风光无限的阔瑞，惊愕地发现，他拿这个传闻中最善使阴谋诡计的孟珙毫无办法。他坐下战无不胜的蒙古铁骑，竟然被孟珙在正面，以绝对劣势的兵力，毫无花哨地，一步一步地顶出了四川。

蜀川曾沦陷的成都，以及其防御体系的三关九州十八寨，全部收复。不仅如此，孟珙还联合了当地的义军首领杜杲和余阶，对蒙古人发动了疯狂的反扑，并夺回了重镇宿州。

形势终于开始转好，然而孟珙却更加地小心。他深知，蒙古军对蜀川的破坏只是一时，但要修复这里的防御体系，却需要十年，甚至更多。

于是，孟珙提出，仅仅只是把蜀川曾经的关隘一一修复一新，是绝对不够的。此时原来的蜀口关隘已经不合时宜了。对此，孟珙提出了新的三关概念。他要在夔州设置制置司副使，调关外都统司驻防，负责涪州、万州以下江面，成为第一道防线；以常德府、澧州一带作为第二道防线；以辰州、沅州、靖州、桂阳军、郴州作为第三道防线。 这套方案能防御蒙古军从川东侵入，又可以抵御蒙古从云南、广西方向迂回穿插。

这时，根本还不需要后来的历史来证明孟珙的眼光有多么独到准确。窝阔台一看，就明白了孟珙的用意。他令阔出带上蒙古的敢死队，穿上用牛皮包裹着坚钢的铠甲，对孟珙的施工队发动死亡冲锋。

宋军被冲动了，不仅因为蒙古人的盔甲坚硬，且作战勇猛不要命，更是因为他们的工程才刚刚起步，这时，最是脆弱的时候。

关键时刻，杜杲一人一马，带着一张长弓走上了一处土坡。他凝神屏气，张弓搭箭，"嗖"的一声，他一箭正中蒙古军敢死队头盔上唯一露出给眼睛见光的小孔。

接着，他连连发箭，每一箭都正中那个小孔。蒙古军被震到了，他们惊恐地发现，原来这副盔甲依旧不够坚硬。

反应过来的宋军一拥而上，将蒙古军再次打退。

狂怒的阔瑞，正欲狠狠地用鞭子抽打败退回来的士兵们。忽然，他的营地里面燃起了熊熊大火。

是余阶，他带着一票绿林好汉，尾随在蒙古军背后，找到了阔瑞的中军大帐，然后偷偷地放了一把火，把阔瑞已是满脸黑气的脸彻底烧成了炭。

万般无奈之下，窝阔台只得于南宋嘉熙二年（公元1238年）下令全线撤军。

285

或许是心有不甘，或许是郁闷至极，窝阔台在这次战争后不久（一年后），就因为饮酒过度，暴毙而亡。经过长达几年的内斗，由拖雷的长子，成吉思汗之孙，蒙哥继任蒙古大汗。

只是，窝阔台没想到，蒙哥没想到，所有的蒙古人都没想到，他们曾经失去了一次，可以彻底消灭南宋的最好机会。而当他们再一次卷土重来之时，将是准备完好，建制齐整，士气高傲，粮草充足的蜀军。

他们将面临的，是一个曾经位于人类历史顶峰的国家；一个数千年来永不言败的伟大民族；一个苍老，却浑身升腾着不灭之焰的古老凤凰！

阔瑞撤出蜀川的那个转折点，正是，钓鱼城。

南宋理宗赵昀卷：

燃烧的凤凰

前情提要：南宋理宗端平元年（公元1234年）十月，即端平入洛失败后数月。蒙古以宋廷背盟为由，向南宋宣战。第二年秋，蒙古大汗窝阔台合罕调集大军，兵出三路，由二皇子阔瑞攻打四川；三皇子阔出攻打荆襄九郡；大元帅阿术鲁攻打两淮。誓言，三年，必灭南宋！准备充足的蒙古军，以雷霆之势先取四川；再下襄阳；威胁两淮；并直接兵临长江北岸。危难关头，宋理宗点将，起复联蒙灭金时的功臣孟珙主帅，全权负责荆湖和四川两处战场并重建西南防线。最终，窝阔台合罕不得不于南宋嘉熙二年（公元1238年）全面撤军。窝阔台合罕本人于公元1241年病逝。

南宋嘉熙二年（公元1238年），蒙古大汗窝阔台合罕下令全面撤军，可怕的，历时数年的蒙古狂潮就此暂时退去。南宋这边，自朝廷至庶民，终于都松了口气。

然而，对于孟珙来说，这一切却才刚刚开始。

孟珙深知，蒙古人绝对只是暂时退去，假以时日，他们还会再度挥着马刀冲过来。再一次血洗四川，威胁临安。

而四川，这里是多少个朝代，多少皇帝，多少汉人心中的避难所。是千年来被无数次冠以不可攻破的要塞，更是南宋在西南地区军事和经济的支柱。

同时，我们都知道。蒙古军横扫东亚，兵指欧洲，征服世界，靠的就是战马、弓箭、火炮（又称西域大炮）这三样武器，即火炮先轰炸，马上接高机动性的骑兵迂回冲锋，最后用最远射程的弓箭手射住阵脚，稳固推进。

这三样武器，足以毁灭任何军队与城市。几百年以后，以天子守国门著称的明成祖；欧洲的战神、法国皇帝拿破仑；还有"二战"时曾席卷世界的希特勒，都是用的这个战术。

不过，这个战术也有一个致命的缺陷，那就是没法征服高山与大河。而高山、大河，正是南宋所拥有的，具体来说，就是蜀川。要知道，蜀川的高山大河，是连飞机和巨轮都难以挑战的。

所以，绝不能让四川再这样被轻易地攻破了！孟珙下定决心，他要在有生之年，为四川修建一道不可跨院的屏障，可以在他百年之后，还能稳稳地保卫四川。

他要为这道屏障挑一个至关重要的枢纽。这个枢纽必须是四川门户的中心，这样就可以随时快速地支援整个防线；这个枢纽也必须在悬崖峭壁之上，这样可以极大地限制蒙古军飞驰的战马；这个枢纽还要能自给自足，有自己的田，有自己的水，这样在大军围城的时候，可以禁得起消耗，挺过最困难的时刻。

孟珙找到了这个地方，那就是今合州附近的钓鱼城。那里石壁陡峭，山势耸立，相对高度达三百余米，山下湍急的嘉陵江、涪江、渠江分别从南、北、西三个方位保卫着这里，唯有东面可以登临。

它的山水之利，足以固险；它的山水之便，可通蜀川各地；它的肥沃土地，更可以在绝境中自给自足。如此雄关天险，交通枢纽，正是上天赐予蜀川的天然要塞。

可是，谁曾想，这个坚不可摧的堡垒，是孟珙带领蜀川老百姓们，跋山涉水，一砖一瓦，凭空建出来的。

而要完成这样一项壮举，还少不了另外一个有着广阔眼界的绿林好汉。他就是当时游荡在川陕一代的民兵领袖，余玠。

余玠，字义夫，蕲州（今湖北蕲州）人。史书上的他，在前半生可谓是黑得不行，"少时家贫落魄无行，喜功名，好大言。少为白鹿洞诸生，因斗殴杀死卖茶翁，避罪逃入淮东制置使赵葵幕下"。

年少轻狂，还有杀人犯罪的前科，后来又落到了赵葵这个急功近利的衰神帐下。讲道理，按照正常的剧情发展，他这辈子都别想洗白了。

可是，谁也没想到，这个年少轻狂、放荡不羁、好大喜功、飞扬跋扈的年轻人，在面对嗜血狂暴的蒙古骑兵时，并没有像主帅赵葵那样仓皇退却，而是以最快的速度，组织当地的难民们，和蒙古人打游击，并多次烧毁蒙古军的船厂和粮草，甚至一度打到了开封府。

只不过，这人的案底实在太黑。黑到孟珙就算极力推荐他，宋廷的大佬们还是不敢轻易信任。直到宋理宗亲自召见余玠，仔细端详了他的面孔以后，才得以批准。

孟珙是一位伟大的战略家，而那个时候，把他高瞻远瞩的战略落地到实处的，就是余玠。

在仔细研究这次宋蒙交战的战报时，余玠发现，蒙古军虽攻破蜀口，肆虐两川，但所有的记录，都显示的是：成都被攻破，开州被攻破，合州被威胁等。这说明了什么？那就是，受损的都是建立在山与山之间的

289

大型城市。那么那些建立在山上的军寨呢？

蒙古人全都绕了过去！

是的，和平岁月中，没人愿意放弃平原，去山上当泰森。这导致蜀川的山地，除了放哨屯粮的军寨以外，基本都处在原始状态。

而余玠，就是要把它们利用起来。为此，他把重建蜀川防线的任务分成了两步走。第一步：聚统人才。蜀川自古人杰地灵多杰士，这里缺的不是千里马，而是相马的伯乐。通过细心搜寻，余玠得到了王坚、张钰、张实三将，这三人在日后的宋蒙战役中会大放光彩，成为汉人在蜀川防线的屏障吗。来日，他们将给蒙古人一个巨型的惊喜。

然而，在构建蜀川防御体系中，起到最重要作用的，不是这三个将，而是冉琎、冉璞这对冉氏兄弟。

当时的宋廷，举朝欢庆宋蒙战役的胜利。人人皆是醉生梦死，奢靡度日。孟珙想重建蜀川防线，就需要人和钱。可此时绝大多数的"人"，都在用绝大多数的"钱"享乐。

谁管你蜀川防线要不要？

这也是，为什么孟珙一个朝廷大员，不得不借助余玠这个江湖势力来帮忙的原因。而事实证明，老百姓们的力量，是无比强大的。

尤其，孟珙的计划，是要在高山之上建城市，还要可以自给自足，囤积粮草，训练士兵。

注意这是建立城市！这不仅仅只是砌石头、修要塞炮那么简单。城市，是需要老百姓们来住，来开荒，来种地打井过日子的。

在当时看来，大家都以为孟珙疯了，放着好端端的旧城不去加固，竟然去修新城。这不摆明了拿大家开涮吗？

好日子不过，我干吗非要上山去重新来过？什么，蒙古人要是再来怎么办？不是还有你孟老爷子撑着吗？

在这个最要命的当口，余阶把小说故事里的江湖义气体现得淋漓尽致。他二话不说，背起两筐石头就朝着山上走去。

"你们去不去修城，随你们。我余阶是去定了！大不了，钓鱼城我一个人修！（城成则蜀赖以安矣！）"

最先响应，跟随余阶上山的，就是这对冉氏兄弟。

终于蜀川人民被感动了，大家争先恐后地上山，与余阶还有冉氏兄弟一起，共建山城屏障，开垦荒地，囤积粮草。

钓鱼城就此筑成。它城墙高数丈，全用山体里最简易的大块条石垒成。全城开八门，分三道城墙。外城，在南北各构筑一个一字城与嘉陵江相连，以便补给，并能同时能阻挡敌军在城外的运动，更可以与外城形成立体攻防。

钓鱼城的成功，带动了周边一系列山城的兴建。围绕着成都、篷、阆、洋、夔、合、顺庆、隆庆八大蜀川州府的，共建有云顶（今金堂县）、运山（今篷安县）、大获（今苍溪县）、得汉（今通江县）、白帝（今奉节县）、青居（今南充市）、苦竹（今剑阁县）、钓鱼城八座山城。

这些山城因山形而筑，史称："棋布星分，为诸郡治所，屯兵积粮，为必守计。"

同时，孟珙把金州都统司迁至大获城，用以守护蜀口；沔州都统司移至青居城、兴戎都统司移至钓鱼城，以此共同防御蒙古军沿嘉陵江南下；利戎都统司移至云顶城作为支点，来阻挡蒙古军进扰川西。

以上八大山城与州府连做一片，再与嘉陵江、涪江、渠江协同防御，合称"三江八柱"。

这还不够，孟珙以为，"三江八柱"是蜀川的防御核心，以此为基础，南宋还需要一个拱卫三江八柱的防御体系。他和余阶，又先后在岷江、沱江、长江、通江、南江、巴河等流域建近百座山城。

这些山城一般选择在崖势陡峭的群峰之间，用来大大减弱蒙古骑兵的冲锋力量。同时依江傍水，既能借水利增山势，更能发挥南宋水军的优势，并与外界取得联系。保持补给。

然后，他们又在山顶上开垦几十亩，甚至几百亩的土地，可以种田、伐木、捕猎，并凿开泉眼。

以上足备之后，这一片山城终于自成体系，互相联防，不必外界给养，就能长期生存。

最后余阶还总结了一整套与蒙古军作战的经验。一、以逸待劳，不可轻战；二、聚保山险，不居平地；三、多用夜劫，不可昼战；四、收聚粮食，毋以资敌。

总结一下，无外乎八个字：坚壁清野，主守后战。

蜀川形势自此空前大好，史称："军得守而战，民得业而耕，士有处而学。"

一切准备就绪，孟珙和余阶还在此等到了一个千载难逢，可以一举重创蒙古的机会。那就是窝阔台合罕暴毙，蒙古境内大乱。

一不做二不休，徐阶出川陕；孟珙出荆湖，蒙古人猝不及防。余阶一路从"川"打到了"陕"，并拿下了当年诸葛亮兵出祁山，大败曹操，挥师中原的战略要地——汉中；孟珙则肃清了淮南残存的所有蒙古势力，准备渡过淮河，重新收复洛阳和开封。

时间就这样进入了公元1246年，这一年是南宋淳祐六年。在这一年，曾经无比支持孟珙和余阶的宰相郑清之先生，因抢救无效病逝。令一个新的宰相，谢方叔走马上任。

谢方叔，不能说他是一个坏人，但他绝对是个死脑筋的人。此人出自身寒微，自幼在边疆看尽那些作威作福的长官们为非作歹。所以他暗下决心，长大了一定要好好治理边疆。

宋宁宗嘉定十六年（公元1223年），谢方叔高中，位列二甲第十，入御史台，成了一个管纪律的言官。再然后，他成了监察御史，游历四方，专门打击为非作歹的地头蛇们。

他每到一处，都留下了勤政爱民、赏罚分明的美名。

也正是因为他有着这样的背景，早就好多年前，余阶刚开始崭露头角的时候，谢方叔就看不起他。

谢大人的眼睛里别说沙子，连粒子都容不下。

于是，他不断地弹劾余阶，不断地搜罗一大堆证据指责余阶，甚至不止一次地公开声明，余阶要反，如若不管，肯定会变成第二个吴曦。

以前有老宰相郑清之罩着，没出什么乱子。郑清之一去世，接班人谢方叔就把余阶往死里面整。

终于，宋理宗赵昀被说动了，他下令以谋反罪缉捕余阶。余阶得知后惊怒交集，他想自辩，可朝廷之上却无一人听他说话。

悲愤不已的余阶，在前往临安的途中忧愤而死。

孟珙得知后，惊愕万分，他不断地上书，证明余阶的清白。不仅如此，孟珙还不断地强调，这是一个多么千载难逢的机会。荆湖、川陕一代的宋军可以随时出兵，一举击破蒙古军，中兴大宋，恢复旧疆，指日可待！

然而孟珙的一番慷慨之言，却成了南宋朝廷打击孟珙，重新瓜分荆湖、蜀川这两块大蛋糕的武器。

孟珙以和反贼余阶勾结为罪名，被撤职查办。

为国拼死杀敌，鞠躬尽瘁，流尽鲜血，最终却落了个这样的下场。虽然南宋朝廷并不是真的要处罚他，而是想起到一个吓唬的作用，让他别惹事。可是孟珙的心却碎了，没过多久，他也病逝了。

公元1246年，真是个充满了戏剧化，悲伤泪流成河的一年……

就这样宋理宗继续回归他的歌舞酒宴，老百姓们继续过他们的小日子，蒙古继续他们的内乱。

一切风平浪静，似乎什么都没有发生。

那曾经蒙古铁骑的刀刃所带来的如同修罗场般的场景，仿佛成了一个梦。

直到公元1254年，南宋理宗宝祐二年，一封急报送到了宋理宗面前。

宋朝数百年的好邻居，曾为宋朝挡下数百年少数民族入侵的战友，延续三百一十七年二十二帝的大理国，亡了。

凶手是蒙古的新统治者，成吉思汗之孙，仁侠拖雷之子，蒙哥汗。而整个战术的制定者，则是成吉思汗。

阴魂不散的成吉思汗！

成吉思汗早就想到了，蜀川有可能会出现不能突破的状况。于是，他留下了另一条路，那就是渡过大渡河，攻下大理，占领黄河上游，再南下直取南宋。

这个计划几乎就要成功了，如果没有孟珙和余阶。机关算尽的成吉思汗，当然没想到，在他之后还有一个人预料到了蒙古可能的进攻方向。

此时的蜀川防线早已不仅仅只是拱卫蜀川一处，而是宛如远古张开双臂，守卫天地的巨神兵一般，矗立在整片西疆，将柔弱的南宋，护在身后。

还有，成吉思汗更没料到的是，他或许真的征服了无数身体上比汉人还要强壮的民族，但汉人的勇气和决心，却是他始料未及的。

蒙哥，他是他爷爷的忠实崇拜者，他更是自成吉思汗死后，蒙古人民心中最强壮的男人。

因为看尽了窝阔台的小手段，他嫉恨着阴谋诡计，他嫉恨着尔虞我诈，他嫉恨着政治手腕。在他看来，蒙古就应该骑乘着战马，纵横天下，把农田全部推成草原。

他很"蒙古"。在他狂热的演说下，蒙古士兵的战斗力，瞬间达到了狂战士的等级。他们呼号着跪倒在蒙哥面前，尊他为长生天的战神。在这里，蒙古人的好战和武勇达到了历史的顶峰。

公元1257年，南宋理宗宝祐五年，蒙哥汗正式下诏伐宋。蒙古全军分为三路，蒙哥自将右路军，以都元帅纽磷为先锋，率领四万精兵攻打最硬的四川；左路由联蒙灭金时的猛将塔察儿率领，进攻荆湖；云南蒙军由兀良哈台率领，进攻广西、湖南。

再一次，蒙古誓言，三年灭宋！

就在蒙古军全军陷入无比狂热情绪的时候，有一位冷静的蒙古贵族悄悄拉了拉蒙古，提醒他此战千万鲁莽不得，不然蒙古必遭大难。

蒙哥哈哈大笑，他当场赶走了这个蒙古贵族，笑他胆小，很不"蒙古"。

这个人，没再说什么，就这样沉默地离去了。他知道，此时还轮不到他说话。而且，他还需要学习更多汉人的智慧。

孛儿只斤·忽必烈，这个名字，此时还无足轻重。

至此，宋蒙第二次大战，就此打响。蒙古军看似兵分三路，但蒙哥的意图却非常明显。上一次，蒙古军在四川被顶了回去，这一次，他要在同一个地方找回场子！

所有人的焦点都凝聚在了蜀川。

此时南宋在蜀川的兵力有五万左右，大体上稍微优于蒙古军，孟珙生前也早就想好了蒙古军会从云南打过来，所以事先设下了防线。

对此蒙哥，表示嗤之以鼻。联防又怎么样？事先想好了又怎么？阴谋诡计，算尽天机又怎么样？看我蒙哥一拳把你的蜀川山脉揍成平地！

他是这么想的，更是这么做的，而实际上却也十分有效。由于防线过大，地域广阔，兵力分散，加上这几年，在孟珙余阶死后，蜀川防线无人修理，以至于实在是有些破落了。这导致，宋蒙在具体到某一块区域的争夺上。宋军会居于绝对的劣势。

蒙古军先锋纽磷率军自利州沿嘉陵江而下，过阆州大获山，出梁山军，直抵夔门，破宋军于云顶山，接连攻破彭州、汉绵、怀安军等要塞，完成了蒙古大汗亲征的先期准备。

接着，蒙哥的主力军团终于出动。他七月入大散关，过和尚原。同年十月，就攻破了剑门西边的苦竹隘，然后再破潼川府治所长宁山城，迫降阆州大获城守将杨大渊。

期间，蒙哥每一战必身先士卒，率先登场。同年十一月，蜀川的青居城、运山城、大良山城相继被破。蜀川防线三江八柱，已有四柱沦陷。

转年二月，蒙哥率领伐宋主力，直抵三江八柱的核心，钓鱼城下。

此时的蒙哥，好不威风！他下瞰合州、上控三江，蜀川号称牢不可破的三江八柱防线，在蒙哥面前犹如纸糊的一般。如果钓鱼城再被攻破，蜀川就将彻底告破，则大宋亡矣。

反观蜀川方面，南宋目前所能控制的，实际上只剩下川东一代。而蒙哥为了确保能一战定蜀川，他下令前锋纽磷在涪州蔺市造浮桥，"夹江为营长数十里，阻舟师不能进至浮桥"，以阻止川外宋军从水路援助蜀川。

轰轰烈烈的钓鱼城之战，就此拉开了序幕。

随着蒙古震天的号角声，凶暴的蒙哥再次带头冲锋。他挥舞着马刀率先撞向了钓鱼城的一字城墙。

虽然蒙古骑兵也呼号着跟着他们的大汗，对着钓鱼城撞了过来。然后，他们直接被撞得头破血流。

蒙哥有点懵，这个钓鱼城，到底咋建的？

钓鱼城的城墙可谓是建在悬崖峭壁上，光城墙就高三百四十米，并与地面完全垂直。墙体是以抗南宋最先进的火炮打击为计算的，蒙古的西域大炮砸在钓鱼城城墙上，也就只能弄点儿灰。

更坑爹的是，山路回转，蒙古骑兵们施展不开，被宋军各种大范围杀伤性武器各种团灭，损失特别惨重。

蒙哥暴怒，虽然天色已晚，但他仍然不肯撤军。既然一个城门施展不开，我就把你钓鱼城每个城门都打一遍，我还不信就你们这点人，能把每个门都守住。

蒙哥大汗，我说，您还真不能不信。

这钓鱼城的城墙实在太高、太厚。蒙古军的弓箭根本没有那么高的射程，云梯的长度也严重不够。超级厚的墙体，让蒙古军的大杀器西域大炮完全失去了作用。尽管蒙古军用绝对的兵力优势，攻击钓鱼城的全部八门，然而可怜的蒙哥还是连钓鱼城外城的门都没摸到，就被揍了回去。（炮矢不可及也，梯冲不可接也。）

晚上，蒙古军就更惨了，钓鱼城居高临下，有着强力的大炮和超远射程的神臂弓，对着蒙古军就是一顿狂轰滥炸。蒙哥气得不行，却又无可奈何。撤后一点吧，这一撤就要回到山脚下，钓鱼城算是解围了；不撤吧，在这儿扎营算是被宋军白打。

狂傲好战的蒙哥，决定头铁到底。他向全世界人民展现了，钢铁是怎样炼成的精神。无论吃多大的亏，损失多大的资源，也要玩儿命地冲锋。

终于，蒙古似乎看见了曙光，蒙古军终于冲上了钓鱼城的城墙。胜利女神似乎在对蒙哥……开玩笑。

就在蒙古军登上城墙的时候，忽然天降大雨，城墙滑不溜秋的。很多蒙古士兵被大雨一浇，就直接从城墙上滑了下来。

可是看见曙光的蒙哥，怎么会就此罢休？他调来几乎所有的西域大炮和云梯，对着这个突破口，开始疯狂输出。

谁知，天降大雨还不算，那天晚上气温也突然骤降。湿湿的城墙上结了一层冰……

这下是彻底歇菜了。蒙哥只好鸣金收兵。

屋漏偏逢连夜雨，宋廷姗姗来迟的援军，在这个关键点终于到了。由原来赵葵（为啥又是这个人）的部下，黝黑猛男吕文德率领援军，趁着江水暴涨，猛攻蒙古军前锋纽璘设在涪州江中的浮桥。

历史再一次证明，造浮桥、城堡这些高科技产物绝对是宋朝的专利，蒙古人的山寨货绝对不能比。浮桥，就这样被冲断了，吕文德部溯江而上，进入合州。

蒙哥急了，钓鱼城必须孤立起来，如此坚城，倘若攻不进去就，只有围死他们。这要是有了外援补给，那还了得？！

蒙哥当即下令，蒙古军的汉将史天泽出击，务必拦住吕文德。

以汉制汉，这招不错，黝黑猛男吕文德被缠住了，脱不开身。蒙哥趁势猛攻钓鱼城。这一次他有样学样，没派蒙古军上阵，而是派出了蒙军四川主将汪德臣。久居四川的汪德臣对付山地的确有一套办法，钓鱼城的马军寨被他攻破了。形势危急，马军寨形成了突破口，源源不断的蒙古军顺着云梯往上爬，大有趁势抢城的架势。

关键时刻，宋军主将王坚赶到，双方拼死搏杀。蒙哥一看，乐了，拼死搏杀，那蒙古战士的优势不要太大啊！

可是！忽然又来了一场突如其来的暴雨，城墙又开始变得滑溜溜的。在雨中，久居南方的宋军战士如鱼得水，把汪德臣部赶下了城墙。

然后当晚气温再次骤降，墙上又开始稀稀拉拉地结了冰……

气愤不已的蒙哥，下令围城十锢，准备饿死钓鱼城里的宋军。同时，他令史天泽和吕文德拼命，并让另外两路蒙古军与史天泽一道，夹击吕文德。

要说，吕文德也真是坚挺。他用仅仅三万人，愣是拖住了史天泽和两路蒙古军主力。虽然他再也没可能增援钓鱼城，但是蒙古另外两军也不能支援蒙哥。

时间进入了七月。钓鱼城此时已经被围了十个月。这时，正值天干物燥，闷热难当。

七月二十日，一直坚挺的吕文德终于挺不住了。在蒙古军不要命的夹击中，他只得撤退。种种迹象表明，钓鱼城已经到了极限。

蒙哥大喜，他于七月二十一，再次亲自带头冲锋，率领全军撞向钓鱼城城墙。

俗话说，常在河边走，哪能不湿脚。蒙哥的战斗，天天玩命，时时玩命，还真当自己是阿修罗下凡，浑身刀枪不入水火不侵不成？

就在这时，一个躲在城墙上的神秘小兵，注意到了开启无双模式，疯狂收割生命的蒙哥。

他悄悄摸摸地转动身旁的大炮，瞄准了蒙哥，然后"轰隆"一声。

什么，就这样结束了吗？

是的，就这样结束了。

成吉思汗之孙，拖雷之子，蒙古大汗，孛儿只斤·蒙哥，战死了。

南宋理宗赵昀卷：燃烧的凤凰

这个神秘小兵，后经广大人民群众口口相传，在经过一位大作家的艺术加工后，正式拥有了一个名字——杨过。

调侃到此结束。蒙哥的战死，给了蒙古军当头一棒。失去了领袖的蒙古军乱作一团。钓鱼城主将王钰趁机从城墙上丢下一筐活鱼，大笑着喊道："尔北兵可烹鲜食饼，再攻十年，亦不可得也。"

什么？我们围了钓鱼城十个月，结果里面的人还能吃活鱼？

终于，从久攻不下，增援不济，到全族偶像蒙哥汗的突然战死，再到最后的这筐活鱼。蒙古军崩溃了。

此时的他们，再也不是纵横天下无敌手的钢铁战士，而是被南宋追逐的猎物。王坚、王钰趁势杀出钓鱼城，蒙古军兵败如山倒，溃散如沙，一泻千里。

与他们的军队一同破碎的，还有他们的心灵。蒙哥就这么死了，成吉思汗之孙，不败的战神就这样轻易地死去，给予了蒙古百战军威最致命的打击。

钓鱼城之战后，大蒙古国陷入了黑暗的混乱，他们有的心灰意冷，回到草原深处去放牧；有的圈地一方，各自为战；有的窥觊大汗之位，蠢蠢欲动。

每每读到这里，我都希望，那个人可以一辈子不出山，不出现。他会钻研学术，他会吟诗作画，终成一代学者大儒……

南宋理宗景定元年（公元1260年）三月，孛儿只斤·忽必烈回到蒙古草原，开始收拾，重建破碎的蒙古帝国。

是的，这一次不再是部落，是帝国。

南宋度宗赵禥卷：

元朝的崛起

前情提要：南宋理宗宝祐二年（公元1254年），蒙古大汗蒙哥先灭大理国，再南下进攻宋朝，由蒙哥汗本人亲自领兵至四川扣关，誓言三年灭宋。开战伊始，蒙古军以雷霆万钧之势沿嘉陵江而下，连破宋军十数重镇关卡。仅半年，四川的"三江八柱"防线，已由四柱沦陷。蒙哥汗直逼四川防线核心，钓鱼城下。宋蒙激战数年，蒙古军损失惨重，大汗蒙哥战死。宋军趁势出城，大败劳师远征的蒙古军。蒙古，被迫撤军。

宋蒙钓鱼城大战的胜利，终于又一次把南宋从悬崖边上拉了回来。尤其是望着蒙古军稀稀拉拉，垂头丧气离去的尘土。宋理宗高兴得简直要跳起来了。

你们来的时候不是很威风吗？你们蒙古铁骑不是纵横世界的吗？你们不是天天鼓吹蒙哥是无敌的，是不可战胜的吗？怎么？还不是被我们宋军一炮入魂送去了长生天！

宋廷朝堂之上，弹冠相庆，欢呼雀跃，然后集体乐极生悲，差点组团跳楼摔死。

前方传来急报，有一支士气高昂，凝聚团聚的蒙古军队已经打到了鄂州城下，就快要渡过长江了。

宋理宗蒙了，不是才刚刚钓鱼城大胜吗？前线不是说蒙古军已经溃散而去，连大汗都死了吗？

容不得宋理宗呆若木鸡了，很快，前线又传来急报。作为南宋军民心灵的支柱，岳家军的缘起之地，鄂州还是很坚挺的，目前并没有危险，但是蒙古的前锋，却在此刻已经渡过了黄河，开始向临安逼近了。

一个从北宋到南宋，萦绕了这个苦命王朝近三百年的问题再一次摆上了台面。

是南逃，还是应战？

对此，宋理宗没有任何纠结的情绪，他不假思索地选择了跑路。为此，他还信誓旦旦地说，早就准备好了可以下海的大船，诸位爱卿可以一起跟着逃。

面对看似（这个词是重点要记忆）气势汹汹的蒙古军，宋廷之上绝大多数大臣们，都是赶紧附和宋理宗南逃的提议，并表示誓死追随皇帝陛下。

只有一个人反对，曾经辛弃疾忠实的追随者，现在的枢密使吴潜。

望着已成惊弓之鸟的皇帝和惶惶不可终日的满朝文武，掌管全国军权的吴潜再也坐不住了。

他使劲扒开层层慌乱的人群，直冲到宋理宗面前高呼："陛下，您万万不可南逃啊！鄂州还没有失守，长江防线还有十万带甲精兵可一战，蒙古人更非不可战胜。倘若天下百姓军士听闻您逃走了，我们就真的一溃千里，国将不国了啊！"

宋理宗急了，他不顾皇帝的礼仪呵斥吴潜道："我们都说要逃，你

302

却非要死守临安，你是打好了算盘要做张邦昌吗？"

这最后一句彻底成了点燃吴潜这个超大号 TNT 的火星。既然皇帝陛下您不要脸，就别怪我吴潜扇您的面子了。

"陛下！您一个儿子都没有，您走了谁来主持临安数百万军民的大局呢？"

过分了，吴潜竟然当众揭了短理宗皇帝的短，没儿子。可这时的宋理宗不仅是吃了秤砣铁了心，还要把脸也糊上铁。他当着文武百官的面即刻下诏："立皇弟赵与芮的儿子忠王赵禥为太子，留守临安！"

吴潜寸步不让，高声棒喝道："臣，无弥远之才。忠王无陛下之福。臣恳请陛下与百官将士们，死守临安。绝不后撤！"

宋理宗直接被逼死。无奈之下，他只好任命吴潜，全权主持这次战斗。吴潜也不啰唆，他立刻找来了一位无论是从名义上，还是能力上都能应对这次战争的人。

说名义上，那是因为他是孟珙临终前举荐的唯一人选；说能力上，他也曾参与过钓鱼城之战的指挥，吕文德就是他启用的，并成功拖住了蒙哥的援军。

他就是，贾似道。

战情紧急，请各位收起你们惊愕的表情以及为什么是"他"的这个问题。贾似道以上集那个独抗两支蒙古援军的黝黑猛将吕文德为先锋，支援鄂州。

而吕文德再次延续了他刚猛的二愣子性格，他一路星夜兼程奔向鄂州，然后几乎不做任何休息就投入了战斗。

此时，鄂州也已经到达了极限。它的两处城墙都被攻破了，蒙古军蜂拥而上，马上就要攻入鄂州城内了。

南宋度宗赵禥卷：元朝的崛起

吕文德大吼一声冲入战场，他身先士卒，宛如一把尖刀，径直地划开了蒙古军的阵线。猝不及防的蒙古军瞬间乱作一团，吕文德趁势命人将被破坏的两处城墙抢修完毕，然后又围着鄂州城迅速地树了一圈栅栏。

蒙古军只好撤退。

可是，奇怪的事情发生了。吕文德在当夜绷紧了神经，就等着蒙古军来挑灯夜战。

然而这一晚，什么都没发生。

第二天，贾似道率领主力军进扎鄂州城。宋蒙战力对比终于被拉回一条平衡线上。

可是，蒙古军依旧保持静默，并丝毫没有与宋军决战的意向。贾似道心生疑惑，决定下令与蒙古军和谈来探一探虚实。

对此，蒙古军的反应依然很平静。他们仅要求宋朝提供每年五十万两的岁币，并且丝毫没有提出割让土地。

蒙古的一系列举措让敏锐的贾似道感到了异样。漠北，是不是出事了？还有，当所有蒙古军在钓鱼城之战后选择撤退之时，为什么只有这支军队不退反进？为什么之前还和宋军寸土必争，可如今却忽然一片静默，纹丝不动？

种种迹象表明，蒙古人的底气是不足的。贾似道当即大手一挥，五十万是没有的，最多二十万，不然就没得谈。

对此，蒙古的反应就更加诡异了。因为，就在贾似道回复蒙古使者的第二天，蒙古军忽然启程离去了，只是留下了一句"他日复议"，就再也没有了下文。

望着尘土中悄然离去的蒙古军；望着得胜归来的鲜花与丞相之位；

望着激动到欢呼雀跃的宋理宗。

贾似道的心中忽然升腾起一股非常可怕的不安感。他有预感，精明的自己被这个在战争结束时，却依然不知名的蒙古的统帅耍了。

整个大宋都在无形中被利用了……

南宋景定元年，忽必烈开始启程回到漠北。虽然，他的妻子和支持者，一再提醒他要尽早地，抢在所有蒙古贵族子女之前赶回来，但忽必烈还是坚持且固执地在南宋突袭了一把，甚至一度令前锋渡过长江，威胁临安。

因为他知道，若要坐蒙古大汗，从来不是看谁跑得最快，而是谁打得最狠，抢得最多，军队最盛。

蒙哥突然死亡，汗位空缺，群龙无首，国家分崩离析。

忽必烈要阻止这样的情况恶化，要一劳永逸地让蒙古再也不会出现这样的动乱，并真真正正地拥有一套包含了细致法律的国家体系。

要做到这一切，就必须成为蒙古大汗；要成为蒙古大汗，就必须拥有最盛的军功。

蒙哥死了，死在了钓鱼城之战。那一日，蒙古军灰头土脸，兵败如山倒，信念破碎，昔日无敌的百战军威，出现了巨大的裂痕。

世人看这，是灾难；忽必烈看，是机会。

没有了蒙哥，就是忽必烈的机会，是忽必烈实现自己理想抱负的机会。

是的，那个突袭南宋，连破数城，围困鄂州，甚至横渡长江的蒙古统帅，就是他，孛儿只斤·忽必烈。

他故意选择了，在蒙哥战死，绝大多数蒙古部族、军队心灰意冷，南宋大胜，全国松气狂欢的时候对宋朝发动雷霆一击。

当然，按照忽必烈原有的打算是攻破南宋的心灵依靠——岳家军的缘起之地鄂州，再渡过长江，威胁临安，然后在临安保卫战中，以胜利者的姿态和保存蒙古主力并减少战损为理由撤退。

结果鄂州的坚硬程度远超他的想象。还有吕文德的勇猛和贾似道的能力，都让忽必烈吃了一惊。

不过不要紧，最终贾似道还是代表南宋提出了和谈，他的先锋也确实渡过了长江威胁了临安。

从贾似道提出和谈的那一刻开始起，忽必烈就赢了。他的目的达到了。

忽必烈让他的蒙古人民看到了——我，忽必烈，在这场战役中，击败了南宋，挽回了蒙古的惨败，为战死的大汗蒙哥复仇，并迫使南宋向我们和谈。

携带者这样一份"超级"军功，忽必烈在南宋景定元年五月五日于燕京（今北京）称帝，定国号为大蒙古帝国。

这一次不再是部族首领；不再是蒙古大汗；而是真真正正的皇帝。

那一日，忽必烈官方发布了称帝的即位诏书，即《皇帝登宝位诏》。在篇诏书中，忽必烈首次自称为"朕"，并追认自己的哥哥蒙哥为"先皇"建年号为中统，史称中统元年。

再然后，他照搬了一部分宋朝的政治系统。即以宰相文官为核心的中书省；统领全国军队的枢密院；监察内部官员的御史台。地方以行省为最大单位（这个就一直保留到了今天），每一个行省下分道、路、府、州、县五级。其中一州管三县是固定的，但道、路和府的权限范围却各有不同。

最后，忽必烈下诏让全蒙古人，以汉人为榜样，学习汉人的知识，并举办科举，选拔人才。他还策反了很多对南宋不满，又在科举中落榜的举人和秀才，把他们收纳到蒙古，教蒙古人四书五经和汉人的兵法韬略。

就这样，蒙古与南宋整整沉寂了四年。就在公元1264年，蒙古皇帝忽必烈向全国发布《至元改元诏》，改"中统五年"为"至元元年"。

"诞膺景命，奄四海以宅尊；必有美名，绍百王而纪统。肇从隆古，匪独我家。且唐之为言荡也，尧以之而著称；虞之为言乐也，舜因之而作号。驯至禹兴而汤造，互名夏大以殷中。世降以还，事殊非古。虽乘时而有国，不以利而制称。为秦为汉者，著从初起之地名；曰隋曰唐者，因即所封之爵邑。是皆徇百姓见闻之狃习，要一时经制之权宜，概以至公，不无少贬。

"我太祖圣武皇帝，握乾符而起朔土，以神武而膺帝图，四震天声，大恢土宇，舆图之广，历古所无。顷者耆宿诣庭，奏章申请，谓既成于大业，宜早定于鸿名。在古制以当然，于朕心乎何有。可建国号曰大元，盖取《易经》'乾元'之义。兹大冶流形于庶品，孰名资始之功；予一人底宁于万邦，尤切体仁之要。事从因革，道协天人。于戏！称义而名，固匪为之溢美；孚休惟永，尚不负于投艰。嘉与敷天，共隆大号。"

"盖取《易经》'乾元'之义。兹大冶流形于庶品，孰名资始之功！"这个"至哉坤元"，就是年号"至元"的来历，更是七年之后，忽必烈将正式将蒙古帝国的国号改为"元"的来历。

同一时间，也是公元1264年，宋理宗病逝，传位于忠王赵禥，史称宋度宗。

嗯，这个宋度宗，广大人民群众经常称他为祸国殃民的精神病。我觉得，这是不公平的，人家明明智障儿童。

307

据说，赵禥的妈妈在生他的时候，被人下了大剂量的堕胎药，导致这孩子出生的时候是个大头娃娃，迟迟到七岁才会发声。

话说各位观众朋友们，你们别先急着晕菜。之所以选择赵禥继位，其实也是因为实在是没得选了。

没办法，谁叫宋理宗赵昀和他唯一的弟弟赵与芮只有这一个独苗后代呢？

唉……国之兴盛，必有圣象；国之将亡，必有妖孽。在这一片风平浪静，却暗流涌动的新时代里面。宋蒙迎来了各自的诗篇。

南宋度宗赵禥卷：

烽火襄阳

前情提要：南宋理宗开庆元年（公元1259年），宋蒙钓鱼城之战，以蒙古大汗蒙哥突然战死，宋军大胜而告终。惊愕交集的蒙古军群龙无首，各自为战，逐渐分崩离析，一一独自不成建制的撤回漠北。唯有忽必烈一支军队，趁着宋廷之上的君臣弹冠相庆，狂欢之时，忽然突袭鄂州，威胁长江，觊觎南宋国都临安。震骇万分的宋理宗几欲逃走，最终在枢密使吴潜的逼迫下，点贾似道为帅，增援鄂州，击退忽必烈。南宋景定元年（公元1260年）五月初五，忽必烈继位，下《皇帝登宝位诏》，建国。七年后，改国号为"元"。

让我们从有些错乱的时间线里面回归正统宋廷这里。南宋景定五年（公元1264年），宋理宗病逝，享年六十岁，在位四十年。

曾经，在我心中宋朝皇帝在位最久的应该是宋高宗。宋高宗一度给我的一种感觉是：您怎么还没驾崩啊？

后来，等我长大许多，开始整理资料的时候才发现，这个宋理宗竟然在位远远超过了宋高宗。宋高宗在位一共三十六年，其中还因苗刘兵变被废了快一年。而之所以给我造成这个假象，是因为在宋高宗的时代里，那可谓是天天风起云涌，山河动荡，内忧外患，其麾下将相名臣多如牛毛。

反观宋理宗，山河之外打的是一塌糊涂；可是河山之内确实一片风平浪静。联蒙灭金，其实除了最后蔡州一战，宋军几乎没有动作；端平入洛，作为理宗朝时宋军唯一一次对外的军事行动，结果因为准备仓促，行事毛躁而快速失败。

端平入洛之后，宋蒙一共爆发了两次超大型国家级战争，不论间接还是直接，蒙古都先后有两位大汗因此而死。

可最终的结果，南宋朝廷与民间却依然是一片安宁祥和。

遥想高宗皇帝，中兴之战时，每当有宋军大败金军的时候，朝野上下，国家内外，皆是一片义武奋扬！各路义军民兵，相继招安。

无论是忠是奸，朝堂之上一定议论纷纷，各抒己见；皇宫之外，各地的诗人皆作曲赋词，百姓操练武艺，以图为国效力。

然而到了理宗朝上，我们却什么也看不到。没有了争论，没有了辩驳，甚至于没有了尔虞我诈。每个人，都只是在好好地过着自己的日子。

入则如法家拂士，出则无敌国外患者，国恒亡。然后知生于忧患，而死于安乐者也。

——孟子

就是在这样的一个大环境下，宋理宗安然平静地去世了。他和他弟弟唯一的后代，因母亲在怀他的时候，吃了太多堕胎药导致成了大头宝宝外加智力低下的赵禥就这样继位了，即宋度宗。

而贾似道，也是在这样的环境了，当上了这个国家的首相。

有句话，我要说在前头。在这里，我只是想澄清一个实际状况，而不是为这个人平反，这一点是原则问题。

很多人一说起这个贾似道，就会说他；恩将仇报，毒死忠臣；祸国殃民，贪污受贿；为了上位不择手段还毫无作为。

而实际上的状况是什么呢？他当首相，是因为他亲自上阵击退了蒙古军，挽救国都临安于水火之中，连忽必烈都说，他手下怎么没有贾似道这么有能力的人。

说他为了上位不择手段？不好意思，更残酷的事实是，南宋的官场，以秦桧开先河，历经史浩和史弥远这父子俩绝顶官僚的调教后，早就已经进入了喝茶度日的时间。之所以没人跟贾似道争，不是因为他心黑手狠，而是压根就没人想和他争。在南宋这些官老爷们看来，宰相之位，再也不是荣誉，更不是实现情怀理想抱负的工具，而是一个巨大的锅。

谁爱背谁背，谁有能力谁背，跟我有什么关系？

恩将仇报，毒死忠臣？嗯，我知道你们说的一定是著名的贾似道为了上位，恩将仇报，把举荐了自己，拉住皇帝不让其南逃的吴潜一贬到底不够，还非要毒死他的故事。

这个剧情，没错，至于去争论吴潜是被贾似道毒死，还是自己把自己吓死，或者吃了地沟油食物中毒而死，实在是没有意义的事情。因为，吴潜其实根本没有恩于贾似道。

实际上，他是"坑"了贾似道。

首先，你吴潜作为枢密使，逼着不让皇帝走要应战蒙古人，是很有气节和勇气。那你自己怎么不上？遥想当年，李纲不许宋钦宗逃跑，要主动迎战。他自己就说到做到，以文官之身，扛着长矛和被子就住上了城墙。

吴潜在干什么呢？拉了个叫贾似道的做挡箭牌，硬把他推上了战场，而且还命令他"社稷为重，不得后退"。吴潜自己则躲在临安瑟瑟发抖。而且，最混账的是，他给出的指令竟然是让增援部队直接前往鄂州，而不是在鄂州附近的黄州集结，要贾似道孤身一人自行前往鄂州战场。

我很难想他到底是让贾似道去送死还是去增援。还好贾似道机灵，他及时联系了黝黑猛男吕文德，好说歹说，算是让主力军队在黄州集结，然后与主帅共同去增援鄂州。

至于贾似道的党羽把他排挤出临安。这事儿也不是不能理解。吴潜总是自比辛弃疾。他开口说话，落笔成文，皆有稼轩公当年的风采。

只是可惜了，就因为这种个性，让稼轩公在官场上一直郁郁不得志。那么作为暗示自己就是稼轩公的吴潜，被排挤，实在是迟早的事情。更何况，当年理宗皇帝还在的时候，就讨厌死他了。

最重要还有一点，稼轩公当年上战场的时候，从来都是冲在第一个。曾经于二十万军中，生擒降金的汉将，然后扬长而去，金人无一人敢阻拦。

吴潜，你行吗？

还有，说贾似道自军中起家，杀了很多保卫国家、抗击蒙古的武将。这事儿也不能这么单方面地说。首先，南宋有别于北宋，南宋的边疆很乱，少数民族政权和绿林山贼都会时不时来骚扰一下。所以南宋相比北宋，更加依赖武将。这就导致了南宋武将地位回升了很多。

可是这事儿的结果就成了，南宋后期的武将，能力一般，脾气还特坏。比如鄂州之战，贾似道亲自在城上击鼓，武将们在下面笑话他文人还上什么战场，去歇着吧！

等到贾似道累了下去歇会儿，武将们又嘲笑道：到底是个文人，见不得血。

更气人的是，这帮大爷们每次打仗，都会私吞战利品，顺便抢劫一下民宿房舍，再贪污点军饷，搞得下面是乱七八糟。

唉……时过境迁，像岳飞、韩世忠那样的部队早已经成了神话，不适合在人间了。

贾似道是真给气得没招了，他作为朝廷首相，不可能就这样放任武将们为非作歹，乱搞一通。所以他才在新上任的前五年，不断地整顿军队，惩处武将。为此，他还发明了一个专门应对军队吃空额的"打算法"。

好了，这么一说，大家一定会觉得，这是个好人呐！你不想给他平反，我们都想给他平反了。真是冤枉了！

不对，不可以这么说。因为他在干完五年活儿（我觉得更多是形象工程）以后，就在此开启了不干活享受生活的模式。

而且有别于曾经的那些官僚型宰相。他们以前就算是想当官僚舒舒服服过日子，也没敢把这事儿挑明了，都是藏着来。贾似道倒好，他是明着带动全国上下跟着他一起奔向无忧无虑的幸福生活。

终于，自秦相公打头；老史相公跟进；小史相公大发神功最后到了贾相公带头开混。南宋进入了历史上最幸福的时代，成了人类历史中一个著名的游乐园，哦，不是伊甸园，哦，还是不对，是失乐园。

大家每天都沉溺在欢乐安详的百香蜜蜜水里面，吮吸着幸福的雨露。

首先请容我来介绍我们失乐园的荣誉董事——宋度宗赵禥陛下。由于他是一个智障儿童，指望他去看奏折拿主意肯定是没戏的，所以贾似道就只好交给他另一个他可以做的重要任务——传宗接代。

是的，你没看错，我也没写错，而这件事情的重要性也确实是当务之急。你们可要知道，赵禥现在可是根独苗，再加上他身体上还有的一系列问题。若是他在生儿子之前就驾崩了，那大宋的天下可怎么办啊？

于是，贾相公"只得"把各色年轻美丽的女孩了送到后宫，来解决这要命的"燃眉之急"。

要说这宋度宗也着实厉害，他虽然头脑简单，但是四肢却出奇的

313

发达。话说在古代，皇宫里的女孩子但凡被临幸或者侍寝，第二天都要去阁门报道，让宫里的太监们做好记录，以防哪天怀孕了皇帝不认账。

这个宋度宗可就有意思了，据说有一次贾似道上早朝的时候，惊愕地看到阁门前排起了长队，足有三十几个人！

如此"辛勤"地"工作"终于换来了不错的回报。他一共生了七个儿子两个女儿，也算是可以"交差"了。

接下来说我们的贾似道，南宋此时的执行董事贾相公。在做完了五年形象构建工程以后，贾似道满意地点了点头，开始放飞自我了。

他花重金在西湖边上打造了一栋豪宅，又在豪宅边上修了一座富丽堂皇的斗技场。别慌，咱中国人是讲情怀的，是不会像罗马人那样逼着奴隶们装骑士，拿着剑砍来砍去然后下注赌生死的。贾相公的斗技场，那可是很文明，很不血腥，很有诗情画意的。

贾相公的斗技场，斗的是蟋蟀……

正因如此，南宋各路州县转运使和不常能进入京城的地方官员，都开始搜罗自己管辖地区里强壮的蟋蟀，用渡船送到临安上供给贾似道。

至此，我们的贾似道大宰相，荣获了一个非常狂拽酷炫龙傲天的绰号：蟋蟀宰相。

除了蟋蟀，贾相公还爱美女。他一边上供美女给宋度宗，一边自己也搜罗着玩儿。不过相比那些良家的女孩儿们，贾似道更爱歌姬。

他的府邸就在西湖边上，每到夜幕降临的时候，贾相公的船上会点满灿烂的烛灯，在柔美清亮的西湖上缓缓飘动。船上灯火通明，莺歌燕舞，宴乐昼夜不停。

船的两侧还会熏上大量的艾香，远远望去，云雾缭绕，金碧辉煌，好似天上。

时人有称："朝中无宰相，湖上有平章（复习一下，宋朝宰相的全称就是'中书省门下平章事'，又称'同平章事'）。"后世著名的戏曲《红梅阁》和《李慧娘》的传说，就是来于此。

宰相都如此，下面的人就更加放肆和堕落。在贾似道的带领下，整个南宋朝廷，就这样缓缓沉沦。

事已至此，贾似道的位置已如磐石般不可撼动，可这位终日坐在艾香缭绕的烟雾与罗琦温柔中的官僚，却并没有失去理智。他还是想要试探一下众人。

一日早朝，群臣例行向皇帝行礼。三拜九叩高呼万岁以后，贾似道上前向宋度宗提出辞职。

这一下可把群臣吓坏了，他们一个个冷汗倒流，寒毛直竖，不敢出声。

同样被吓坏了的还有宋度宗赵禥。赵禥被吓得脸色惨白，眼泪直流，他跟跟跄跄地从皇位上连滚带爬地走下来，匍匐在贾似道面前，痛哭流涕的挽留贾似道。

贾似道暗地里，心满意足地点了点头，也跪下去搀扶起宋度宗表示一定尽心尽力，鞠躬尽瘁，死而后已。下面的群臣高呼"复议"。宋度宗这才爬起来，给予他可"面圣不拜"的权利，并称其为"师臣"。

时间就这样一天天过去。南宋咸淳六年（公元1270年），忽必烈建国完毕，正式改国号为"大元"，并派出使臣郝经携带礼物进入南宋，希望与南宋正式建交。

然而，谁也没想到，满怀信心出使的郝经，别说见到宋朝皇帝，他连临安都没到。

贾似道把郝经悄悄地囚禁在了真州。

他这一囚禁，忽必烈肯定不干了。他又派出使臣去质问："我的人呢？你们为什么囚禁我的使臣啊？"

面对代表忽必烈来使的质问，贾似道睁着一双水汪汪单纯明亮的大眼睛，怯生生地回道："啊！那个，回伟大的蒙古大汗，我们没有扣押你们的使臣啊？"

"我们国号不是蒙古，是'元'，是'大元'，还有请尊称'陛下'。我们已经是一个国家了！久闻汉人宰相的礼节尊荣，今日一见，真是徒有虚名啊！"面对贾似道，元朝使臣都要气炸了。

贾似道冷笑一声，摆谱是吧？那大爷我不伺候你了。他随意挥了挥手，直接让手下把元朝使臣给扔出去了。

忽必烈怒了，他是真的怒了。我想，遇上这事儿，换你你也怒了。忽必烈好歹是拥有半个世界的国家的皇帝，难得他是带着和平的橄榄枝来南宋请求建交的，可是南宋的执行董事贾似道做了什么？他一拳打在了忽必烈友好的脸上，还笑嘻嘻地对对方吐了口吐沫。

所以啊，不作死就不会死。

事已至此，忽必烈决定南侵！与蒙哥这种种族主义者不同，忽必烈是崇拜汉人的教育的。在他看来，攻打汉人的领地就必须使用汉人的将领。

忽必烈选对了。他选的这个人叫刘整，这个叫刘整的武将准确地指出了那条灭亡南宋最简单直接的路线。

荆湖！荆襄九郡！

刘整告诉忽必烈，蜀川您就别想了，先帝（蒙哥）都倒在那儿了；两淮一代也不行，那里长年累月驻军超过二十万且都是最精锐的部队，没必要和他们去死磕。

唯有荆襄九郡，攻击这里看似我军的两翼容易被宋军夹击，实则只要我们的攻击进度够快、够狠、够准，能一下子拔掉襄阳，就可以震慑南宋全国。到时候，宋军必然不敢贸然出击，我们就能一举渡过长江直抵临安！

"好！"忽必烈激动地拍案而起，他即刻下令调动蒙古大军，猛攻襄阳。

"且慢，"一脸坏笑的刘整拉住了忽必烈，阴森森地说："陛下切莫着急，您的目标不应该是襄阳而是樊城。"

"为什么？"

"因为铁打的襄阳，纸糊的樊城。嘿嘿！"

此时荆襄九郡的最高长官，正是前几集里面小放异彩的黝黑猛男吕文德。鄂州一战后，他成了贾似道在军中最信任亲信。

吕文德，这人以前本是樵夫，打仗特别老实。冲锋总在第一个，收人头（都是钱啊，一个人头一两银子呢）在最后。由于他运气不错，一直没死，又实在是憨厚可爱，赵葵就把他提了上来做了个小将。之后他屡立战功，在钓鱼城之战连续拖住了三路蒙古援军，还在鄂州之战里大败忽必烈。

这一路走来，他从吕樵夫成功转型成了吕将军，却丢掉了他最宝贵，最可爱的本质。吕文德开始变得贪婪、懒惰、迟钝。

他迟钝到竟然为了和蒙古人做生意捞钱，同意蒙古人在襄阳城水岸对面的鹿门山修一座军用的小堡垒，来拱卫蒙古人的贸易站。

上天给了吕文德一个机会，他的弟弟吕文焕一听哥哥的计划，立刻就被吓得魂飞魄散。他死扯活拽地反对哥哥，说这个堡垒一旦建成，樊城就完蛋了。

吕文焕为什么这么说呢？就因为刘整对忽必烈说的那句话："铁打的襄阳，纸糊的樊城。"

当然，这话不是刘整发明的，而是这里每一个老百姓都知道的俗语。为啥呢？因为樊城一马平川无险可守，而襄阳则东北两面夹江，西南两面环山。所谓守襄阳，其实就是阻敌兵于山水之间。而敌军一旦突破了这些山水，襄阳不过就是座孤城而已。

此时，蒙古军欲修堡垒的位置，鹿门山，正是处于汉水折南入襄阳时的咽喉要地。一旦有一座堡垒在此修成，就会有两个、三个、四个、五个、六个堡垒修成，直到彻底占领这些拱卫襄阳的山山水水。

对此，吕文德哈哈一笑，他拍着弟弟的脑门儿说："弟弟，你之所以是弟弟，正是因为你只知忧，不识战。让蒙古人去修，如果真的开战，只等雨季之时，汉江涨水，我的黄金舰队会骤然杀将过去，蒙古那群旱鸭子们的悲剧是注定的。"

果然不出吕文焕所料，蒙古人一开工就没完没了了。鹿门山的堡垒才刚刚修成，樊城东边的白河口又修了两座。紧接着万山上也跟着修了一座，最后，整个襄阳城外围的所有山水之间，都遍布蒙古人的堡垒军寨。刘整几乎是零战损地完成了对襄阳的保卫。

这才反应过来的吕文德急了，他立即上书朝廷申请支援。以他和贾似道关系，援兵很快就到了。

来者正是"宋末三杰"第一杰，黄州统治张世杰。面对气焰嚣张的蒙古人，张世杰使出了一招三十六计里的"围魏救赵"。

他没去理会襄阳，而是去了更北端的樊城，在平原旷野上与刘整决战！

张世杰的梦想很好，但是心高气傲的他根本就没有好好估算过蒙古军的数量和战力。不仅如此，他更加没搞清楚敌我双方的兵种配置和作战风格。

张世杰竟然率领以步兵为主，穿轻甲持强弓劲弩的宋军；与穿重甲骑骏马飞驰的游牧民族在旷野中决战！那是岳飞和韩世忠都尽力避免的战场！

后果相当严重，樊城一战，张世杰惨败，被迫撤退。

七月，吕文德的王牌，酝酿已久的大雨终于到来。宋军的第二路援军，沿江制置副使夏贵率宋朝引以为傲的"黄金舰队"开入襄阳。他在虎尾洲遭遇了蒙古名将速不台的孙子阿术。

那一日，是所有宋军将兵们的末日。一直认为自己是全世界最会造船的宋军，竟然在江面上遇见了和他们拥有同等水平的蒙古舰队。

不用打，宋军的士气就直接跌到了谷底，所谓"黄金舰队"，就此烟消云散。

在得知这一消息后，吕文德痛苦地闭上了双眼，高呼："误国家者，我也！"不久后他就死了。作为一个指挥过大战役的将军，他知道，荆襄九郡完蛋了，而且是毁在了他的手上。

可是宋廷这边还是低估了刘整。刘整的最终目的，既不是襄阳，也不是樊城，而是宋军的主力！

他故意做出一副围困襄阳的真实样子，让其成为一个熊熊燃烧的火炬，引得宋廷接连派出军队，犹如动画片里"葫芦娃救爷爷"一般，一支一支地撞上蒙古军早就铺设好的各种堡垒军寨，直到宋军主力和士气全部被消耗殆尽。

形势果然如刘整所料，在张世杰和夏贵之后。宋廷这边又仓促地派来了李庭芝和范文虎。

这两人政见不合，互相不服，开战的时候又不多做沟通，导致他们俩在救援襄阳的时候各打各的。尤其是这个范文虎，他直接带着一批舰队，共计十万水军攻打鹿门山。

鹿门山的守将就是全歼"黄金舰队"的阿术……

继李庭芝和范文虎之后，宋廷这边又派了一个叫高达的猛人。此人在钓鱼城之战和鄂州之战里面立过功。说起来也应该是个猛将。

可是高达虽然叫高达，但他毕竟不是那个"高达（Gundam）"。他没有等离子冲锋枪和激光炮，更不是钢铁之躯。在蒙古人蓄谋已久的战略面前，高达将军的失败，也是注定的。

更何况，此时的宋军已经被严重消耗了。后来支援襄阳的宋军，很多都是从蜀川和两淮抽调过来的。

贾似道终于被惊动了，他提议要亲自领兵出征，直面蒙古军。经宋度宗再三挽留（一次），决定另派他人去支援。

咸淳八年（公元1273年），襄阳沦陷了，吕文焕投降。

对此，贾似道是有话要说的。他向宋度宗抱怨道："我每次要亲自出征，您都不让，要不然，怎么会落到这步田地啊陛下！"（臣屡请帅兵行边，陛下不许。如早听臣出，何至今日！）

而宋度宗的回复，更是让人惊愕恐极，他竟然哈哈笑着拍着贾似道的肩膀说"这是小事、小事，师臣大可不用介意"。然后，他一如既往地、更加离不开他的"师臣"。贾似道连忙说："对，这是小事，陛下您大可不用在意，请您回后宫好好休息吧！"

就这样，襄阳沦陷这件"小事"就此被掩了过去。宋度宗依旧在后宫辛勤耕作，贾似道依旧斗他的蟋蟀。

远处的忽必烈，在襄阳城头，静静地凝视着长江对岸那如宝石般璀璨明亮的城市。

他望着它的闪耀、光辉、秀丽，以及它的胆怯与虚弱。

宋末三杰卷：

进击的张世杰

前情提要：南宋理宗景定五年（公元1264年），宋理宗病逝，其弟赵与芮的独子赵禥继位，即宋度宗，并以贾似道为相。次年，改年号为咸淳元年。南宋咸淳六年（公元1270年），忽必烈建国完毕，正式改国号为"大元"。并派出使者，希望与南宋建交。对此，贾似道玩忽职守，不以为然，私自扣押大元使臣，致使忽必烈被激怒，南侵南宋，兵锋直指襄阳。因襄阳主将吕文德指挥大意失误，元军不费吹灰之力就拿下了拱卫襄阳四周的山山水水，并将宋军的援军一一击破。咸淳九年（公元1273年），襄阳失守，南宋危矣。

襄阳失守一年后，"操劳过度"的宋度宗赵禥终于倒下了，经抢救无效死亡。相对于他糟糕的人生和惨不忍睹的政绩，在儿子这一方面，他还是很不错的。

宋度宗一共生出了三个健康的儿子，分别是杨淑妃生的赵昰，七岁；全皇后生的嫡子赵㬎，四岁；俞修容生的赵昺，二岁。

于是，作为嫡子的四岁儿童赵㬎登基继位，史称宋恭帝，贾似道继续为相。

襄阳一战后，南宋损兵折将，全国版图看上去就好像一块大蛋糕被勺子挖走了一块。面对来势汹汹的元军，且为了不把南宋的防线拉得过大过长，贾似道当机立断，以汪立信为京湖安抚制置使兼湖广总领，赵溍为沿江制置使兼淮西总领，殿前都指挥使陈奕率水师守卫鄂州至黄州的长江防线，李庭芝、夏贵分任淮东、淮西安抚制置使，将全国防线撤至长江一带，借此天险守住南宋这一隅江山。

面对南宋这烂得不能再烂的烂摊子，前线总帅王立信当即给贾似道提出了三条建议，以应付南宋危局。

其一，将除蜀川以外所有的兵力全部抽调至长江北岸，组建起一支五十万人建制的抗元大军。这些军队在长江防线上划地防守，百里一屯，屯有守半，十屯一府，府有总督，死守长江。

其二，赶紧礼送郝经回国，给忽必烈赔礼道歉。并按鄂州大战时所答应的岁币连同陈欠利息一起给付清了。不为别的，就为拖时间重整旗鼓。

其三，如果第二条不起作用的话，直接向元朝投降。虽然这是个严肃的面子问题，但国势已经到了这个地步，如果卖个面子能苟活下来，那么凡事都还有迂回转机的余地。而且，南宋是战败而降，这和不战而降的待遇还是有差别的，所谓一切就是尽量拖延。毕竟留得青山在，不愁没柴烧。

应该来说，以上三条，即便不是最好的选择，也是最客观的看法。对此，我们的贾相公只回复了汪总帅八个字："瞎贼，竟敢如此胡说！"（汪立信的一只眼睛是瞎的）

汪立信立即被撤职查办。

这几条到底是对是错，其实此时并不重要，重要的是仗还没打，指挥官就被换掉，宋军顿时人心惶惶，这造成非常恶劣的影响。而元军这边却丝毫没有任何放松，宰相伯颜于咸淳十年（公元1274年）七月起兵，以宋降将吕文焕（对就是那个黝黑猛汉吕文德的弟弟）和在蒙古出身的汉人张弘范为先锋，兵分两路直逼长江。

张弘范，他就是之前联蒙灭金时，被宋军抢救下来的蒙古籍汉将张柔的儿子。他的第一个目标，就是襄阳的后方，长江以北最后的一个据点——郢州。

前方探子来报，郢州的守将是张弘范的祖兄，曾经在张柔的手下做过小偏将。于是张弘范决定使出天下大义之嘴遁大法，以逸待劳，劝降这个人。

此时张弘范还并不知道，这位郢州的守将，不仅此刻不会投降，他们俩会一直战斗，战斗，战斗，直到大宋彻底的灭亡了。

郢州守将，正是宋末三杰第一杰，坚持抗战到底的张世杰！

张世杰认为，郢州是襄阳的后院，堵在长江北岸，这里是一个非常类似襄阳、樊城的军事要塞。而张世杰为了加固郢州的防守，他在汉江以北的旧郢州城对面，即汉江以南的位置，修了一座新郢州城。两城夹江而建，城墙都以江畔巨石垒起，坚固无比。江水间遍立木柱，铁链密布，间杂以数量庞大的战船，两岸再广布弩炮，从各项配置上看，这里比襄阳、樊城的双子城结构还要可怕。

精心备战的张世杰坚信，只要元军胆敢按原计划进军的话，他们一定会在这里撞得头破血流，毫无进展。这对江南来说，会再赢得不少弥足珍贵的重整旗鼓的时间。

然而可怜的张世杰，当他满怀自信地端坐在坚固的防御工事后喝茶的时候，这道坚如磐石的防线其实早已经被突破了。

郢州防线的命运和后来"二战"时期的马其诺防线很像。

当张弘范到达郢州城下的时候，确实被这强横的防御工事难倒了。

聪明的张弘范肯定不会去硬刚城墙，可他却也没什么办法突破这里。

正在他一筹莫展的时候，一个当地农民给蒙古人出了个点子。为什么要强攻郢州呢？先打下游的黄家湾嘛，那里有条大沟，直通藤湖，从大沟拖船入湖，走三里水道就能重新绕回汉江，并且绕过了郢州，然后就可以绕过汉江，直接进入长江了。

于是，在某天清晨时分，张世杰惊恐地发现，元军不见了！此时的张弘范，早已经带着元军主力顺利突破了黄家湾，通过藤湖进入了长江水道。

至此，南宋在战略上，又失去了一个势。十一月，绕过了郢州的张弘范，直接攻破了号称"江鄂屏障"的阳逻堡。在阳逻堡一带南宋集结了老将夏贵率领的南宋引以为傲，可以直接下海的"黄金舰队"。

那时，正值寒冬。阳逻堡大雪纷飞，坚强的夏贵带领宋朝最精锐的水军拼死作战。从汉口打到沙芜口；又从沙芜口打到了汉阳，最终被铺天盖地的元军前后夹击。夏贵战败而走，退守庐州。

十二月，元军水师抵近鄂州，所有的压力全部拥挤到了这里，拥有无数神话传说的鄂州，更是当年岳家军的核心要塞，作为大宋军民们共同精神支柱的鄂州。

鄂州，不战而降。连同鄂州一道的，周围的江州、蕲州、安庆府全部倒向了元军。

为什么会这样？吕文焕露出了诡异的笑容，因为以上四州的守将都姓吕！

宋廷震动！

没有选择了，贾似道亲自领兵出征！南宋咸淳十年十二月二十一日，贾似道奉谢太皇太后之命，出任天下兵马大元帅，点齐水路十三万大军，师出临安，兵指芜湖，与元军主力针锋相对！

这是南宋的殊死一搏，其声势之浩大，史载："金帛辎重，舳舻相衔百余里。"

结果呢？贾似道一到了前线，就立刻私下找人去和投降集团吕氏拉关系，看在当年贾似道照顾过吕氏的份上，请求向元军投降签和议。

吕文焕不敢怠慢，他马上上报给了伯颜。伯颜沉默良久以后，淡淡地说了八个字："宋人无信，唯当进兵。"

多么可悲，可叹啊！一向以仁义礼教立国的大宋，到了最后，却被一个残忍、鲁莽、嗜杀的少数民族说"无信"。

没有选择了，贾似道此时已经是箭在弦上不得不发了。宋蒙两军在丁家洲决战。

这一仗实在没什么说的，宋军在贾似道的带领下，一触即溃。先是七万陆军互相践踏，再然后是水面上完全被蒙古军突破，只有夏贵一军拼死奋战，却已经是无力回天了。

贾似道战败的奏折，宛如一把巨锤，砸碎了南宋所有臣民最后的幻想。一时间，所有的老百姓和大臣们都在疯狂地弹劾贾似道。贾似道每到一州，都有老百姓用吃剩下的西红柿和西瓜皮对他狠狠招呼。

对此，谢太皇太后则不以为然。在她传统的世界观里面，因为打输一仗就费了贾似道显然是"草率"的，何况有大宋的祖宗之法，绝不杀一士大夫。

可是，恨贾似道、骂贾似道的人实在太多了，以至于谢太皇太后产生了一个错觉。

只要废掉贾似道，那么蒙古军就会自觉撤退，然后大宋失去的土地就会自动回来，天下就会回到那个如烟化般灿烂美丽的时代。

于是谢太皇太后把贾似道罢相，贬黜发配到广东，由贾似道曾经的一个手下郑虎臣押送。一路上百姓们恨他恨得直咬牙，把押送贾似道的轿子顶盖掀了。让他饱受毒辣的太阳和湿腻的大雨。史称："轿夫杂役皆唱杭州歌谑之，每名斥似道，窘辱备至。"

就在这一路上，养尊处优的贾似道终于病了，上吐下泻。郑虎臣暗示贾似道自己体面地了结了算了。然而贾似道却以太皇太后旨意为由，迟迟不肯。

愤怒的郑虎臣趁着贾似道上厕所的时候，一拳把他撂倒扔茅坑里冲走了。

可怜一代宰相，竟落得如此下场……

处理完贾似道以后，南宋的实际统治者成了传统的谢太皇太后（没办法，现在宋恭帝才五岁不到），由老太太垂帘听政。

谢太皇太后决定，下诏号召天下兵马来临安勤王。

到此，很多人都在狂喷老太太没文化，太腐朽，没本事。到了这个时候，还想着号召天下兵马勤王这种不靠谱的事儿，早干吗去了。

我想请问持有这种观点的人，如果是你，此时还有更好的办法嘛？至少，这个号召招来了两个至关重要的人，他们俩至少为南宋带来了可以再次一战的士兵。

第一个响应号召的，就是张世杰。他迅速地放弃了已经被孤立在前线的郢州，带领全部兵马，以李芾为先锋，迅速赶来支援临安。

而这第二路，正是宋末三杰的第三杰，理宗朝的状元，伟大的抗元英雄，成了华夏儿女永远赞颂的图腾的文天祥。

张世杰与文天祥一合计，决定由张世杰亲自到长江上去正面迎击元军，而文天祥则去常州护卫临安和张世杰的侧翼。

两人分开后，张世杰举着谢太皇太后的诏令，号召平江都统刘师勇和知寿州孙虎臣以万余艘战船横遮江面，并且约李庭芝出瓜洲、张彦出常州趋京口，三路夹击元军。

誓言，一定要把伯颜钳死在长江以北！

可是，到了约战的当天，英勇的张世杰却错愕地发现，除了他自己，以上这些人一个都没有来！他一下子就被元军团团围住了。

愤怒的张世杰却没有因此而后退，他仅凭一支孤军，在元军层层包围的浪潮里左冲右突，寸步不让。

此时江面巨浪翻腾，张世杰为了让宋军的战舰连称铁板一块，他当即下令……我都不忍心说……把宋军所有的战舰用铁索连成一块儿。

后面的事儿，请大家自行参考赤壁之战，张世杰被迫败走，长江天险被突破了。

临安，戒严。

伯颜一路南下，势不可挡，终于打到了常州。守在这里的，正是文天祥和李芾。历史上真正的文天祥，并不是演义小说里的那个理想主义者。他是宋末三杰里能力最强、心智最坚、情绪最稳定的那个（毕竟是状元啊！）。在他的带领下，伯颜即使用出了浑身解数，常州依然纹丝不动。

就在我们所有人都认为局势开始出现一丝转机的时候，久攻不下，愤怒的伯颜把常州附近所有无辜的老百姓们全部抓起来集体烹杀，以达到威慑的效果。稳重的文天祥立刻极力安抚常州的军民，可是常州附近其他的州县却崩溃了。

一时间，他们以独松关守将张濡（张俊的五世孙）为首，袁、连、衡、永、郴、全、道、桂阳、武冈等州县全部投降倒向了元军，史称："一片降旗出临安。"

常州瞬间被孤立了。

到了这幅关头，常州被破已经只是时间问题了，万般无奈之下，李芾决定把文天祥送回临安。在李芾看来，文天祥活着，远比战死在这常州城重要太多了。

327

或许，这个年轻人可以力挽狂澜。

文天祥含泪离去，当夜，元军猛烈攻城。常州知州姚岩；通判陈炤；都统王安杰（当年钓鱼城击毙蒙哥的王坚之子）全部战死。偌大的常州城，全民皆兵，坚持巷战。所有的成年男女都不肯放弃，直至全城军民全部覆没……

李芾在乱军从中杀将出来，他浑身浴血逃往潭州。他知道，潭州知州尹榖是个好男儿，绝不会投降。

伯颜尾随李芾，紧追不舍一直追到了潭州。倒不是李芾把元军引了过来，而是此时这一带，几乎只有潭州一州未降。

南宋恭帝德祐二年（公元1276年）正月初一，伯颜终于击溃了潭州的守军，潭州城破在即。也就在这新年的第一天，在李芾的见证下，潭州知州尹榖为自己的两个儿子举行冠礼。

礼毕，潭州知州尹榖，带着自己的两个儿子，身穿朝服，向临安三拜九叩，自焚而死。而这生前的冠礼，正是为了让自己的两个孩子，可以身着冠带礼服，去面见先人。

悲痛欲绝的李芾，带着自己最后所有的家人、幕僚和所有的追随者，在潭州与元军决一死战……

临安，终于被包围了。

这一次，宋廷上到谢太皇太后，下到每一个老百姓都慌了。蒙古人，元军的残暴，让他们肝胆俱裂，四散奔跑。宰相陈宜中早上还在给谢太皇太后出主意，写了投降的降表，下午他就不见了。

他跑了，不知所踪。

可是，临安还没完，因为张世杰还带着南宋最后的主力，停泊在杭州湾。不屈不挠，誓死不退的张世杰，再次，不眠不休地向伯颜率领的元军发出挑战。虽然他屡战屡败，屡败屡战，但他确实给伯颜造成了不小的麻烦。

不幸的是，被吓破了胆的宋廷，在最后制约了张世杰的权利，他被限制在杭州湾动弹不得。

宋廷坚定地认为要表达诚意。去和元军和谈，可是谁去呢？谁敢去呢？

谁都不愿意去，谁都不敢去，偌大的宋廷，只有他，文天祥！

文天祥昂首阔步出城，在明因寺见伯颜。他身为状元宰相，绝不愿向异族低头，甚至以言辞辩驳，试图迫使伯颜退军。

文天祥："本朝承帝王正统，衣冠礼乐之所在，北朝将以本国为属国，还是想毁我社稷宗庙？"

伯颜冷笑："社稷必不动，百姓必不杀。"

文天祥："北朝若有意保存本朝，请退兵至平江或嘉兴，再商议岁币犒军之事。如此，北朝可全兵而返，彼此有益。如北朝欲毁我宗庙，灭我国家，则淮、浙、闽、广等地尚在宋属，成败还未可知。如此，兵祸连绵，胜负难料！"

伯颜"嚯"地一下站了起来，他开始仔细打量眼前这个宋人。区区一个亡国宰相居然敢这么强硬地跟自己说话。遥想当年，伯颜曾随旭烈兀在西南亚拓地千里灭国无数，见过太多俯首胆怯之辈，这时遇到文天祥，惊讶之余，更想征服他，吓唬他，看见他胆怯的样子。

伯颜佯装大怒，正欲威吓文天祥。哪知文天祥似乎猜到了伯颜的用意，他等着伯颜，用更强硬的话语说道："我乃南朝状元宰相，但欠一死报国耳，刀锯鼎镬之逼，又有何惧！"

伯颜服气了，他恭恭敬敬向文天祥行礼，然后把他好生关押起来。在他看来，若要征服宋人，就必须先征服文天祥。然后，伯颜下令，全

329

军进入临安。

谢太皇天后没有逃，她拱手送上了大宋的传国玉玺和无数金银财宝，然后她就随着元军去到了大都。忽必烈是厚道的，他没杀老太太，而是让她好生安度晚年。

老太太于七年后病逝。

宋恭帝也没有走成，他先是被带到了元大都，被忽必烈封为瀛国公。六年之后，被元人迁往更北的元上都（今内蒙古自治区正蓝旗境内）。青年之后，为避祸自愿出家为僧，去吐蕃精研佛法，修订翻译了《百法明门论》等佛经，终成一代高僧。晚年时偶有所感，作了一首小诗："寄语林和靖，梅花几度开？黄金台下客，应是不归来。"

那时，仁慈的忽必烈已死，后来的元朝皇帝愣是改不了嗜血杀伐的特性。可怜的宋恭帝最终因为这首诗被误以为要东山再起，被赐死。

文天祥面见伯颜，虽然未能成功用嘴遁"劝"退蒙古军，但却为宋廷撤出临安赢得了一定的时间。

在张世杰的带领下，益王赵昰在张世杰的保护下，和着所有不愿意投降的军民一起，将一部分没来得及反应的元军引到了海上。利用元军弱海战（注意，海战不等于水战）的特性，终于离开了临安前往福州。

到达福州后，益王赵昰被拥立为帝，即宋端宗，改元景炎。南宋在此重建小朝廷。

就在南宋的小朝廷艰难地开始运转的时候，一路强大的援军正在开往福州路上。

"臣，中书省门下参知政事兼枢密使文天祥，参见陛下！"

文天祥？那个被伯颜掳走了的文天祥，他怎么会来这里。

"张都督，接不接受他，您可要三思啊！"

宋末三杰卷：

最后的丞相陆秀夫

前情提要：南宋咸淳十年（公元1274年）七月，元丞相伯颜率重兵南下攻宋。在一个汉人农夫的帮助下，伯颜成功地绕过了南宋前线重镇郢州及其坚定的抗战将领张世杰，并成功击败了由夏贵率领的南宋水师精锐，直接突破长江天险，兵压临安城下。一时间，南宋朝野上下人心惶惶，临安附近的各州县大多纷纷开城投降，仅有常州和潭州在孤独地坚持抗战，直至被元军攻破。随后临安城破，在文天祥竭尽全力地拖延下，张世杰带着皇子益王赵昰来到福州即位。

南宋德祐二年（公元1276年）二月夜，真州守将苗再成在噩梦中被侍卫惊醒。在极端不安与无尽的担忧中得知，一位衣衫褴褛的难民，自称是朝廷的宰相，要面见真州守将。

其实宋氏江山早已经沦陷过半，蒙古士兵的铁蹄在秀美的江南横冲直撞，烧杀抢掠。全国上下，早已人人自危。还有谁会愿意来到这淮西前线，重镇真州呢？

"怕不是个奸细吧？"苗再成苦笑道。

"回将军，此人自称是文天祥。"侍卫小心翼翼地答道。

"文天祥？！那个出使率兵勤王失败，在议和中被捕的文天祥？我要去见见他！"

那个衣衫褴褛的来访者，正是南宋朝廷的枢密使，同中书省门下参知政事，状元宰相文天祥。

他不是应该被带到大都（今北京）去了？怎么来到了真州？是的，这是一个非常传奇的故事。文天祥用他超人的魅力，感动了伯颜。虽然宋军一路战败，他本人也被俘，但是对他无比佩服的伯颜依旧用蒙古的贵宾之礼对待文天祥，而不是让他和其他战俘一样坐在囚车里面。

正是因为如此，伯颜给了文天祥一个机会。在路过淮西的时候，文天祥瞅准机会，在一个黑夜里杀死了看守，一把夺过了蒙古的战马，逃到了此时仍有宋军主力驻扎的真州。

苗再成选择了相信文天祥，他们二人决定一同联合残余的淮西军与当地的保甲义军，共同抗战，夺回失地。

他们需要联系的第一个盟友，就是扬州的李庭芝。此人是南宋末期除张世杰和夏贵以外，全国的第三战力，更是出了名的硬骨头。只要能联系上他，则大事指日可待！

为表重视，文天祥决定以宰相之尊，亲自前往扬州，去联合李庭芝。

就在文天祥走了三分之二的路程的时候，远方飘来一个传闻，说元朝派了个宋廷的叛逃宰相来淮西，以图招降南宋的淮西诸军。

对此，文天祥不以为意，他乘着夏贵赠予他的高大战舰，一路直下扬州。等他到了扬州城下一看，顿时傻眼了。

扬州守将李庭芝竟然将文天祥的画像挂得满城都是，上面悬赏，无论死活，只要能抓住文天祥，都重重有赏！

这是怎么回事？一脸错愕的文天祥又接到了另一个可怕的情报，随机他瞬间明白了李庭芝为什么会这么做。

宋末第二大战斗力，坐拥宋军残余的最后精锐水师主力的夏贵，投降了！

先是远方飘来传闻说："元朝派了个宋廷的叛逃宰相来淮西，以图招降南宋的淮西诸军。"接着文天祥就乘着夏贵的船来到了扬州，他一到，夏贵就投降了。

理智地想一想，撇开我们后人看待历史的上帝视角。若是我们在那个"一片降旗出临安"的大环境下，别说李庭芝不信，就算换作各位看官，也不可能不去怀疑文天祥。

夏贵的投降，充满了遗憾与疑惑。他一生从军数十载，与蒙古军交手二十余年。战阿术敌伯颜，二十余年来，不论胜负都是竭尽全力。他此时已经七十九岁了，在投降大元后，他也不过就多活了三年而已。而这一降，他身前的一切功绩，都化为了过眼云烟，再也不足为道了。

时人有诗叹曰："享年八十三，何不七十九！呜呼夏相公，万古名不朽。"

抛开各种意识形态的悲切，夏贵投降可谓是彻底打乱了南宋淮西诸军的部署。本来已经开始趋于团结的淮西军，又因为信任的问题，开始了分化。最终被蓄谋已久的元军逐个分割包围，孤立了起来。

无奈的文天祥只好再掉头返回真州，可是这回真州也出事了。固执刚硬的李庭芝，一定认为是文天祥劝降了夏贵，所以他密令苗再成诱引文天祥进入真州，再将其捉杀以除后患。

好在苗再成是武大出身，他没有义官那么细密的思维和精细的考虑，他是真切地被文天祥的爱国热诚所感动。所以他既没有让文天祥进城，也没有选择去捉杀他。而是出示了李庭芝的通缉令，让文天祥自己离去，好自为之。

于是，文天祥就此不得不再次独自上路，前去宋廷最后的容身之处，福州。

在福州，各路流亡的大臣和军民，包括军方大佬张世杰；前逃跑宰相陈宜中；帝师陆秀夫在这里重新团聚，组成南宋小朝廷，拥立益王赵昰为帝，史称宋端宗，改元景炎元年。进封皇弟赵昺为卫王（皇储候选人），升福州为福安府。

这里，让人万分不解的是，逃跑宰相陈宜中竟然又做了首相，还兼任枢密使。军方大佬张世杰还只是枢密副使，都督诸路兵马；帝师陆秀夫为直学士，进入中书省；文天祥为枢密使同都督，与张世杰分管义军。

至此，南宋端宗朝终于建立完毕，即刻下诏各州县前来出兵勤王，以图谋复兴。

嘿，您别看这朝廷虽小，还在流亡途中，这老派文人的工（掐）作（架）仍然在如火如荼地进行中。

尤其是这个首相陈宜中，战时未见其功；封赏但见其骂，作为端宗朝的首相，以身作则，带头打响了内讧第一枪。

第一个中枪的，就是倒霉的陆秀夫。陆秀夫，字君识，号东江，宋理宗景定元年的进士，宋末三杰中的第二杰。陈宜中最看他不顺眼。为什么呢？当年在临安的时候，陈宜中是宰相，陆秀夫是宗正（负责掌管皇帝亲族或外戚勋贵），天差地别的身份。在前往福州的路上，是陆秀夫，把已经隐身成功、跑路享福的陈宜中再次挖了出来。结果就是，当年那个小小芝麻官把自私自利大宰相捞了出来，而且如今身份还相差不大。

所以说啊，陆秀夫这波也是做得不是一般的大了。您明明知道这个陈宜中是个什么货色，还偏偏要拉他一把，何苦呢？

果然，陆秀夫天天喊主战，大有不战到最后一人绝不罢休之势。陈宜中却烦得要死，遂指使御史台的言官弹劾陆秀夫，务必要把他赶下台，不然有太多的事根本没法做。

可怜的陆秀夫，他确确实实，只是一个和皇亲贵胄打交道的文弱书生。至于朝廷这个舞文弄墨的战场，陆秀夫实在是太秀气了，哪里斗得过身经百战的陈宜中。

于是，陈宜中在福州的陆地上，做着非常熟悉的"本职"工（甩）作（锅）。正在他干得起劲的时候，被一个震天洪亮的声音给打了个激灵。

第一军方大佬张世杰暴喝道："都什么时候了，还搞这一套，恶心不？！诚心找死？"没办法，国难当头，拳头最大，面对愤怒的张世杰，陈宜中瞬间泄气，放过了陆秀夫。

陈宜中消停了，张世杰又开始整事儿了。怎么呢？他看文天祥不顺眼，不顺眼，非常非常非常的不顺眼。而文天祥也不是个孬种，张世杰敢吼他，他就吼回去，可谓是什么事儿都死拧。

张世杰打算向南方发展，没有最南只有更南，他认为以目前南宋的实力，只能在广州先落脚，成立政治新中心，至少先稳定下来。而文天祥则主张北上，迁都永嘉（今浙江温州），打开局面，而且至少这样才能勉强称之为国家。

至于到底谁对谁错呢？这很难说，我也懒得说，因为现在迫切要说的问题就是，广州突然间投降了……

可怜的张世杰被瞬间打脸，他必须立刻改变计划。到了这一步，人总该识时务，懂得合作妥协了吧？偏不，我们张大帅的坚硬程度绝对堪比长城拐弯。

如果说，之前向南向北的对错还孰未可知，那么此时固执己见的张

宋末三杰卷：最后的丞相陆秀夫

世杰，却是做出了一件让后世无数有志之士们十分不解，且扼腕痛惜的错事。

面对文天祥喋喋不休的建议，张世杰终于"同意"了他。他让文天祥自己去南剑州（今福建南平）开府，在那儿建立根据地，即日启程。至于福州的兵嘛，你一个也别想带走。

孤傲清高且精彩绝艳的文天祥，毅然决定孤身启程，尽管这与他的初衷不符，也仍然坚决执行。

现在，张世杰终于可以放开手去想怎么干就怎么干了，没人可以掣肘他了。嘿嘿，偏不，文天祥那是何许人也？状元宰相！他虽孤身一人上路，却一呼百应，影响力迅速飙升，瞬间就有十多二十万愿意追随他。

这一下，就把张世杰置于一个无比尴尬的地步。张世杰，他还是宋廷最有力的实力派人物吗？！

于是，就有了那道铸就了最终末日悲伤的命令："文天祥你不要去南剑州了，去汀州（今福建长汀），有事直接向我汇报，没有召唤不许入朝。"

文天祥就此被隔离在外。直到被元军不断地冲击，攻打，分割包围，不断地被削弱，直到最终的战败，被俘……

解决了文天祥以后，小朝廷终于统一了意见，不内讧了。同时，元军也终于整备完毕，再次南下。

景炎元年（公元1276年）十一月中旬，元军自浙入闽，逼近福州。小朝廷的反应迅速果断，真正且彻底地贯彻了张世杰的政策——全体登船，直接向南逃跑。

那一日。雾满沧海，浓如纱幔，元军的水师与宋廷的船队擦肩而过，其状况险过剃头！蒙古军的不善海战，终于让张世杰一行在不知不觉间躲过了危险。

接着，船队南下泉州，这里有他们的既定目标——宋裔的阿拉伯大商人蒲寿庚。此人正时任提举泉州市舶司，三十多年里掌管着南宋的海外贸易。

眼下小朝廷物资严重缺乏，尤其是战船，而这些正是蒲寿庚囤积最多的资源。面对小朝廷的要求，蒲寿庚满口答应，不仅如此，还希望小朝廷留在泉州，把这里当成行宫。

张世杰的选择是摇头，他深知蒲寿庚一直在元和南宋之间摇摆，更何况，此时南宋已经濒临亡国，这人还这么热诚，俗话说"物反常必为妖"是也。遥想北宋当年的铁壁相公韩琦，也正是凭借这一点，识破了李元昊诈降的策略。

只不过，呃……张世杰的做法也是，非常的，无耻、下作……

张世杰趁蒲寿庚回泉州内城的机会，把外港的战船都洗劫了。这种君父洗劫子弟的行为，彻底地激怒了蒲寿庚。蒲寿庚纠集起座下的各种势力一齐扬帆出海，把抢劫了他们的张世杰一行打得落荒而逃。

次月，蒲寿庚降元，不久之后尽杀赵宋宗室子弟数万人。宋亡后，他们家更是远赴重洋，追杀赵宋遗孤，一个都不放过。如此恶毒，终于赢来了报应，明太祖朱元璋在建国以后，把蒲家人灭族，一个不留。极少数苟活下来的蒲家族人，终身为奴，直到清朝末年，都没能翻身。

甩开了蒲寿庚以后，张世杰一行扬帆远去，不去理会身后发生了什么。他们的路还要走很远，很远……

他们先是到达了潮州，元军追杀过来，张世杰一声令下，集体跑路，直奔惠州。

在惠州待了数月后，到了景炎二年（公元1277年）四月，元军又追了上来。张世杰只得再次起航，来到了官富场（今香港九龙南）。此时，小皇帝赵昰生病了，张世杰不得不暂时停下来，下令上岸盖房，在这里长期居住。

只可惜七个月之后，他们又被迫再一次上船出海，因为元军又追过来了。这一次，是张世杰的死对头，灭宋急先锋张弘范亲自领军。

张世杰无奈，只得再次逃跑。

张弘范紧追不舍，两支宏大的船队几乎形影不离，从广州到秀山，从秀山到香山岛（今广东中山），双方且战且行，直到香山岛。

在香山岛，被追了两万里的张世杰终于爆发了，他不服，他要反抗，他要和张弘范狠狠干一架！

结果，宋军惨败，减员严重，又遇上了滔天的飓风。首相陈宜中率领的八百艘战船全都翻了。据可靠记载，只有一个人活了下来，其余的都被淹死。

这人就是我们的逃跑宰相陈宜中……也就是在此时此刻，史书上对陈宜中的记载就到此为止了。估计实在是受够了这一切，陈宜中再次跑路。他提议大伙儿去占城（今越南中南部）过海外陆地生活，并热情高涨地说他去给大伙儿打前站，去探路。

就此，陈宜中正式下线，有人说他到了占城去当了土财主；也有人说他在海上漂了一个月，得了坏血病死了。

陈宜中逃跑后一月，小朝廷的船队到达了井澳（今广东中山南海中），在这里他们再次遭遇了飓风，大约四成的船都翻了。早已经重病缠身的小皇帝赵昰的座船被飓风击翻，终于连吓带病地驾崩了。

接连翻船，皇帝驾崩，让所有人的希望，都被击穿了。

包括张世杰。

在这关键的时刻，文弱，且在之前并不出名的陆秀夫站了出来，高呼道：“度宗皇帝有一子尚在，将置其何地。古人有以一旅以成中兴者，今百官有司皆备，士卒数万，天若未欲绝宋，此岂不可立国？！”

那时，在炙热的太阳的灼烤下；在苍凉孤寂的大海上，陆相公的肺腑之言久久回荡。回忆起这一路的坚持与辛酸，还能坚持来到这里的，都是难忘故国、绝不屈膝异族的忠勇刚烈之人；都是不愿沉沦灭亡，苟为亡国之人！

怎能放弃？怎能就这样放弃？

一团火焰再次出现在张世杰的心里，开始再一次茁壮燃烧。他立即收拾起一切痛苦绝望的心情，率领众人，立宋度宗的第三子，赵昺为帝，史称宋末帝，改元祥兴元年。所以，赵昺，又称为祥兴帝。拜陆秀夫为首相，出任同中书省门下平章事；张世杰为枢密使，杨太后继续垂帘听政。

这还不够。在这样的绝境，这样毫无希望的环境下，陆秀夫依然坚持每天亲自书写《大学》，为年仅八岁的赵昺上课。他努力地、悉心地教导着小皇帝，要明明德，要敬天爱人，要如何做一位德才兼备的好皇帝。

在这样一个压抑且绝望的大势中，陆秀夫陪着小皇帝开怀大笑，带给他希望。并不断地教育小皇帝赵昺，有朝一日，当他们从海上归来之时，当他们回到故土之时，当他们重整河山之时，一定要做一代明君，为百姓谋福。

“陆先生，我们还能回去吗？”

“会的，一定会的。我们一起努力，一起努力！”

南宋祥兴元年（公元1278年）六月，张世杰与张弘范在雷州相遇，这一次，张世杰再也不愿意退了，他要为陆秀夫，为小皇帝打开一个根据地，打开一个格局。

宋元战况异常惨烈，连天的炮火和死亡的号叫让这一片海域成了人间地狱。

陆秀夫带着小皇帝，正襟危坐在南宋船队的正中央，教小皇帝《大学》。仿佛，那咆哮而嘶哑的呼喝，与他们不在同一个位面一般。

他是这样坚持……可是张世杰却撑不住了，张弘范再一次击败了他。虽然他真的再也不想退了，可他却不可以意气用事。

他可以拼尽全力地战死，但陆秀夫怎么办？小皇帝怎么办？

仰天忘去，天际只有一片灰雾与鲜血……

"撤！"

雷州，在今天的广东海康。张世杰再撤，只能去雷州更南的地方。

那里是哪里？

那里是——

是……

崖山，崖山。

宋末三杰卷：

崖山海战

前情提要：南宋端宗景炎元年（公元1276年）十一月，元军自浙入闽，逼近南宋朝廷所在的福州。因两位军方首脑张世杰与文天祥不和，致使本已经十分羸弱的宋廷军力再次分裂。张世杰驱逐文天祥于建州，自己则带领南宋主力护着宋端宗出海南下。在元军主将张弘范的追杀下，张世杰带领南宋朝廷一路南逃，自泉州、潮州、惠州、官富场、广州、秀山、香山直到井澳。因连连败仗与飓风来袭，宋端宗赵昰于景炎三年（公元1278年）五月八日病逝。陆秀夫与张世杰拥立宋度宗第三子赵昺为帝，改元祥兴元年。一月后，张世杰抵达雷州，与张弘范交战，宋廷再败，退往崖山。

苍茫的大海上，一支疲惫不堪的船队在缓慢地行驶着。每一艘船，都极其高大威武，鼓满了风帆，但其船身上下，却满是弹坑和焦木。

风帆虽满，但船身破烂，所以依旧航行缓慢。

这支船队，就是南宋，代表了南宋的朝廷，他们的目的地是最后的国土——崖山。

其实此时，很难说，泱泱大宋，还有国土。

崖山位于今天广东省江门市新会区南约五十公里处的崖门镇。银州湖水由这里出海，海面上东有崖山，西有汤瓶山，两山环抱，延伸入海，阔仅里许，故称之为"崖门"。门内是天然的避风良港，每天潮起，可乘潮出战；潮落，可据险而守。

从地势上看，是绝佳的战略要地。只不过，自北宋开国以来，从来没有任何人想过要利用这里防守。

因为若是被敌人打到了这里，崖山之后，还有什么？若是作为国门防线，又有谁会从这里打过来？

没有那么多"若是"了，张世杰以最快的速度赶到了这里，立即命令士兵上岸，造行营三十间，建军屋三千间，做出了长期驻守的打算。

崖山再小，再偏，那也是大宋的国土啊！最后的国土……

作为当世元朝最强的将领，元军主帅张弘范深知崖门天险的特性。既然要灭宋，就一定要彻彻底底，干干净净，以最小的代价做完。

于是，张弘范暂停了追击。他稳稳地在雷州开始养精蓄锐，号召大元各路水师前来雷州会和。

这个过程，需要九个月。

这九个月，对南宋来说，是重建军队的机遇？还是长途奔波的喘息？抑或是稳扎稳打，死守崖门的准备时间？

此时的宋军尚有三十几万，战船数千。在我小学时的历史读物上，崖山海战是一场经典的以少胜多，以弱胜强之战。

元军以几倍少于宋军的战力，将南宋最后的一切，全数围歼。

这个结论十分可笑。且不说宋军的细节，蒙古都把宋朝从陆地逼到了海上，全国领土除了还有不到十城在苦苦支撑，还谈什么以少胜多，以弱胜强，还经典？

更何况，往细了说，宋军这三十万，认真来说，不是军队。里面包括了宫女太监，两府大臣及其亲属，还有十来万不愿投降，跟着皇帝一起出逃的老百姓。

哪里有三十万军队之说？

这九个月，或许，就真的只是，宋史最后的几个月了……

祥兴二年（公元1279年）正月十六，即上元佳节之后。张弘范率领五万水军，战船近七百艘攻击崖门。为了这场攻坚战，他还调集了广源东路和广源西路（今广东和广西）两省的钱粮做后续。就算打不下崖门也还要耗死宋军。

可是，张弘范没有想到的是，张世杰竟然放弃了崖山海战中独一无二的最关键地段——崖门。

张世杰的选择是，把一千余艘战船背山面海围成方阵，以大索勾连，上面糊上海泥装上长杆以防元军使用"赤壁之战"。四周围起楼栅，其结构像陆地上的城郭一样。小皇帝赵昺的座舰就居于这座方阵正中间。

开战之前，张世杰登上中央皇帝的帝舰舰首高呼："连年航海，何日是头，成败就看今天！"

我绝不再逃了，是成是败，就此一战！

不成功，便成仁！

崖山海战，彻底敲碎一个国家的战斗，从此刻开始起，虽没发一箭，南宋却已经败了。

不是因为宋军羸弱，老弱众多，也不是因为元军无敌，纵横驰骋，更不是因为双方的决心与差距，士气压倒一切。

而是张世杰的列阵。

数千战船，铁索连舟，看上去气势如虹实则毫无半分进取决战之意！因为这座船城，从根本上来说，只能防守不能进攻，完全是动弹不得。元军可以打累了养伤，养好了继续打，而宋军既不能追击，也不能撤退，更不能做出任何变阵。

更要命的是，最重要的帝舰，在方形的船城正中央，那不是明摆着给元军突袭吗？

这根本就是绝不胜的列阵啊！

还有，张世杰主动放弃了崖门，就意味着，他除了彻底胜利以外，永远地放弃了陆地。

永远放弃了陆地，就等于永远放弃了淡水供应和食物来源。届时，宋军会连死守这个动作都做不到。

精通兵法的张弘范第一时间意识到了这个问题，他在张世杰放弃崖门的第一时间就占据了这里，然后直接切断了所有宋军可以回到岸上取水取粮的道路，彻底困死了宋军的船城。

果不其然，不到二十天，宋军淡水已经全数用完了。可是，赤道上的骄阳如烈火般灼烤着每一位南宋最后的战士们。

万般无奈之下，可怜的宋军战士们，只得用水桶打海水喝。

喝海水……那相当于是在喝慢性毒药啊！而且，海水只会越喝越渴。

果不其然，很快宋军将士们的体力就被这炽烈的太阳和咸涩的海水榨干了所有的体能。方此，张弘范下令全军出击！面对宋军铁索连舟的船城，稍微懂点历史的人，第一反应肯定是"赤壁之战"。何况是文武双全的张弘范，他立刻放出了一百艘头戴铁钉、装满柴草、点上火焰的快艇，又在海水上倾倒火油，顺着海水和快艇一齐突向船城。

还好，这一招早在张世杰的计算之内，宋军的每一艘船的长杆将绝大多数元军着火的快艇给顶了回去。少数几个漏网之"船"虽然钉在了

344

宋军战舰上，却因为这些战船上早就糊上了海泥，而无法燃烧。

张弘范眼看强攻不成，却不甚着急。宋军将所有的人都装上船，又把所有的船用铁索连在一起，再用栅栏把这一切都固定住。这让元军可以随意撤退休养。

反正宋军被自己束缚住动弹不得。

于是张弘范派出一支工程队，跑到崖山山顶上，组装起超大号的投石机，开始用磨盘大的石头居高临下往宋军的船城里招呼。

这下张世杰是真的惨了，他放弃了陆地，导致此时此刻，面对元军的投石器，他根本无能为力，只能被白打。

什么，你说神臂弓？对！神臂弓是厉害，但是你试试从海上往山上射箭，就算神臂弓的射程可以勉强达到，威力和精准也是大打折扣。怎么能和元军从山上往下扔石头比？

除非宋军每一个战士都是能辕门射戟的吕布。

没办法，张世杰只得下令架起巨型的帘幕，用以遮挡元军的大石头，一时间总算是暂缓了投石器对宋军的伤害。

几轮炮击和冲锋后，张弘范鸣金收兵。此时他的援军，广州知府李恒带着一万七千人和三百多艘战船赶来了。张弘范立刻命李恒去到宋军船城的背后，堵住他们的退路，决不能搞"华容道"。

然后，就是长达数日的死寂，苦不堪言的宋军没淡水，没粮，又全是伤病，还没药材，已是绝境。张弘范觉得时间差不多了，开始派出使臣，劝张世杰投降。

他招来张世杰的外甥，三次进入宋军帝舰劝说陆秀夫、张世杰、小皇帝还有众宋军投降。

可悲可叹的是，在外无救兵，内务粮草，已是死军崖山船城内，

345

三十万宋朝最后的子民们，无一人投降。

"投降虽能活命，能富贵，但忠义之士，怎能因贪图苟活和富贵，投降呢？！"

三十万大宋子民，自两府三省六部，至每一位宫女宦官平民士兵。

无一人投降！

决死战！

祥兴二年（公元1279年）二月初六，最后的时刻到来了。劝降不成的张弘范，为南宋带来了命运的终结。

那一日乌云滚滚，海涛阵阵。张弘范从船城的阵头冲锋，李恒从船城的阵尾，两军同时对宋军夹击。

张世杰亲自出战，他率领宋军众死士冲上了战场的第一线，从黎明打到黄昏，历时两个潮起潮落，顶着万千箭雨和崖山上的大石头，竟然愣是把元军一次次地逼了回去。

到了这个关口，张弘范也急了，没想到宋军在命运的最后一天，竟然爆发出了神兵一般的战斗力。

元军开始有些涣散了！

倘若这时败退，那就是给了宋朝一条的生路，那就是为元朝埋下一颗定时炸弹！

张弘范什么也不管了，他迅速集结起身边几艘快船，直奔南宋船城的心脏而去。

那是陆秀夫和小皇帝所在的帝舰！

张世杰察觉到了张弘范的动向，他立刻下令南宋剩余的所有有生力量向帝舰靠拢，并亲自命自己的座舰逼向张弘范。

说时迟那时快，在浓浓的乌云里，酝酿了一整天的狂风暴雨和苍天雷鸣，终于在这个时候露出了獠牙。

一时间，海面上风云滚动，暴雨雷鸣。宋军的巨舰因为被铁链锁在一起，一时间在颠簸的海面上根本解不开！

张弘范的旗舰就在这电闪雷鸣的大海中颠簸腾移，一路击沉在仓皇中挣脱铁链的七艘宋军战舰，突向小皇帝所在的帝舰。

炮声、呼喝声、哭声、箭雨的破空声、电闪雷鸣的轰隆声、海啸声、风声、火声⋯⋯

外面天崩地裂，海啸龙鸣，可此时此刻帝舰里的陆秀夫却格外安宁。他在翻江倒海的震动中，沐浴更衣，替小皇帝穿上最庄重的龙袍，帮他端正地系上每一粒扣子，戴好帝王的冠冕。

然后陆秀夫向宋末帝赵昺三拜九叩行礼，年仅八岁的赵昺扶起了陆秀夫，紧紧握着老师的手。

他们凝望着彼此。三年来的风雨奔波，三年来的颠沛流离，三年来的生死余生。

所有这一切，难道只是为了活着？不，绝不是这样！

"国事至此，陛下应为国死。德祐皇帝受辱已甚，陛下不可再辱！"

他们看见了彼此眼神里的决心。然后，陆秀夫执剑将妻子、儿子和其他家人们都赶入大海高呼道："都去，还怕我不来吗？"

帝舰上，两府三省六部，所有宫女宦官太监士兵，都不再奔走，都不再呼号。他们，安安静静地、郑重地、齐刷刷地向赵昺行礼，然后纷纷跃入海中。

最后，最后，最后⋯⋯

陆秀夫抱起赵昺，遮住孩子的眼睛，纵身一跃，跳入大海。

南宋，亡。

张世杰逃了出来，在暴风雨中，他不断地、拼命地、尽全力去抢救赵昺和陆秀夫。可是，他的座舰被铁链缠住怎么也解不开。疯狂的张世杰，当即将一艘小船推入大海，自己跳上小船拼命滑向帝舰。

可惜一切已经迟了……

飓风过后，当张世杰醒来之时，发现自己还活着。他被冲到了一个不知名的小岛上。当他登上这座小岛的制高点，向远望去之时。

张世杰的眼睛里，流的不是眼泪，是血。

崖山海上，三十万……三十万不愿投降或男或女或年轻或年老的英魂……三十万为国家尽忠到最后的烈士……三十万……

张世杰闭上了眼睛，随着风儿落下。

还有我，和你们一起。

宋末三杰卷：

何处是南方

前情提要：南宋帝昺祥兴元年（公元1278年）六月，自雷州战败的张世杰一行，护着南宋最后的朝廷来到了崖山。在这里，张世杰终于决定安营扎寨，他连船为城，不再南逃，与元军决一死战。祥兴二年（公元1279年）正月十六，元军主将张弘范集结元军主力攻打船城。因张世杰彻底放弃陆地，转移海上的策略，致使宋军在十日之内立刻断绝了淡水，战斗力严重锐减。接着，又因张世杰连船为城，又使宋军动弹不得，只能被动挨打。最终于二月初六全军覆没，陆秀夫背着帝昺跳海自尽。南宋，亡。史称，崖山海战。

辛苦遭逢起一经

崖山海战，宋室沦亡。最后的丞相陆秀夫背着小皇帝投海，三十万南宋军民，无一投降。

可，纵然如此，还有一个人在战斗，努力着，企图凭借一己之力可以扭转乾坤，颠覆宿命。

宋末三杰第三杰，参知政事，枢密使，文天祥。

干戈寥落四周星

文天祥在被张世杰排挤出去以后，带领着随从们回到了老家江西。一路上，不愿投降的义士们纷纷加入了他的队伍。

一时间，文天祥的兵力达到了一万。他先领兵于雩（通"于"，今江西于都）都，然后忽然转战至兴国，大败元军。接着，文天祥接连收复了宁都、永丰、汀州和漳州。

状元宰相，果然名不虚传。文天祥几乎以自己一军之力，竟然独立打下了整个江西，并向福建逼近。

山河破碎风飘絮

带着如此硕果累累的战功，文天祥携十州之地，十万精兵以及数十万百姓，向尚在福建的张世杰请求归队。

然而……能战而不能谋、能死而不能战的张世杰，心胸狭隘嫉贤妒能的张世杰，竟然再次固执地选择了拒绝。

正因为张世杰这一时刚愎自用，直接导致了接下来的一系列惨剧。团结在文天祥周围的义士们当得知代表了南宋朝廷的张世杰的回复后，瞬间泄了气，更有甚者，干脆愤怒地投降了元朝。

还要糟糕的是，活动频繁且有力的文天祥，终于惊动了大元的皇帝，蒙古的最高统治者，同时吸收了胡汉文化的元世祖忽必烈。

忽必烈下令全国，通缉文天祥！

务必举全国之力围剿文天祥！而对于文天祥本人和其家眷随从，只可生擒不可杀。

面对无穷无尽的元军，纵使文天祥有天纵奇才，却也无力回天了。同时，因为张世杰的短见，原本还在国内，虽被元军包围却还苦苦支撑的各路义军瞬间土崩瓦解，作鸟兽散去。

其中还包括了，击杀了元宪宗蒙哥的钓鱼城。

坚守了数十年，未尝败绩，击退了无数次蒙古军，甚至曾迫使蒙古军队撤出东亚战场的钓鱼城，投降了……连带着三江八柱，蜀川，沦陷。

文天祥还是没有放弃。纵使他深知回天乏术，可却依然战斗不息。他的兴国被攻破了，妻儿家眷全部被俘虏。他本人在死士的拼死护卫下，终于逃了出来。刚刚收复的江西，再次沦陷。

决不放弃的文天祥一路且战且退至岭南，终于因为广州的投降和叛变，被张弘范抓住了。

接着，他被押送到了崖山。

崖山之巅……

在这里，张弘范逼迫文天祥给张世杰写信，让他投降。张弘范深知，文天祥和张世杰素有嫌隙。他这么做并不是非要文天祥劝降张世杰，也算是给文天祥一个报复张世杰，奚落他的机会。

文天祥冷笑，稳重而坚决地说："我救不了自己的父母，难道还蛊惑别人去背叛自己的父母吗？"

言罢，文天祥挥笔写下了名垂千古的《过零丁洋》。张弘范被感动了，苍然道："好人！好诗！"他命人好生款待文天祥，自此不再提劝降、投降之事。

随后，便是崖山海战……

文天祥本人就被控制在了元军的战船上。他活生生地目睹了宋元的最后一战。他发誓要守护一辈子的，传承了三百一十九年十世十八帝的赵宋王朝，就在他眼皮底下灭亡消散。

他眼睁睁地看着张弘范，大张旗鼓地打捞宋朝的传国玉玺，却对南宋帝昺和陆秀夫的尸体不屑一顾。

351

他眼睁睁地看着张弘范大笑着，在崖山悬崖峭壁上刻下："镇国上将军张弘范灭宋于此"。

身世浮沉雨打萍

崖山之后，忽必烈自大都（今北京）传来圣旨，命张弘范好生"带"着文天祥来到元朝的首都。

曰："谁家无忠臣。"

忽必烈要亲眼见见这位在南宋最后几年里，差点把元军搅成糨糊的状元宰相。

他要征服这个人，冥冥之中，忽必烈感觉到，只有征服这个人，才能真正地征服南宋，征服汉人，征服这个伟大的民族。

文天祥知道忽必烈的用意，在押送他的元军经过他老家吉安的时候。文天祥选择了绝食。他不进一滴水，不吃一粒米，希望可以以此荣归故里。

可惜天不遂人愿（或者说，上天赋予了文天祥更伟大的使命）。他没有死成，自第九日起，似乎是通晓了天命。文天祥又开始进食了。

因为他知道，等待着他的，是一场战争，一场高于崖山海战，高于宋元之战，一场关系到汉民族，这个民族生死存亡的战斗。

他，文天祥，肩负了一个民族能否延续的使命，而只有这一次，他绝不能败。而在赢得这场战争的胜利之前，他要保存体力。

他还不能去死。

惶恐滩头说惶恐

祥兴二年（公元1279年）八月，文天祥进入了元首都——大都。元世祖忽必烈传令全城，以接待汉人宰相之礼迎接文天祥，并将文天祥安置于闻香暖室之中。

而就在文天祥踏入大都的这一刻，汉民族与蒙古族之间真正的"决战"，就此开始了。

元朝这边，忽必烈率先派出了降元的大臣留梦炎。留梦炎，宋理宗淳祐四年的状元，宋恭帝德祐元年的宰相。

在忽必烈看来，此人既是状元，又是宰相，和文天祥一样。他们俩肯定有的话聊。

聊个鸡蛋！留梦炎还没进文天祥的屋子，就被文天祥破口大骂，被骂得是连连后退，汗如雨下，低头含胸，两股战战，最后跌落在地，爬着溜了出去。

别慌，留梦炎的失败，早在忽必烈的计算之中，这个人本就是来试试水的。为了诛文天祥的心，这第二个人，才是关键。

元朝的瀛国公，前南宋恭帝赵㬎。

文天祥没想到来的竟然是自己一直拼死保护的小皇帝，他顿时泪流满面，泣不成声。他颤抖着请赵㬎坐下，匍匐在地上行南宋的臣下之礼，连称："圣驾请回，圣驾请回！"

这下可把赵㬎给吓坏了，他赶紧手忙脚乱地还礼而退。

赵㬎无功而返后，忽必烈终于正式派出了他的说客，元朝的平章政事，蒙古人阿合马。

阿合马一到，立刻就命左右逼迫文天祥跪下。可是无论侍卫怎么掐脖子，踢膝盖，文天祥就是不跪，傲然长立。

"我南朝丞相，为何要跪北朝丞相？"

"南宋已经灭国，你何来丞相之名？"

"南朝若是早用我文天祥为相，则北人一定到不了南方，南人也一定不会去北方。"

"好大的口气！你就不怕死吗？"

"我身为亡国之相，但求一死！"

阿合马无可奈何，只得悻悻然走开。可文天祥知道，真正的考验，才刚刚要来。

零丁洋里叹零丁

到此，忽必烈自知仁义礼遇以尽，他即刻下令把文天祥投入臭气熏天、蚊虫甚多的死牢。他深知，宋人生活极尽奢靡富贵，把他们投入这样肮脏龌龊的环境里，远比在肉体上折磨他们，更有作用。

然而文天祥，却在这样糟糕的环境里过得怡然自得，全然不似活在这一片腐烂的方寸之中。

一个月后，忽必烈令元朝的另一宰相孛罗与灭宋先锋张弘范，在刑部天牢提审文天祥，并允许孛罗酌情用刑。

面对南宋朝廷这块最坚硬的骨头，孛罗一上来就要让左右侍卫，用铁板猛击文天祥的腿和背，迫使他跪下。可是，他们又失败了。无论侍卫们怎样"或抑项，或抑其背"，文天祥始终傲然不拜，长立如斯。

孛罗暗地里，又是佩服，又是心惊。可让他更惊讶的是，自己这个提审官还没发话，文天祥倒是先开口了。

"天下事有兴有废，自古帝王将相，灭亡诛戮，何代无之！我文天祥今日忠于宋，以至于此，愿求早死！"

"你说这天下'有兴有废'，那我且问你，自盘古开天辟地至今日，有几帝几王啊？"

"一部十七史，从何处说起？我今日非应博学宏词、神童科，何暇泛论！"

"你们就这样放弃了德祐皇帝（宋恭帝），另立二王（指宋端宗和宋末帝），这是忠臣所为吗？"

"德祐失国，不此之时，社稷为重，君为轻。另立二王，为社稷计，当然是忠。"

"好啊！那我算你名正言顺地立了二个皇帝，可你又做成什么事儿了吗？"

孛罗这一问，文天祥顿时脸色苍白，眼睛里满是泪花。

是啊，我的坚持，到了最后，有真的做成了什么吗？我的国家终究还是亡了，先帝的骨肉或死或辱。难道，我真的一无所成吗？

我真的这么没用吗？

不！绝不是这样！没有多久，文天祥再次恢复了他南宋宰相的气度与尊荣，长声道："譬如父母有疾，虽不可疗治，但无不下药医治之理。吾已尽心尽力，国亡，乃天命也。"

"今日文天祥至此，有死而已，何必多言！"

孛罗怒了！他习惯了所有的民族都在蒙古的面前卑躬屈膝，战战兢兢；他习惯了威风八面不可一世的样子。在他的心里面，所有不服从蒙古的人，都只有一死。

都必须死！

文天祥，你不是求死吗？那我就成全你！来啊，左右，把这个南蛮子拖下去砍了！

"丞相！"张弘范挣扎着坐起来，努力抓住孛罗的衣袖。

张弘范病了，灭宋后，他的身体急转直下。这一次，他是苦苦哀求忽必烈让他陪审。他生怕孛罗一怒之下杀了文天祥。

"丞相！你不能杀了他，他是求死啊！你若杀了他，我们就永远没办法征服汉人了！"在剧烈的咳嗽后，张弘范接着说，"只有让他也投

355

降了，汉人百姓们才会屈服，不然假以时日，汉人一定会再闹事，到时候可就麻烦了啊！"

孛罗虽怒，可他也着实明白这个道理。他阴沉着脸，把文天祥又从刑场上拉回了那个臭气熏天的囚牢。

软的硬的都上了，可是文天祥依旧不为所动。于是忽必烈只好明示了，他让文天祥的女儿柳娘给父亲写信。

劝他投降。

只可惜，文天祥自始至终都明白，忽必烈就是想劝降他，他更明白忽必烈为什么一定要劝降他。他还深知，自己不能就这样自尽，那样会让所有的汉人们误解为他无法忍受蒙古人的折磨，选择了解脱。

文天祥求死，但求死得轰轰烈烈，死得天地皆知！

他要逼忽必烈，亲自下诏，杀了他。

"人谁无妻儿骨肉之情，但今日事到这里，于义当死。可令柳女、环女好做人民，爹爹管不得。泪下哽咽，哽咽！"

这段话，与其是说给女儿听，不如说是表现给忽必烈的决心！

现身吧！你这个假装穿着汉人礼服的侵略者！我要你亲自面对我，我要让天下百姓看到你这个异族屠夫的真面目，我更要让天下所有的汉人看到——

南宋可以亡，但南宋的心，不会死！我们以火立国，我们会在烈焰中不断地重生，直到将你们这些异族强盗们，彻底烧成灰烬！

人生自古谁无死

公元1283年正月初一，在新年的第一天，忽必烈，下旨。

召文天祥，觐见。

最后的交锋，终于到来了！

大殿之上的文天祥，面对整个国家的主人，依旧长立不拜，只是微微作揖。

忽必烈开口了，他从皇位上站了起来，走到文天祥的面前，用近乎哀求的语气说道："汝以事宋之心事我，当以汝为宰相！"

文天祥笑了，他用极短的时间回望了自己的一生，接着他掷地有声地答道：

"天祥受宋恩，为宰相，安事二姓，愿赐之一死足矣！"

"……时穷节乃现，一一垂丹青……"

忽必烈长叹一声，默默地念着文天祥的话："时穷节乃现，一一垂丹青；时穷节乃现，一一垂丹青……"

"好男子！可惜不能为我所用！"

"成全你了！"

留取丹心照汗青

公元1283年正月初九，忽必烈下诏，公开处斩文天祥。

那一日，面容憔悴、骨瘦嶙峋的文天祥，身穿南宋宰相上朝的冠服，一步步地走上了刑场。

"你还有什么要说的吗？"

文天祥环顾四周，缓慢而坚定地问道："何处是南方？"

在场的老百姓们流着眼泪，纷纷无声地指向一处。

文天祥立即整理冠服，向那一处三拜九叩。

臣心一片磁针石，不指南方誓不休！

言罢，四十七岁的文天祥释然道：

吾事毕矣。

357

尾声

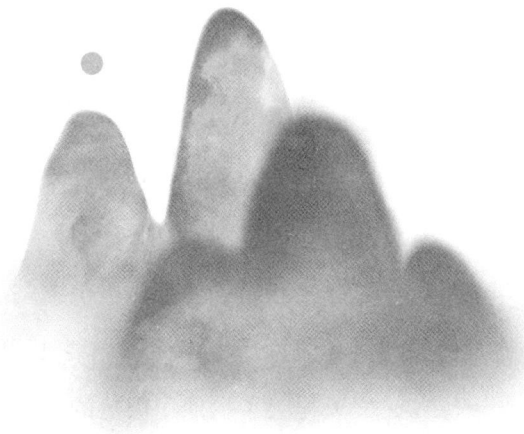

元顺帝至正二十四年（公元1364年）三月。此时自赵宋沦亡已近八十五年。在此期间，汉人饱受蒙古人的欺压摧残。此时又逢天灾，土地荒芜，黄河泛滥。

终于，有一日，在黄河一带传出了一个谣言：

石人一只眼，挑动黄河天下反。

一时间，反叛元朝的声音陡然变响，偌大的元朝，在各地都相继出现了叛军。《宋史》的编辑者、元朝丞相蔑儿乞·脱脱帖木儿立刻上书元顺帝，要他赶紧出钱赈灾，安抚百姓。

然而元顺帝却不这么认为，在他看来，天灾把汉人们杀光了才好，省的惹事。至于造反的那些嘛，反正他们打不过蒙古铁骑，全部杀掉便是。

脱脱这个急啊，却又无可奈何，只得亲自请命前往荆湖、江南一带，希望可以有所作为。

……

建康府的栖霞山上，有一座名胜古迹名为栖霞寺。这里一千年来，不论什么朝什么代，都是香火旺盛，来者络绎不绝。

只不过今天，栖霞寺的主持有点心慌。因为今天晚上，山上来了个长得特别丑的人。这个人不仅人长得丑出天际，而且还带着一把长刀。

尤其是，最近兵荒马乱的，反贼甚多，听说白日里，就连朝廷派来建康的军队，都败退而去了。

"这人……莫不是来抢钱的吧？"住持这样想啊想啊，终于是睡不着了，他派出知客僧去请这个人来喝茶论禅。

这人也不多事儿，恭恭敬敬地来了。住持暗自窃喜，一本正经地说："人活在世上，应当清心寡欲，节制欲望。我瞧施主面露凶光，应当放下屠刀，立地成佛。"

听完住持的话，这个丑人不断点头道："甚好！甚好……"忽然，他"嗖"地一下站了起来，手中"嚯"地多了一把长刀直指主持。

住持被吓瘫了不住说："英雄刀下留人，英雄刀下留人啊……您要什么，钱，金银财宝，我都给您，给您，别杀我，别杀我啊……"

丑人冷笑一声，长刀回鞘，朗声道："若不是因为你们这些穿着佛陀的衣服，却每日说着歪门邪道的人，黎民百姓，何至于此！老和尚自诩心性如何如何，怎么在生死面前，如此胆战？真是笑话！"

言罢，丑人调转过头，昂首离开了栖霞寺。

住持知道今晚上是遇上了神人，感觉快步追出。可哪里还见得这丑人的踪影。于是，住持大声喊道："英雄！是老朽有眼不识泰山，可否告诉我你的名字？"

就在老僧的呼喊声，即将完全消失的时候，一声哈哈长笑冲天而起，久久回荡在山谷之中：

> 杀尽江南百万兵，
>
> 腰间宝剑血犹腥！
>
> 山僧不识英雄汉，
>
> 只管哓哓问姓名。

宋史 卷终

359